Delia Kübeck

Delia Kübeck wurde 1959 in Hagen geboren und war in Deutschland als Sekretärin und Texterin tätig. Die erste Begegnung mit Schweden erfolgte 1995, inklusive eines spontanen Hauskaufs. Der Umzug folgte 1998 und startete einen neuen Lebensabschnitt, der von folgenden Stationen geprägt wurde: Vermittlung von Immobilien, ehrenamtliche Leitung eines privaten Museums, geisteswissenschaftliches Studium in Örebro und Lund von 2001 bis 2006. Seit 2004 ist Delia Kübeck als Einwanderungsberaterin tätig, seit 2007 auch als Vermittlerin von Handwerkern und Industriearbeitern an Firmen.

1. Auflage
© 2009 Conbook Medien GmbH, Kaarst
Alle Rechte vorbehalten.

Umschlaggestaltung: Linda Kahrl, David Janik
Satz: David Janik
Druck & Verarbeitung: GGP Media GmbH, Pößneck
Umschlagbilder: © iStockphoto.com
Printed in Germany

ISBN 978-3-934918-26-9

www.verlag.conbook.de

Die Autorin hat alle Angaben und Fakten mit größtmöglicher Sorgfalt recherchiert und überprüft. Weder die Autorin noch der Verlag können aber m Einzelfall eine Garantie für Richtigkeit und Vollständigkeit des Inhalts übernehmen. Sollten Sie Änderungsvorschläge oder Anmerkungen haben, teilen Sie uns diese gerne mit. Lesermeinungen bitte per eMail an feedback@conbook.de

Vorwort

Liebe/r Leser/in,

das vorliegende Buch enthält viele Tipps und Hinweise, die Ihnen bei Ihrem Neuanfang in Schweden hoffentlich sehr nützlich sein werden. Beim Schreiben dieses Ratgebers habe ich mich vor allem auf rein praktische Fragen von Auswanderung, Umzug und Neuetablierung in Schweden konzentriert, wie sie durch Einwanderer in den letzten Jahren an mich herangetragen wurden. Wenn Sie Ihr Wissen über Schweden und die Schweden gern noch weiter vertiefen möchten, finden Sie dazu einige Anregungen im Literaturverzeichnis.

Mit diesem Ratgeber erhalten Sie konkrete Informationen darüber, wie man einen Neustart schafft: die Vorbereitungen, das Erlernen der schwedischen Sprache, die Jobsuche, die Schulauswahl, die Autoanmeldung, den Hauskauf - und vieles mehr. Alles ist genau beschrieben und Schritt für Schritt erklärt.

›Alltag in Schweden‹ ist in sinnvoller Reihenfolge der für einen Umzug nach Schweden erforderlichen Vorabinformationen, Vorbereitungsmaßnahmen und notwendigen Schritte aufgebaut. Alles, was man zunächst wissen sollte, bevor man seinen Lebensmittelpunkt zeitweilig oder dauerhaft nach Schweden verlegt - wie z.B. Informationen zu Spracherwerb, Jobsuche, Gehältern, Existenzgründung, sozialen Leistungen uvm - ist daher in die Anfangskapitel verlegt, noch vor den eigentlichen Umzug bzw. die Einwanderung.

Um Ihnen unnötiges Hin- und Herblättern zu ersparen, sind bewusst einige Links gleich in mehreren Kapiteln genannt, sofern sie für das jeweils behandelte Thema relevant sind. Entsprechendes gilt für Informationen über soziale und ausbildungsbezogene Leistungen, die daher außer im entsprechenden Kapitel in Kurzform auch an anderer Stelle zu finden sind. Bei der Schreibweise der schwedischen Begriffe habe ich mich an der in Schweden üblichen Kleinschreibung orientiert; so sind z.B. auch die Namen der meisten schwedischen Institutionen/Behörden klein geschrieben.

Ein Aspekt dieses Buches ist auch, Sie mit der Mentalität und gewissen Eigenarten des sozialen Lebens in Schweden vertraut zu machen, damit

Ihr Leben in Schweden nicht zum ›Clash of Cultures‹ gerät, sondern Sie im Lande von Pippi, Karlsson & Co. so glücklich werden können, wie Sie es sich erträumen.

Ich wünsche Ihnen viel Glück und Erfolg für Ihr Leben in Schweden!

Delia Kübeck

Inhaltsverzeichnis

Vorwort		**3**
1	**Fakten über Schweden**	**15**
2	**Auswahl des Wohnortes und der Region**	**17**
	Gedanken zum Landleben	17
	Ein kleiner Selbst-Test	18
	Gedanken zur Auswahl des Wohnortes	19
	Allgemeines über Nord-, Mittel- und Südschweden	20
3	**Schwedisch lernen**	**25**
	Allgemeines zum Schwedisch-Lernen	25
	Schwedisch ist dem Deutschen verwandt	25
	Schwedisch lernen in Deutschland	25
	Schwedisch lernen in Schweden	27
	Bücher zum Schwedisch-Lernen	30
	Schwedische Lehrbücher ›Schwedisch‹	31
4	**Arbeitssuche und Bewerbung**	**33**
	Genehmigungspflichtige Berufe	34
	Arbeitssuche von Ihrem Heimatland aus	35
	Arbeitslos nach Schweden	39
	Arbeitssuche vor Ort	40
	Typische Probleme bei der Arbeitssuche	42
	Bewerbung und Bewerbungsgespräch	44
	Das Bewerbungsgespräch	46
	Anstellung, Probezeit, Kündigung	48
5	**Gehalt, Gehaltsabgaben und Rente**	**49**
	Gehalt	49
	Sozialabgaben/Steuern	50
	Krankengeld für Angestellte	52
	Urlaubsgeld	52
	Weihnachtsgeld	52

Arbeitslosigkeitsversicherung 52
Rentenansprüche aus dem EU-Heimatland 53
Das schwedische Rentensystem 53
Die Säulen des schwedischen Rentensystems 54

6 Genehmigung zur Berufsausübung für Ärzte, Krankenschwestern, Lehrer und Erzieher 56
Anerkennung ausländischer Ausbildungen im Med-Bereich 56
Anerkennung ausländischer Lehrerausbildungen 58
Erzieher 59

7 Soziale und ausbildungsbezogene Leistungen 61
Arbeitslosengeld 61
Behinderte - Hilfsmittel und Helfer 63
Elterngeld während des Erziehungsurlaubs 64
Kindergeld 64
Krankengeld für Angestellte 65
Krankengeld für Selbständige, Arbeitslose, Eltern im Erziehungsurlaub und schwangere Bezieherinnen von vorgezogenem Elterngeld 66
Pflegegeld für Pflege von Angehörigen 66
Pflegegeld für Pflege kranker Kinder 66
Pflegegeld für Pflege chronisch kranker Kinder 66
Rente 67
Sozialhilfe/ Hilfe zum Lebensunterhalt 67
Studien-Beihilfe für Gymnasiasten 68
Studienmittel für Studenten / Erwachsenenbildung 68
Unterkunftszuschlag für Schüler 69
Wohngeld 69

8 Geldfragen 71
Banken und Bankkonten 71
Bargeld 72
EC-Karte 73
Kreditkarten 73
Online-Banking 73
Schecks 74
Wechselstuben 74

	Steuern auf Finanzerträge und Vermögenssteuer	74
	Darlehen, Versicherungen, Hypotheken, Strompreisvergleich	74
	Tipps zum Geldsparen	74
9	**Existenzgründung in Schweden**	**75**
	Betriebseröffnung für Handwerker, Bäcker und andere	75
	Übernahme von bestehenden Unternehmen und Franchising	76
	Home Office, Ladenlokale, Büros, Gewerbeflächen	76
	Finanzierung und öffentliche Fördermittel	76
	Starthilfe zur Firmengründung vom Arbeitsamt	77
	Gründung einer Einzelfirma	78
	Gründung einer Handelsgesellschaft	81
	Gründung einer Kommanditgesellschaft	82
	Gründung einer Aktiengesellschaft	83
	Gründung einer wirtschaftlichen Vereinigung	83
	Informationen für Existenzgründer	84
10	**Haus- und Wohnungssuche**	**86**
	Hausbesitz in Schweden	86
	Preiswert und unkompliziert: Hauskauf in Schweden	86
	Hauskauf in Schweden - so können Sie vorgehen	89
	Das passende Haus finden	90
	Handwerkerbeauftragung	93
	Das bostadsrätt (das Nutzungsrecht an einer Wohnung)	95
	Mietwohnungen in Schweden	97
	Mietwohnungen in den (Groß-)Städten - schwer zu finden!	98
11	**Einwandern nach Schweden**	**103**
	Abmeldung im Heimatland	103
	Einwanderung	103
	Aufenthaltsrecht in Schweden für EU/EES-Mitbürger	104
	Die schwedische id-kort	108
	Allgemeines: Einwanderung und Aufenthaltsrecht	108
	Der Erwerb der schwedischen Staatsbürgerschaft	110
12	**Umzug nach Schweden**	**112**
	Küche und Kleiderschränke sind schon da	112
	Bester Zeitpunkt für den Umzug	112

Deutsche Umzugsportale im Internet 112
Schwedische Umzugsportale im Internet 113
Deutsche Umzugsfirmen für Umzüge nach Skandinavien 113
Umzug mit Miet-LKW 113
Abmeldung im Heimatland 114

13 Tiere: Einfuhr, Anschaffung, Versicherung 115
Hunde und Katzen 115
Nagetiere: Hamster, Meerschweinchen, etc. 116
Pferde 116
Kühe 116
Tierärzte 116
Tierversicherungen 117
Anschaffung eines Haustieres 117

14 Private Auto-Einfuhr nach Schweden 119
Grundlegendes 119
Kurzer Überblick über die Vorgehensweise 119
Fahrzeugsteuern 125
Autoversicherung 126
Gültigkeit ausländischer Führerscheine 127
Alkohol am Steuer 127
Wintersicherung des Wagens 127
Kauf eines gebrauchten Fahrzeugs 128
Autowerkstätten 130
Tankstellen 130
Pannenhilfe 130

15 Telefon, Internet, Strom, Versicherungen 131
Fester Telefon- und Internetanschluss 131
Mobiltelefonie 133
Internet 134
Strombezug 136
Versicherungen 137

16 Einkaufen in Schweden 138
Teuer, teuer? 138
Konkurrenz belebt das Geschäft 138

Einkaufscenter und -galerien	139
Das Monopol auf Alkohol	139
Sag mir, wo die Bäcker sind... und die Metzger.	139
Einfach süß: Brot, Fisch, Wurst und mehr	140
Verbraucherberatung und Tests	141
Einkaufslinks	142

17 Kindergarten, Schule und Gymnasium 147
Kindergarten und Vorschule (1.-6. Lebensjahr) 147
Deutsche Schulen: In Stockholm und Göteborg 148
Grundschule in Schweden (1.-9. Klasse) 148
Gymnasium (10.-12. Klasse) 151

18 Studium 158
Allgemeines 158
Information, Beratung, Zeugnisanerkennung 158
Wichtige Links für (ausländische) Studenten 159
Semester und Anmeldetermine 159
Studienberechtigung 160
2010: Verschärfung der Hochschulzugangsberechtigung 160
Ausländische Hochschulreife und Studium 161
Erhöhung der Chancen auf einen Studienplatz 161
Distanzstudium 162
Das Hochschul-Punktesystem 163
Studienabschlüsse 163
Vorlesungen auf Englisch / Studienliteratur in Englisch 164
Studienmittel 165
Freibeträge 166
Zusatz-Beihilfen und Zusatz-Darlehen 166
Stipendien 166
Wohngeld (bostadsbidrag) 166
Wohnsituation für Studenten 167

19 Erwachsenenbildung 170
Allgemeines 170
Links zu (Distanz-) Kursen und -studien 170
KY-Ausbildungen 171
1.7.2009: Neue nachgymnasiale Berufshochschule geplant 171

	Weiterbildungs- und Ausbildungsportale für Erwachsene	171
	Erwachsenenbildungsinstitute	172
20	**Gesundheitswesen**	**173**
	Krankenversichert durch Anmeldung beim skatteverket	173
	Die (Un-)Zugänglichkeit des Gesundheitswesens	173
	Kaum niedergelassene Ärzte mit eigenen Praxen	174
	Naturheilkunde - Fehlanzeige	175
	Schnellere Behandlung in der priv. vårdcentral/im Ärztehaus	176
	Kommunale vårdcentral	176
	Selbsthilfe, Eigenmedikation, Langzeitrezepte	179
	Behandlung in einem anderen landsting oder im EU-Ausland	179
	Vorgehen im Krankheitsfalle	180
	Alphabetischer Überblick rund um den Krankheitsfall	182
	Weiterführende Links	186
21	**Als Rentner nach Schweden auswandern**	**188**
	Lebensabend in Schweden	188
	Vorüberlegungen zur Wahl des Wohnortes	188
	Bedingungen für die Einwanderung von Rentnern	189
	Kranken- und Pflegeversicherung	190
	Wohnen und Hilfe im Alter	192
22	**Als Behinderte/r in Schweden**	**196**
	Schweden ist behindertenfreundlich	196
	Hilfsmittel und Helfer für Behinderte	196
	Ausbildung und Spezialschulen für Behinderte	196
	Studieren mit Behinderung	198
	Jobs für Behinderte	198
	Links zu Behinderten-Verbänden & weitere Informationen	198
23	**Heiraten und Nachlassabwicklung**	**200**
	Heiraten	200
	Nachlass-Abwicklung	202
24	**Schwedische Mentalität**	**207**
	Begegnung mit Schweden	207
	Nach dem Neuanfang	207

	Verloren in Bullerbü	208
	Worüber Einwanderer klagen	208
	Wie ticken die Schweden?	209
	Einige Grundzüge der schwedischen Mentalität	211
25	**Zwischenmenschliches**	**221**
	Informationen vorab	221
	Generelles	221
	Blickkontakt - oft ersehnt, selten gewährt	222
	Das schwedische Du - kein Ausdruck von Nähe	222
	Allgemeines zum schwedischen Kommunikationsstil	223
	Der schwedische Humor	225
	Am Arbeitsplatz	225
	Unter Nachbarn	226
	Treffen mit Bekannten	227
	Umgang unter Freunden	228
	Umgang mit Kindern	229
	Umgang mit alten Menschen	230
	Pünktlichkeit, Ankunft und Abschied	230
	Bei Tisch	231
	Einiges zum Verhältnis der Geschlechter	232
	Begegnung mit Schwedinnen	232
	Begegnung mit schwedischen Männern	234
	Der Umgang von Männern und Frauen in Schweden	235
26	**Gastronomie, Feste und Speisen**	**238**
	Schweden's Natur - eine reich gefüllte Speisekammer	238
	Die neue Lust der Schweden am Genuss	238
	Abwechslungsreiche Küche in den Großstädten	239
	Auf dem Lande: Eigener Herd ist Goldes wert	239
	Dagens rätt - preiswert und viel	239
	Fastfood	240
	Rauchen	240
	Typische Spezialitäten, die man einmal probieren sollte	241
	Gewöhnungsbedürftige Gerichte in Schweden	242
	Schwedische Feste und Festspeisen	243

27	**Reisen und allgemeine Mobilität**	**247**
	Mietwagen	247
	Carsharing	248
	Zugreisen / SJ-Tågresor	248
	Resplus	251
	Busreisen durch ganz Schweden mit Überlandbussen	251
	Flugreisen innerhalb Schwedens	252
28	**Medien (deutsche und schwedische)**	**254**
	Schwedische Medien	254
	Deutsche Medien	256
29	**Wichtige Links und Telefonnummern**	**257**
30	**Nützliche Adressen**	**259**
31	**Allgemeine Info-Links**	**262**
32	**Literatur-Tipps**	**264**
	Deutschsprachige Bücher	264
	Schwedischsprachige Bücher	264
	Englischsprachige Bücher	265
33	**Rückkehr ins Heimatland**	**266**
	Raphaels-Werk - Beratung für Rückkehrer	267
	ZAV - Rückkehrer-Informationen	267
	Bundesverwaltungsamt	267

Glossar — **269**

Stichwortverzeichnis — **275**

Kapitel 1
Fakten über Schweden

Landesfläche	449.696 Quadratkilometer
Nord-Süd-Ausdehnung	1.572 km max.
West-Ost-Ausdehnung	499 km max.
Waldfläche	53%
Berge	11%
Landwirtschaftl. Fläche	8%
Flüsse und Seen	9%
Höchster Berg	Kebnekaise, 2.104 m
Größter See	Vänern, 5.648 km^2
Bevölkerung	9.223.766, 22,3 Einw./km^2 (Juli 2008)
Anteil Beschäftigter	4.559.000 (November 2008)
Lebenserwartung	Frauen 83, Männer 78,9 Jahre (2007)
Kinder pro Frau	1,88 (2007)
Einwohner ausländischer Herkunft	13,4% (2007)
Staatsform	konstitutionelle Monarchie / parlamentarische Demokratie
Staatsoberhaupt	S.M. König Carl XVI. Gustaf seit 14.09.1973
Vertreter	Thronfolgerin: Kronprinzessin Victoria
Regierungschef	Fredrik Reinfeldt, seit 06.10.2006 im Amt (moderaterna)
Nationalfeiertag	6. Juni
Landessprache	Schwedisch
Minoritätssprachen	Samisch, Finnisch, Romani, Tornedalsfinnisch, Jiddisch
Religion, Kirche	Lutheraner (80%)
Währung	Schwedische Krone (SEK) 1 SEK = 100 Öre 1€ = 10,62 SEK (25.1.2009)
Hauptstadt	Stockholm

Landesaufteilung	21 Regionen, 290 Gemeinden
Arbeitslosigkeit	5,2% (August 2008)
Beschäftigungsgrad	80,1% (September 2008)
Wichtigste Exportgüter	Elektronik- und Telekommunikationsausrüstung, Maschinen, Autos, Papier, Pharmazeutika, Eisen und Stahl
Wichtigste Importgüter	Elektronik- und Telekommunikationsausrüstung, Maschinen, Nahrungsmittel, Erdöl, Textilien, Schuhe, Autos

Kapitel 2
Auswahl des Wohnortes und der Region

Gedanken zum Landleben

Es dürfte nicht viele Menschen geben, die sich dem Zauber der idyllisch schönen schwedischen Landschaft entziehen können: Unendliche Weiten, duftende tiefgrüne Wälder, spiegelblanke Seen zu Tausenden, überall blühende Wiesen und im Winter noch richtig viel Schnee!

Dazwischen - wie hineingetupft - ganz allerliebste rotweiße Schwedenhäuschen, deren Bewohner einem ein freundliches »Hej Hej!« zurufen. Kein Wunder, dass zahlreiche Besucher gleich auf den ersten Blick ihr Herz an Schweden verlieren! Den zukünftigen Auswanderern unter den Besuchern ergeht es oft ebenso - die meisten von ihnen planen daher einen Umzug in ländliche schwedische Regionen.

Oft wird dabei jedoch vergessen, dass gerade das Leben auf dem Lande in Schweden gewisse Eigenheiten und Erschwernisse mit sich bringt, die auf Dauer nicht für jeden akzeptabel sind. Nicht jeder ist für die - manchmal totale - Einsamkeit geschaffen, nicht jeder ist Allround-Handwerker, nicht jeder nimmt die mitunter recht ausgedehnten schwedischen Warte- und Anfahrtszeiten klaglos hin. Daher ist es empfehlenswert, sich zum Thema ›Landleben in Schweden‹ vorab gründlich selbst zu befragen.

Die Aussagen des nachfolgenden Selbsttestes spiegeln daher vor allem einige Umstände des ländlichen Lebens in Schweden wider und sind keineswegs zur Abschreckung gedacht. Vielmehr stellen sie offen und ehrlich einige Aspekte des Alltagslebens dar und sind damit eine Möglichkeit, sich bereits vor dem großen Schritt mit eventuell auftretenden Schwierigkeiten auseinanderzusetzen.

Es gilt: Je mehr der nachfolgenden Aussagen Sie für sich bejahen können, desto leichter wird Ihnen vermutlich die Umstellung auf ein (ländliches) Leben in Schweden fallen. Lassen Sie sich von diesem kleinen Test nicht entmutigen - horchen Sie aber ruhig kritisch in sich hinein und reflektieren Sie realistisch, was ein Leben in Schweden bedeuten kann.

Ein kleiner Selbst-Test

[ ] Ich komme gut mit Einsamkeit zurecht
[ ] Ich brauche keinen intensiven Kontakt zu Nachbarn, Freunden und Bekannten
[ ] Ich lege keinen besonderen Wert auf Freizeitgestaltung mit Arbeitskollegen
[ ] Ich kann gut auf Kino, Theater, Restaurants, Oper und Museen verzichten
[ ] Ich brauche nicht unbedingt Bäckereien und Metzgereien zum Glück
[ ] Ich koche am liebsten selbst (statt Restaurantbesuch)
[ ] Ich stehe nicht so auf Parties/Feste
[ ] Ich stimme folgender Aussage vorbehaltlos zu und lebe danach: Bescheidenheit ist eine Zier
[ ] Ich bin ein eher zurückhaltender Mensch
[ ] Ich kann gut warten
[ ] Geduld ist eine meiner Stärken
[ ] Ich kann mich gut den Beschlüssen der Gruppe anpassen (Arbeit, Verein usw.)
[ ] Häufiges Schlangestehen macht mir nichts aus
[ ] Lange Anfahrtswege zur Arbeit/zum Einkaufen sind für mich akzeptabel
[ ] Lange Wartezeiten auf ärztliche Behandlung sind für mich akzeptabel
[ ] Ich kann mir handwerklich selbst helfen (in Haus, Wohnung, Garten)
[ ] Monatelanges Schneeräumen auf dem Grundstück ist für mich okay
[ ] Lange dunkle Winter machen mir nichts aus
[ ] Es ist mir nicht so wichtig, dass Kinder in der Schule auch gefordert werden
[ ] Ich wäre damit einverstanden, ein transparenter Bürger zu sein, dessen Daten allgemein zugänglich sind

Ergebnis: [ ] von 20 Aussagen konnte ich für mich selber und meine Familie mit ›Ja‹ beantworten.

Gedanken zur Auswahl des Wohnortes

Große Entfernungen, wenige Einwohner

Schweden ist ein sehr großflächiges, dünn besiedeltes Land. Würde man es auf den Kopf stellen, könnte man ganz Europa bis hinunter nach Sizilien der Länge nach damit bedecken. Räumliche Abstände fallen in Schweden um etliches grösser aus als z.b. auf dem europäischen Kontinent. Auch hat Schweden - im europäischen Vergleich - nur drei richtige Großstädte (Stockholm, Göteborg und Malmö). Laut Statistischem Zentralbüro gab es zum 31.12.2007 genau 13 schwedische Städte mit mehr als 100.000 Einwohnern. Weit verstreut im ganzen Land liegen kleinere Städte, Ortschaften und zahlreiche Dörfer. Je weiter man nach Norden kommt, umso grösser werden die Abstände zwischen den Orten. Der weitaus größte Teil der Bevölkerung lebt in den südlicheren Regionen des Landes. Im Schnitt kommen in Schweden nur ca. 22 Einwohner auf einen Quadratkilometer (Stand Juli 2008. Zum Vergleich: Deutschland hat ca. 230 Einwohner/km²). Die Ballungsgebiete um die Großstädte herum ausgenommen, sind große Entfernungen, weite Wege und wenige bis keine Nachbarn in Schweden an der Tagesordnung.

Die Wahl Ihres neuen Wohnortes in Schweden sollte sich also idealerweise an diesen, für Kontinentaleuropäer ungewohnten räumlichen Verhältnissen und an Ihren Bedürfnissen und persönlichen Zielsetzungen in Ihrer Wahlheimat orientieren. Haben Sie bereits einen Arbeits- oder Studienplatz in Aussicht oder beabsichtigen, Ihr bisheriges Ferienhaus dauerhaft zu beziehen, ist die Wahl Ihres neuen Wohnortes vermutlich bereits vorab gegeben.

Was wollen Sie in Schweden machen?

Für alle anderen gilt es, sich einige wichtige Fragen bereits im Vorfeld zu stellen: Was werden oder wollen Sie in Schweden machen? Sind Sie durch Ihren Arbeits- oder Studienplatz auf eine bestimmte Region angewiesen? Haben Sie Kinder im Kindergarten- oder im Schulalter? Sind Sie eventuell chronisch krank und benötigen ständige, gut erreichbare ärztliche Versorgung? Sind Sie ein Stadtmensch und brauchen vielfältige kulturelle und kulinarische Angebote - oder locken Sie die mannigfachen Herausforderungen und Aufgaben, die das Leben auf dem Lande in Schweden so mit sich bringt? Ist es z.B. für Sie akzeptabel, unter Umständen bis zu sechs Monate lang Schnee zu räumen? Haben Sie gute handwerkliche und gärtnerische Fähigkeiten? Sind Sie selbstgenügsam und einverstanden mit einem hohen Maß an ländlicher Einsamkeit? Wie lang darf der Anfahrtsweg zur Arbeit/zur Uni/zur nächsten Stadt sein? Zur *vårdcentral?* Zum Krankenhaus? Und wenn Sie mit dem Norden Schwedens liebäugeln: Wie gut kämen Sie mit monatelanger, relativer Dunkelheit zurecht? Diese und ähnliche Fragen sollten nach Möglichkeit geklärt sein, bevor Sie sich auf Haus- oder Wohnungssuche begeben.

Allgemeines über Nord-, Mittel- und Südschweden

Hier können nur ein paar allgemeine Auskünfte gegeben werden; detaillierte Informationen über die einzelnen Regionen und ihre Besonderheiten würden den Rahmen dieses Buches bei weitem sprengen und müssen daher von Fall zu Fall individuell eingeholt werden.

Norrland
Norrland ist ein riesiges Gebiet, das ca. 59% der gesamten Landfläche umfasst. Dünn besiedelt und infrastrukturell sparsam ausgestattet, ist Norrland vor allem für Neuzuzügler und Touristen attraktiv, die Einsamkeit, reiche Natur und Ursprünglichkeit schätzen. Ausgezeichnete Jagdmöglichkeiten sowie sehr fischreiche Gewässer sind ebenfalls lockendes Kriterium bei einer Entscheidung für Norrland. Häuser sind dort preiswert, dazugehörige Grundstücke oft recht groß und ganze Ländereien bis zu 500 ha können für verhältnismäßig kleines Geld erworben werden.

Die Bewohner Norrlands sind in ganz Schweden als zuverlässig, stabil und tüchtig bekannt; eine norrländische Herkunft erleichtert daher in gewissem Maße sogar den Zugang zum schwedischen Arbeitsmarkt. Viele Einwanderer haben die Erfahrung gemacht, dass Norrlänningar gegenüber Neuhinzugezogenen sympathisch neugierig, offen, hilfsbereit und freundlich sind - und dass darüber hinaus von (weiter südlich oft behaupteter) norrländischer Schweigsamkeit beileibe nicht die Rede sein kann. Im Gegenteil: In Norrland findet man wunderbare Geschichtenerzähler, die sich in froher Runde gegenseitig mit tolldreisten Schilderungen verwegener Abenteuer, eigener Heldentaten oder skurriler Begebenheiten in Dorf und Wald überbieten, das gern lautstark und feuchtfröhlich. Der Schnaps gehört dort einfach zum Leben, und angesichts der langen harten Winter ist das vielleicht nur allzu verständlich. Am Lagerfeuer oder am heimischen Kamin erzählen berauschte Mannsbilder einander saftige Geschichten von oftmals drastischer Komik, die mitunter an Vorführungen der italienischen Commedia dell' arte erinnern. Das ist wahrlich Theater, Kino und Hörspiel in einem - und vielleicht hat sich diese Tradition gerade wegen des Mangels an kulturellen Zerstreuungen in Norrland bis heute erhalten.

Denn das kulturelle Angebot ist in Norrland spärlich und man muss meist sehr weit fahren, um an Veranstaltungen teilnehmen zu können - sofern sie nicht im eigenen Dorfe stattfinden. Weite Fahrten zum Einkaufen sind ebenfalls die Regel, wenn sich nicht am Ort noch ein kleiner *konsum*, *ICA* oder *lanthandel* erhalten hat.

Der Umgang mit Zeit ist in Norrland noch großzügiger als im restlichen Schweden, denn Zeit und Wartezeit spielen dort praktisch überhaupt keine Rolle mehr - und vom strukturierten, effektivitäts-orientierten Kontinent ist man vom Empfinden her Lichtjahre entfernt. An manchen Orten scheint die Zeit stillgestanden zu sein, was für Besucher charmant sein, doch für Neuhinzugezogene einer täglichen Zeitreise zurück in die 60-er Jahre des vorigen Jahrhunderts gleichkommen kann. Dort lebt man nach wie vor ein traditionelles Leben, so wie es früher einmal war (z.B. als Jäger und Fischer) und schert sich nicht um kontinentalen Mainstream, EU-Bürokratie oder weit entfernte Weltereignisse. Das Leben in Norrland ist auch geradezu grenzenlos frei, was Einengungen durch Pläne, Kalender, Termine oder feste Verabredungen im Privatleben betrifft. Man macht was man will und wie man es will. Verschieben von Verabredungen oder spontane Änderungen in der Planung gehören im Privatleben zur Tagesordnung, was jedoch oftmals auch wetterbedingte Gründe hat. Der Winter in Norrland ist lang (bis zu acht Monate) und dunkel, dabei liegt jedoch reichlich Schnee, der das vorhandene Licht reflektiert; das Nordlicht hingegen sorgt für phantastische himmlische Licht-Spiele und märchenhafte Farbnuancen in der verschneiten Landschaft.

In puncto Gesundheitsversorgung sieht es in großen Teilen Norrlands nicht besonders gut aus. Abgesehen von den weiten Entfernungen und zahlreichen ›fortgesparten‹ Gesundheitseinrichtungen ist auch die allgemeine Zugänglichkeit der überhaupt noch vorhandenen Einrichtungen nicht eben als gut zu bezeichnen. Die Wartezeiten sind lang! Es ist nicht leicht, schwedische oder ausländische Ärzte und Krankenschwestern nach Norrland zu locken, und viele gehen auch wieder fort, weil sie mit der langen winterlichen Dunkelheit, der Einsamkeit und dem spärlichen kulturellen Angebot nicht so gut zurechtkommen, wie sie es gehofft hatten. Zahlreichen nordschwedischen Frauen geht es ebenso; viele ziehen daher weg und übrig bleiben einsame Männer, die sich die Zeit mit Jagen, Fischen, Kumpeln und Branntwein vertreiben oder auch mit mehr oder weniger wilden Schneescooter-Fahrten.

Die Arbeitslosigkeit in Norrland ist hoch, die Anzahl der Krankschreibungen ebenfalls und viele werden frühverrentet - was auch mit statistischer Kosmetik zugunsten niedrigerer Arbeitslosenzahlen zu tun hat. Der Tourismus boomt allerdings kräftig und es ist zu erwarten, dass in diesem Bereich zahlreiche neue Arbeitsplätze geschaffen bzw. neue Beherbergungsmöglichkeiten und Angebote für Touristen angeboten werden. Auch ziehen seit ein paar Jahren verstärkt Niederländer und Briten nach Norrland und machen sich dort - häufig im Tourismus-Bereich und auch recht erfolgreich - selbständig.

Mittelschweden

Wo Mittelschweden eigentlich genau liegt - daran scheiden sich seit langem die Geister. Fest steht jedoch, dass Östersund in der Region Jämtland die geographische Mitte Schwedens ist. Jämtland ist jedoch bereits Teil Norrlands und so ist die Lokalisierung Mittelschwedens wahrlich nicht ganz einfach. Meistens wird jedoch bereits das Gebiet direkt nördlich von Vänern- und Vätternsee als Mittelschweden bezeichnet.

In Mittelschweden findet man sowohl eine phantastisch abwechslungsreiche Natur als auch eine für schwedische Verhältnisse noch immer recht stattliche Anzahl von kleinen und größeren Städten. Und natürlich Stockholm: Wenngleich es geographisch dem Süden Schwedens zuzuordnen ist, verortet es der Volksmund in Mittelschweden, aber das stört hier niemanden, auch die Stockholmer nicht. Stockholm ist die - bildschöne und kulturell sehr abwechslungsreiche - Konjunkturlokomotive Schwedens; hier gibt es die meisten Jobs und die wenigsten freien (Miet-)Wohnungen. Im ganz Stockholm's *län* wohnten im Dezember 2007 1.949.516 Menschen, in der Stadt selbst 795.163 Menschen. Stockholm hat vermutlich die längste Mietwohnungs-Warteschlange Europas aufzuweisen; zu Beginn des Jahres 2008 befanden sich dort 230.000 Menschen in der Warteschlange, das entspricht ungefähr der Gesamtbevölkerung von Malmö.

Zahlreiche Regionen Mittelschwedens sind für Touristen und naturliebende Einwanderer sehr attraktiv, so z.B. die Regionen Bergslagen,

Dalarna und Värmland. In Värmland, der Heimat vieler schwedischer Künstler, haben sich in den letzten Jahren zahlreiche niederländische Einzel-Unternehmer etabliert. Die einwohnerarmen ländlichen Kommunen dort begrüßen und fördern Neuansiedlungen in jeder Weise und veranstalten sogar regelmäßig mehrsprachige Informationsabende, um neue Einwohner - sehr gern zukünftige Unternehmer - zu werben.

Wer die vielbeschriebenen schweigsamen Schweden sucht, wird sie vermutlich am ehesten in Mittelschweden finden. Besonders Närke ist für eine gewisse Verschlossenheit und pessimistische Grundeinstellung seiner Bewohner bekannt und wird in Schweden allgemein ›der Meckergürtel‹ *(gnällbältet)* genannt. Landschaftlich ist Närke jedoch an vielen Stellen recht reizvoll.

Südschweden - nah am Kontinent

Der weitaus größte Teil aller Einwohner Schwedens lebt im - für schwedische Verhältnisse dichtbesiedelten - Süden, im Dreieck zwischen Malmö, Stockholm und Karlstad. In den Städten, auch in vielen kleineren, ist Miet-Wohnraum sehr knapp, auf dem Lande hingegen steht meist genug Wohnraum in Form von (im Vergleich zum Kontinent) preiswerten Eigenheimen zur Verfügung. Das gilt jedoch in der Regel nicht für Skåne, wo die Hauspreise allein schon wegen der Nähe zum Kontinent und der sich daraus ergebenden Vorteile meist höher sind als im restlichen ländlichen Südschweden. Auch ist Skåne durchaus nicht so einwandererfreundlich, wie man aufgrund der Nähe zum Kontinent und sich daraus ergebender internationaler (Geschäfts-)Beziehungen eigentlich vermuten würde - es ist eher umgekehrt. In Skåne hält man sich gern vornehmlich an seine Landsleute (aus Skåne!), selbst Schweden aus anderen Landesteilen können sich dort recht unwillkommen fühlen. Viele Einwanderer, die nach Skåne gezogen sind, fühlen sich dort auch auf Dauer weder zuhause noch akzeptiert. Skåne ist bekannt für seine langen Sandstrände, seine Rapsfelder und seine charakteristisch langgestreckten Bauernhäuser - aber auch für stellenweise ausgeprägte Ausländerfeindlichkeit sowie für gewisse lokale Konzentrationen und Aktivitäten von Neonazis.

Zahlreiche Einwanderer möchten ohnehin nach wie vor am liebsten ins grüne und waldreiche Småland, das von Deutschland aus noch relativ schnell zu erreichen ist. Die Hauspreise auf dem Land in Småland sind - gemessen an kontinentalen Preisen - noch bezahlbar, wenngleich schon ganze Regionen von Deutschen, Dänen und Norwegern regelrecht

›aufgekauft‹ wurden. Insbesondere trifft das für Häuser in der weiteren Umgebung des Heimatortes (Vimmerby) von Astrid Lindgren sowie für bestimmte Teile von Kronobergs *län* zu, wo ein Hauskauf denn auch stellenweise recht teuer geworden ist – gleiches gilt für Häuser am Meer. Die Einwohner Smålands sehen der flächendeckenden, vor allem deutsch-dänischen Besiedlung mit gemischten Gefühlen zu: Einerseits findet man gut, dass die schönen alten Häuser neue Käufer finden und nicht verfallen, auf der anderen Seite treibt das die Hauskaufpreise für die Einheimischen in die Höhe. Auch sieht man es kritisch, dass die meisten Häuser mit ausländischen Besitzern nur wenige Wochen im Jahr bewohnt sind. Man hätte gern mehr Einwohner, die sich fest ansiedeln, konsumieren und vor allem Steuern bezahlen, damit Service, Geschäfte und medizinische Versorgung auch auf dem Lande erhalten bleiben können.

Bis zur Finanzkrise im Herbst 2008 war der Arbeitsmarkt der Regionen Jönköping und Kronoberg einer der stabilsten des Landes und die Arbeitslosenzahlen gehörten zu den niedrigsten in ganz Schweden. Seit September 2008 wurden jedoch insbesondere in der in Småland stark vertretenen Holzhaus-Industrie viele Mitarbeiter entlassen und ein Ende ist jetzt, im Dezember 2008, noch lange nicht abzusehen.

In puncto Gesundheitssystem wäre zu Småland zu sagen, dass die Gesundheitseinrichtungen (*vårdcentralen*, Spezialisten, Krankenhäuser) in Kalmar *län* landesweit am besten zugänglich sind (laut *sveriges kommuner & landsting*, Dezember 2007) und dass in Kronobergs *län* die *vårdcentralen* telefonisch am schnellsten zu erreichen sind - was in Schweden viel bedeutet. Auch Jönköpings *län* steht in puncto Zugänglichkeit der Gesundheitseinrichtungen vergleichsweise gut da.

Internetlinks

Schwedische Landschaften/*län* bei Wikipedia Sverige
► HTTP://SV.WIKIPEDIA.ORG/WIKI/SVERIGES_LANDSKAP

Schwedische *län* inklusive Bevölkerungsanzahl
► HTTP://SV.WIKIPEDIA.ORG/WIKI/LÄN_I_SVERIGE

Liste über schwedische Städte nach Landschaften
► HTTP://SV.WIKIPEDIA.ORG/WIKI/LISTA_ÖVER_STÄDER_I_SVERIGE_EFTER_LANDSKAP

Kapitel 3
Schwedisch lernen

Allgemeines zum Schwedisch-Lernen

Ob Sie in Schweden arbeiten, zur Schule gehen, studieren oder in Ruhe Ihren Lebensabend verbringen wollen - Schwedisch zu lernen ist fast immer unerlässlich, denn Englisch reicht, entgegen vielen anderslautenden Annahmen, auf die Dauer keineswegs aus.

Die gute Nachricht sei aber vorweg genommen: Die schwedische Sprache ist, besonders für Einwanderer aus deutschsprachigen Ländern, verhältnismäßig einfach zu erlernen, da sie sehr viele Gemeinsamkeiten mit der eigenen Sprache aufweist. Schauen Sie sich nur einmal ein deutschschwedisches Wörterbuch an - Sie werden staunen, wie viele Worte Ihnen bereits bekannt vorkommen, ohne dass Sie jemals einen Schwedischkurs besucht haben!

Schwedisch ist dem Deutschen verwandt

Schwedisch entstammt, genau wie z.B. Deutsch, Niederländisch oder Dänisch der germanischen Sprachfamilie, einem gemeinsamen Zweig der sogenannten indoeuropäischen Sprache, der sich durch sehr viele gleichartige und -lautende Wortbildungen auszeichnet. Daher geht Schwedisch lernen meist relativ schnell und macht Spaß. Hat man sich erst einmal an die weiche singende Aussprache gewöhnt und sie verinnerlicht, steht einer ersten Kommunikation mit Ihren neuen schwedischen Landsleuten bald nichts mehr im Wege. Diese werden Ihre Bemühungen meist sehr zu schätzen wissen! Der Erwerb der schwedischen Sprache ist Ihr erster und wichtigster Schritt für eine gelungene Integration in Ihrem neuen Heimatland. Die wichtigsten Tipps und Links zum geglückten Lernen finden Sie hier aufgelistet.

Schwedisch lernen in Deutschland

In folgenden Kursen und mit den aufgelisteten Online-Materialien können Sie bereits in Ihrer Heimat beginnen, Schwedisch zu lernen.

Vor-Ort-Kurse

VHS-Kurse in Deutschland
unter folgendem Link finden Sie eine Liste von Volkshochschulen in Deutschland, die Schwedischkurse anbieten
▶ WWW.SWEDENGATE.DE/SVERIGEMIX/SCHWEDISCH.HTML

IS Sprachschule Düsseldorf
Abend- und Wochenend-Schwedischkurse für Privatpersonen und Geschäftsleute, Schirmherr: Schwedische Handelskammer, Düsseldorf
▶ WWW.IS-DUESSELDORF.COM/SCHWEDISCH/SPRACHKURSE.HTML

OBS Online - Vor-Ort-Kurse
Skype-Videounterricht, Telefon-Unterricht, auch kombiniert
▶ WWW.OBSONLINE.DE

PC- und Online-Kurse

Interaktiver CD-ROM-Kurs ›Schwedisch Aktiv‹
▶ WWW.SCHWEDISCH-AKTIV.DE

Online-Sprachkurs für deutschsprachige Einwanderer
vom Nationellen Zentrum für flexibles Lernen, Schweden
▶ HTTP://SAFIR.CFL.SE/SAFIR/INTRODUKTION_TYS.HTM

Online Schwedisch-Kurs
mit Aussprache-Tipps, deutsch-schwedisch
▶ WWW.ONLINESWEDISH.COM/GERMAN/MAIN.PHP

Online Sprachtests
Lernwege, Treffpunkt, Lern- und Lehrmaterialien
▶ WWW.LINGUANET-EUROPA.ORG/PLUS/DE/HOME.JSP

Online Schwedisch lernen
mit Muttersprachlern, die auch Ihre Sprache beherrschen
▶ WWW.MYLANGUAGEEXCHANGE.COM/LEARN_GMN/SWEDISH.ASP

Online Schwedisch lernen
mit schwedischsprachigen Mailfreunden, die Deutsch lernen möchten
▶ *WWW.LANGUAGEEXCHANGE.ORG*

Schwedisches Tutorium
Sprachkurs online, englisch-schwedisch
▶ *WWW.IELANGUAGES.COM/SWEDISH.HTML*

Gratis Sprachkurs zum Download
mit Aussprache-Beispielen, schwedisch-englisch
▶ *WWW.BYKI.COM*

Diverse PC-Kurse und Lehrbücher
▶ *WWW.SCHWEDENSEITE.DE/SCHWEDISCH_LEHRBUECHER.SHTML*

PC-Kurse und Bücher bei Amazon
bei Suche eingeben: Schwedisch
▶ *WWW.AMAZON.DE*

Schwedisch lernen in Schweden

Schwedisch für Einwanderer - gratis SFI-Kurse in Schweden
Als in Schweden wohnhaft gemeldeter Einwanderer haben Sie das Recht, in Ihrer Kommune an einem kostenlosen Sprachkurs (Kursname = *SFI, svenska för invandrare*) teilzunehmen. Sobald Sie also Ihre *personnummer* vom *skatteverket* erhalten haben, können Sie sich bei Ihrer Kommune für den nächsten *SFI*-Kurs anmelden. Diese Kurse werden von der jeweiligen kommunalen Erwachsenen-Bildungsstätte (*kommunal vuxenutbildning*, abgekürzt: *komvux*) abgehalten. Die *SFI*-Kurse umfassen insgesamt 525 Unterrichtsstunden und sind in drei Schwierigkeitsgrade eingeteilt:

SFI 1 (Kurs A und B)
SFI 2 (Kurs B und C)
SFI 3 (Kurs C und D)

Der **A/B-Kurs** richtet sich an Teilnehmer mit geringen Vorkenntnissen in Schwedisch, der **B/C-Kurs** an Teilnehmer mit grundlegenden und etwas fortgeschrittenen Schwedisch-Kenntnissen. Den **C/D-Kurs** besuchen Teilnehmer mit guten, fortgeschrittenen Kenntnissen in Schwedisch. Die Einteilung erfolgt ausgehend von den sprachlichen Vorkenntnissen und Bedürfnissen der Kursteilnehmer. Nach erfolgreichem Abschluss des *SFI*-Kurses können Sie, ebenfalls bei *komvux*, den Kurs ›*svenska som andraspråk*‹ auf grundlegendem und dann auf gymnasialem Niveau belegen. Einige Hochschulen und Universitäten bieten einen ähnlichen Kurs an (Schwedisch als Fremdsprache).

Link zum *skolverket*
Downloadmöglichkeit der schriftlichen SFI-Prüfung vom Frühling 2008
▶ HTTP://WWW.SKOLVERKET.SE/SB/D/323

Weitere Vor-Ort-Kurse zum Schwedisch-Lernen, kostenpflichtig

Folkuniversitetet
Schwedischkurse für Anfänger und Fortgeschrittene, kostenpflichtig
▶ WWW.FOLKUNIVERSITETET.SE

Medborgarskolan
Landesweit vertretene Erwachsenenbildungs-Einrichtung, kostenpflichtig, Kurse: swedish as a foreign language
▶ WWW.MEDBORGARSKOLAN.SE

ABF
Landesweit vertretene Erwachsenenbildungs-Einrichtung, kostenpflichtig, Schwedischkurse für Anfänger/Einwanderer
▶ WWW.ABF.SE

Schwedische Online-Materialien und Kurse (gratis)

SFI-Links zu Medien, Sprache und Wörterbüchern
▶ WWW.KREATIVPEDAGOGIK.SE

Schwedisches Bildwörterbuch
Sachen, Dinge, Körperteile etc.
▶ WWW.SKOLUTVECKLING.SE/VAXTHUSET/BILDTEMAN

Schwedisches Bildwörterbuch
Tätigkeiten
► HTTP://WWW.SKOLUTVECKLING.SE/VAXTHUSET/LEXINANIM

Schwedisches Bildwörterbuch
der Königlich Technischen Hochschule
► HTTP://LEXIN.NADA.KTH.SE/BILDER/TEMAN/BILDTEMAN.HTML

Schwedisches Video-Material
Dialoge (Arbeitsplatz, Arzt/Apotheke, Freizeit)
► HTTP://LEXIN.NADA.KTH.SE/DIALOGTEMAN/DT_INDEX.HTM

Schwedische gratis-Internetkurse
► WWW.NATKURSER.SE/SPRAKKURSER/SVENSKA.PHP

Schwedisch vergnüglich online
► HTTP://LITEROLIGARE.SE/2007/01/10/HUR-MAN-BAST-LAR-SIG-SVENSKA

Kostenlose und kostenpflichtige Distanzkurse
teilweise auf Universitätsniveau, zusätzlich Lernmaterialien und Wörterbücher (Klick ›Learn Swedish‹, dann ›Distance learning‹)
► WWW.STUDYINSWEDEN.SE

In der Kürze liegt die Würze

Hier ein ganz normales schwedisches Gespräch:

»Hej!«	»Hallo«
»Hej hej!«	»Hallo«
»Läget?«	»Wie ist die Lage?«
»Bra, tack! Själv då?«	»Gut, danke! Und selbst?«
»Bara bra!«	»Sehr gut!«
»Vad bra!«	»Wie fein!«
»Vi ses!«	»Wir sehen uns.«
»Hej då!«	»Tschüss!«

Schwedische Zeitungen, Fernsehen und Filme
Für den Spracherwerb ist es ebenfalls sehr nützlich, regelmäßig schwedische Tageszeitungen zu lesen. Kaufen Sie sich ein gutes Deutsch-Schwedisches Wörterbuch, z.B. von Pons oder Langenscheidt, legen Sie

es neben die Zeitung und notieren Sie schriftlich alle Wörter, die Sie nicht verstehen. Suchen Sie dann im Wörterbuch nach der Übersetzung, schreiben Sie sie daneben und lernen Ihre Vokabelliste auswendig. Fangen Sie z.b. mit 30 Wörtern an und steigern Sie Ihr Pensum täglich. Diese Vorgehensweise ist zwar ein wenig mühselig, aber lohnenswert - und wird Ihren Wortschatz nach und nach wunderbar erweitern.

Fernsehen in Schweden ist eine weitere gute Möglichkeit, mit der schwedischen Sprache besser vertraut zu werden. Im schwedischen TV werden sehr viele englische und amerikanische Filme und Serien im Original gezeigt; die Dialoge sind schwedisch untertitelt. Englischkenntnisse vorausgesetzt, können Sie durch einfaches Zuschauen schon bald einen Bezug zwischen englischer Originalsprache und schwedischen Untertiteln herstellen und so ein immer besseres Verständnis der schwedischen Sprache erwerben - ganz gemütlich in Ihrer Freizeit.

Obiges gilt auch für DVD's und Videofilme, die Sie in Schweden kaufen. Die Originalversion ist in Englisch, die Untertitel unter anderem in Schwedisch oder manchmal sogar in Deutsch. Auch einige schwedische Originalversionen von DVD-Filmen haben mitunter deutsche Untertitel - auch das ist eine gute Möglichkeit, Schwedisch allmählich besser zu verstehen.

Bücher zum Schwedisch-Lernen
(teilweise mit Audio-CDs, Preise: Stand November 2008)

- **Assimil Selbstlernkurs für Deutsche,** Assimil-Verlag, 24,80€
- **Assimil Selbstlernkurs für Deutsche,** mit 4 Audio-CDs, Assimil-Verlag, 99,80€
- **Javisst-Kursbuch,** Claudia Eberan, Hueber Verlag, 22,95€
- **Javisst-Arbeitsbuch mit CD,** Hueber Verlag, 22,95€
- **Langenscheidt Praktischer Sprachlehrgang Schwedisch,** mit 2 Audio-CDs, 16,95€
- **Langenscheidts Taschenwörterbuch** Schwedisch-Deutsch/Deutsch-Schwedisch, E.Engbrandt-Heider, 29,90€
- **Lextra Sprachkurs-Plus: Schwedisch,** Buch und Audio-CDs, Cornelsen-Verlag, 22,95€
- **Praktische Grammatik der schwedischen Sprache,** Birgitta Ramge, Egert Verlag, 21€
- **Schwedische Grammatik,** Max Hueber-Verlag, 16,95€

- **Svenska, Lehrbuch**, Gunilla Rising, Egert Verlag, 18€
- **Tala Svenska**, E. O. Guttke, Groa Verlag, 17,90€
- **Uttala Svenska, Lehrmittel zur Aussprache**, 8 CDs mit Begleitbuch, E.O. Guttke, Groa Verlag, 29,90€
- **Välkomna**, mit 2 CDs, Margareta Paulsson, Klett-Verlag, 29,90€

Schwedische Lehrbücher ›Schwedisch‹

Eine umfassende Liste mit schwedischen Lehrbüchern der schwedischen Sprache finden Sie beim *Svenska Insitutet*, direkter Link:
▶ WWW.SI.SE/TEMPLATES/COMMONPAGE.ASPX?ID=628

Kleiner Sprach - und Verständnistest

Hier ein kleiner Test, um festzustellen, ob Sie schon für die Geheimnisse von Sprache, Land und Leuten gewappnet sind:

Frage 1	In welchem Körperteil wachsen die Babies schwedischer Mütter heran?
a)	Im Bauch
b)	Im Magen
c)	Im Unterleib
Frage 2	Bei *kanelbullar* handelt es sich um
a)	Aromatisch duftende Polizisten
b)	Zimtschnecken
c)	Die Einwohner von Bullerbü
Frage 3	Handelt es sich bei *ostkaka* um
a)	Käsekuchen
b)	Exkremente aus östl. Landesteilen
c)	Eine schwedische Kakaosorte
Frage 4	Was ist ein *bröllop*?
a)	Ein Rülpser
b)	Ein Brotkorb
c)	Eine Hochzeit

Frage 5	Und was bedeutet *kropp*?
a)	Müll
b)	Körper
c)	Wegwerf-Artikel
Frage 6	Wo wir gerade bei *kropp* sind - was ist denn ein *kroppkaka*?
a)	Ein misslungener Kuchen
b)	Ein Knödel
c)	Menschliche Ausscheidung
Frage 7	Was bezeichnet das Wörtchen *knulla*?
a)	Etwas zerknüllen
b)	Liebe machen
c)	Jemanden knuffen
Frage 8	Was ist eine *ficklampa*?
a)	Eine romantische Beleuchtung
b)	Eine Taschenlampe
c)	Ein Sexspielzeug mit Beleuchtung

Frage 9	Und was haben Sie, wenn Sie *fickpengar* haben?	**Frage 15**	Welches Tier hat in schwedischen Biologiebüchern einen *snabel*?
a)	Geld für schöne Stunden	a)	Der Elefant
b)	Taschengeld	b)	Der Storch
c)	Geld für die Kaffepause	c)	Der Tiger
Frage 10	Wie sollten Sie sich verhalten, wenn Sie in Schweden zur *fikapaus* eingeladen werden?	**Frage 16**	Ab welchem Alter bekommt man in Schweden *ränta*?
a)	Ich ziehe mich aus und stürme mit meinem Gegenüber ins Bett	a)	Ab 0 Jahren
		b)	Ab 65 Jahren
b)	Ich lehne dankend ab, denn ich bin meinem Partner treu	c)	Ab 99 Jahren
c)	Ich nehme dankend an und freue mich auf Kaffee und einen Imbiss	**Frage 17**	In Düsseldorf gibt es nur eine Kö. In Schweden dagegen sehr viele. (*kö* = Warteschlange) Wo sind die längsten?
Frage 11	Wenn ein Mann in Schweden ein *kostym* trägt, was ist er dann?	a)	Im Norden
		b)	Im Süden
a)	Ein Transvestit	c)	In der Stockholmer Wohnungsvermittlung
b)	Ein Anzugträger		
c)	Ein Clown	**Frage 18**	Wenn ein Schwede sich als ›helt ordinär‹ bezeichnet, dann ist er
Frage 12	Was ist ein *ölmagen*?	a)	Ein ziemlich vulgärer Typ
a)	Ein aufgetriebener Bauch nach dem Genuss von zuviel Olivenöl	b)	Ganz und gar durchschnittlich
		c)	Ein untragbarer Zeitgenosse
b)	Ein stattlicher Bierbauch	**Frage 19**	Ein Schwede/eine Schwedin fragt Sie: »Är du ledigt just nu?« Was will er/sie Ihnen damit sagen?
c)	Eine chirurgisch applizierte Vorrichtung gegen Magenschleimhautentzündung		
Frage 13	Wenn Ihr schwedischer Partner sagt »jag vill gifta mig med dig«, dann will er:	a)	Bist Du noch zu haben?
		b)	Er/sie will mich heiraten
a)	Sie vergiften	c)	Er/sie fragt mich, ob ich grad frei habe
b)	Sich selbst vergiften		
c)	Sie heiraten	**Frage 20**	Wenn man in Schweden *gris* zubereitet, was kommt dabei heraus?
Frage 14	Was bedeutet das Wort *lumpen* in Schweden?		
a)	Das Übliche: alte unbrauchbare oder zerfetzte Kleider/Stoffe	a)	Eine ziemliche Schweinerei
		b)	Griessbrei
b)	Die schwedische Bundeswehr	c)	Zum Beispiel Schweinebraten
c)	Jemanden über's Ohr hauen		

Haben Sie's gewusst? Hier die Auflösung: 1b, 2b, 3a, 4c, 5b, 6b, 7b, 8b, 9b, 10c, 11b, 12b, 13c, 14b, 15a, 16a, 17c, 18b, 19c, 20c

Kapitel 4

Arbeitssuche und Bewerbung

Verglichen mit Deutschland und vielen anderen Ländern, ist das Arbeitsleben in Schweden um einiges entspannter und menschlicher und lässt dem Einzelnen in der Regel genug Zeit für Familie und Freizeitaktivitäten (wenn die Anfahrtswege nicht allzu lang sind). Wenige Überstunden, flexible Arbeitszeiten, Verständnis für Angestellte mit Kindern, mindestens fünf Wochen Urlaub im Jahr und die Möglichkeit zur gelegentlichen Distanz-Arbeit in vielen Berufen machen Schweden zu einem recht arbeitnehmerfreundlichen Land. Großzügige Pausenregelungen (zweimal täglich gemeinsame *fikapaus* = Kaffee-Pause der Angestellten und verhältnismäßig ausgedehnte Mittagspausen) sorgen dafür, dass man sich nicht so rasch überanstrengt.

Etwa 80% aller schwedischen Arbeitnehmer sind den verschiedenen Gewerkschaften angeschlossen, welche die Interessen ihrer Mitglieder kraftvoll vertreten und diesen meistens auch eine Arbeitslosigkeitsversicherung anbieten. Für ausländische Bürger, die gern in Schweden arbeiten möchten, stellt sich die Frage, wie man im schwedischen Arbeitsleben Fuß fasst. Etliche heimische Berufe oder Berufsbezeichnungen sind in Schweden unbekannt, die Ausübung gewisser Berufe ist genehmigungspflichtig und häufig bestehen zwischen der Berufsausbildung des Heimatlandes und der in Schweden beträchtliche Unterschiede. Zahlreiche Berufe in Schweden setzen eine Hochschulausbildung voraus, so z.B. der Beruf des Maklers, der Krankenschwester, der Erzieherin, des Krankengymnasten uvm.

Manche Berufe sind in Schweden ganz unbekannt, so z.B. der Beruf des Gross- und Einzelhandelskaufmanns, des Werbekaufmanns, des Justizvollzugsangestellten, des Altenpflegers, der Kinderkrankenschwester, der Arzthelferin uvm.

Um auf konjunkturelle Schwankungen flexibler reagieren zu können, rekrutieren viele Unternehmen ihre Angestellten gern über Zeitarbeits- und Personalvermittlungsunternehmen, die in Schweden übrigens einen guten Ruf genießen, ihre Mitarbeiter freundlich behandeln und auch (weiter-)ausbilden. Mangelnde Schwedischkenntnisse erschweren die Stellensuche, daher ist zunächst und vor allem geraten, die schwedische Sprache zu erlernen, wenn man ernsthaft beabsichtigt, nach Schweden auszuwandern bzw. dorthin umzuziehen. Englisch reicht nicht - oder allenfalls und auch nur für eine Weile in ausgesprochenen Mangelberufen.

Nachfolgend finden Sie zahlreiche Informationen und Tipps zur Stellensuche in Schweden, von zuhause aus und vor Ort sowie auch Hinweise zu häufig auftauchenden Problematiken bei der Suche nach einem Arbeitsplatz.

> **Fikapaus**
>
> Es ist ca. 9.30 in Schweden. Alles steht still. Niemand ist zu erreichen. Die Anrufbeantworter laufen heiß. Wohin ist das Volk entschwunden? In den Pausenraum, um dort mit Kollegen die Fikapaus zu zelebrieren! Enthaltung gilt nicht, alle müssen mit. Das gleiche noch mal gegen drei Uhr nachmittags. Anrufe bei Behörden und Firmen zu diesen Zeiten sind ziemlich zwecklos. Die Fikapaus ist geheiligte, unantastbare Institution - komme, was da wolle.

Genehmigungspflichtige Berufe

Zur Ausübung der folgenden Berufe muss eine Genehmigung der jeweils verantwortlichen Behörde eingeholt werden (Stand Oktober 2008):

BERUF	LINK ZUR ZUSTÄNDIGEN BEHÖRDE
Anwalt	► WWW.ADVOKATSAMFUNDET.SE
Apotheker, Arbeitstherapeut, Hörgerätespezialist, Hebamme, Biomedizinischer Analytiker, Ernährungsberater, Chiropraktiker, Logopäde, Arzt, Manueller Schmerztherapeut, Optiker, Orthopädie-Ingenieur, Psychologe, Psychotherapeut, Röntgenschwester, Krankengymnast, Bestrahlungs-Physiker, Krankenschwester, Pharmazeut, Zahnhygienist, Zahnarzt	► WWW.SOCIALSTYRELSEN.SE
Schornsteinfeger	► WWW.RADDNINGSVERKET.SE
Elektriker	► WWW.ELSAK.SE
Immobilienmakler	► WWW.FASTIGHETSMAKLARNAMNDEN.SE
Lehrer	► WWW.HSV.SE
Dolmetscher/Übersetzer	► WWW.KAMMARKOLLEGIET.SE
Fahrlehrer	► WWW.VV.SE
Tierarzt	► WWW.JORDBRUKSVERKET.SE

Arbeitssuche von Ihrem Heimatland aus

Über die Homepage des schwedischen Arbeitsamtes, AMS
Auf der Homepage des Arbeitsamtes sind sämtliche freien Stellen in allen Regionen Schwedens gelistet, die dem Arbeitsamt gemeldet wurden. Sie finden die Liste, wenn Sie auf ›*söka jobb*‹ klicken und dann auf ›*platsbanken*‹. Unter der Rubrik ›*platsbanken*‹ sind die freien Stellen zum einen nach Beruf *(via yrke)*, zum anderen nach Kommune *(via kommun)* geordnet. Ganz rechts auf der Seite finden Sie auch klickbare Abkürzungen *(genvägar)* zu Sommerjobs *(sommarjobb)*, Jobs ohne Ausbildung *(jobb utan krav på erfarenhet)*, zu befristeten Jobs *(tillfälliga jobb)* sowie zu den aktuellsten Job-Anzeigen in den verschiedenen *län*, die im Verlauf des letzten Tages publiziert wurden *(inkomna senaste dygnet)*. Auf der Homepage des Arbeitsamtes haben Sie auch die Möglichkeit, Ihren Lebenslauf *(mitt CV)* zu hinterlegen. Interessierte Arbeitgeber können so direkt mit Ihnen Kontakt aufnehmen.

Wenn Ihre Bewerbung bei einem schwedischen Arbeitgeber Anklang findet, müssen Sie die Möglichkeit haben, eventuell kurzfristig zum Bewerbungsgespräch nach Schweden anzureisen. Eine (teilweise) Reisekostenerstattung wird Ihnen möglicherweise angeboten, als gegeben voraussetzen sollte man das nicht. ▶ WWW.AMS.SE

Arbeitssuche über das Eures-Portal/Eures-Berater
Im Eures-Portal, einem europaweiten Kooperationsnetz zwischen der Europäischen Kommission, öffentlichen Arbeitsverwaltungen, Gewerkschaften und Arbeitgeberverbänden, finden Sie freie Jobs in ganz Europa, aktuelle Informationen über jeweilige Mangelberufe sowie spezifische Länderinformationen zu den Themen Arbeitsmarkt, Lebens- und Arbeitsbedingungen und zur Freizügigkeit in puncto Arbeitsaufnahme und Wohnsitz in den verschiedenen EU-Ländern. Im Eures-Portal können Sie einen Lebenslauf (CV) hinterlegen sowie auf Wunsch per eMail Stellenangebote in Ihrem Wunschberuf erhalten bzw. Benachrichtigungs-eMails über Stellen, die Ihrem Qualifikationsprofil entsprechen.

Im Eures-Portal finden Sie auch die Namen und Kontaktangaben von Eures-Beratern in Ihrer Nähe (im Heimatland oder in Ihrer neuen EU-Wahlheimat). Ein Eures-Berater kann Ihnen allgemeine Informationen und Beratung zu praktischen, rechtlichen und bürokratischen Aspekten einer Arbeitsaufnahme im EU-Ausland geben - sowie Ihnen nach Möglichkeit auch Hilfe bei der Arbeitsvermittlung in ein anderes EU-Land anbieten. ►HTTP://EC.EUROPA.EU/EURES

Arbeitssuche über das Baltic-Training-Center
In Rostock bietet die Baltic-Training-Center GmbH in Zusammenarbeit mit den Arbeitsämtern und finanziert von der Bundesagentur für Arbeit qualifizierende Sprachkurse inklusive Jobvermittlung für Skandinavien und die Niederlande an. Diese Maßnahmen richten sich an arbeitslose Fachkräfte mit abgeschlossener anerkannter Berufsausbildung bzw. mit abgeschlossenem Studium. Im Rahmen einer 12-wöchigen Weiterbildungsmaßnahme, die 480 Stunden umfasst, erfolgen Sprach-Intensiv-Ausbildung und Bewerbungstraining für das jeweilige Zielland. Anschließend wird ein 4-6-wöchiges Praktikum zur Einarbeitung am neuen Arbeitsplatz durchgeführt, dann kann die Arbeitsaufnahme im gewünschten Land erfolgen.

Die Auswahl der Teilnehmer richtet sich in erster Linie nach dem jeweiligen Arbeitskräftebedarf und den Anforderungen des Ziellandes - sowie natürlich nach Berufsausbildung, Berufserfahrung und persönlicher Eignung der arbeitslosen Bewerber. Diese können die Teilnahme an Maßnahmen des Baltic-Training-Center nach Absprache mit ihrem zuständigen Arbeitsamt über Bildungsgutscheine (SGB II und SGB III) finanziert bekommen. ►WWW.BTCWEB.DE

Arbeitssuche über allgemeine schwedische Job-Portale

►WWW.JOBBTORGET.SE	Link zu zahlreichen spezialisierten Job-Vermittlungs-Portalen
►WWW.KARRIARGUIDEN.SE	Großes Job-Portal, mit zahlreichen Unterportalen
►WWW.WORKEY.SE	Einfach zu navigierendes Jobsuche-Portal
►WWW.JOBBSAFARI.SE	Unkompliziertes Jobsuche-Portal
►WWW.MERAJOBB.SE	Gutes Portal, anspruchsvolle Jobs
►WWW.SMARTJOBB.NU	Befristete Jobs, Sommerjobs, Ferienjobs
►WWW.JOBBANNONS.SE	Nach Branchen geordnet, übersichtlich
►WWW.JOBRAPIDO.SE	Alle Stellenangebote aller schwedischen Websites
►WWW.JOBB24.SE	Das Stellenportal von *Svenska Dagbladet* und *Aftonbladet*

▶ WWW.JOBBPORTEN.SE   Übersichtliches Portal, leicht zu navigieren
▶ WWW.LOKUS.SE   Stellenangebote aus 40 Lokalzeitungen

Arbeitssuche über Zeitarbeits- und Personalvermittlungsfirmen
Hier nur einige der größten und bekanntesten Zeitarbeits- und Personalvermittlungsfirmen *(bemannings- och rekryteringsföretag)*:

Für alle Berufe
▶ WWW.MONSTER.SE
▶ WWW.POOLIA.SE
▶ WWW.ADECCO.SE
▶ WWW.MANPOWER.SE
▶ WWW.PROFFICE.SE
▶ WWW.STEPSTONE.SE

Vorwiegend für Handwerker, Industriearbeiter, Logistiker
▶ WWW.MONTICO.SE
▶ WWW.UNIFLEX.SE
▶ WWW.LERNIA.SE

Zahlreiche weitere Zeitarbeits- und Personalvermittlungsfirmen im ganzen Land finden Sie durch eine Suche bei *Eniro* durch Eingabe von ›bemanningsföretag‹ oder ›rekrytering‹: ▶ HTTP://GULASIDORNA.ENIRO.SE

Arbeitssuche über spezialisierte Portale
Nachfolgend eine Liste der wichtigsten berufsspezifischen Job-Portale, kategorisiert nach Berufszweig oder Art der Tätigkeit:

Spezialisierte Job-Portale	
Gesundheitswesen	▶ HTTP://JOBB.LAKARTIDNINGEN.SE ▶ WWW.MEDREK.SE ▶ WWW.HALSOJOBB.SE ▶ WWW.RONDEN.SE ▶ WWW.RENTADOCTOR.SE ▶ WWW.RENTANURSE.SE ▶ WWW.PROFFICECARE.SE
Schulwesen	▶ WWW.SKOLJOBB.SE
Kindergärten und Vorschulen	▶ WWW.FORSKOLEJOBB.SE
Öffentlicher Dienst	▶ WWW.OFFENTLIGAJOBB.SE

Spezialisierte Job-Portale

IT-Berufe (vorwiegend)	▶ WWW.CSJOBB.IDG.SE ▶ WWW.ITJOBB.SE ▶ WWW.ANTS.SE ▶ WWW.EWORK.SE
Technische und IT-Jobs	▶ WWW.TEKNIKJOBB.SE ▶ WWW.NYTEKNIK.SE/JOBB
Management und leitende Funktionen	▶ WWW.LEDNINGSJOBB.SE
Wirtschaft (Ökonomen, Revisoren, Controller uvm.)	▶ WWW.EKONOMIJOBB.SE ▶ WWW.CONTAPLUS.SE ▶ WWW.THELOCAL.SE/JOBS (ENGLISCH)
Verkauf, Marketing, Vertrieb	▶ WWW.SALJJOBB.SE
Werbung, Marketing, IT, Verwaltung	▶ WWW.INHOUSE.SE
Landwirtschaft, Wald, Garten, Tierpflege	▶ WWW.GRONAJOBB.SE
Umweltbezogene Berufe	▶ WWW.MILJOJOBB.SE
Studentenjobs und befristete Jobs (vorwiegend)	▶ WWW.ACADEMICWORK.SE
Für Akademiker (vorwiegend)	▶ WWW.ACADEMICSEARCH.SE ▶ WWW.RESEARCHINSWEDEN.SE ▶ WWW.PEDAGOGJOBB.SE
Rentner, die stundenweise im Rahmen haushaltsnaher Dienste tätig sein wollen	▶ WWW.HYRENPENSIONAR.NET
Praktika, Aushilfs-Jobs aller Art, Kost- und Logi-Jobs, Transport-Jobs uvm.	▶ WWW.ALTERNATIV.NU
Arbeitgeber-Bewertung durch schwedische Arbeitnehmer	▶ WWW.JOBINSIDE.SE

Lunchrast

Das Leben in Schweden ist erfreulich berechenbar: Genau wie die zweimal tägliche Fikapaus zu relativ festen Zeiten, so wird auch die Mittagspause unumstößlich eingehalten. Alle Straßen sind leer, kein Mensch ist zu sehen, in den Lunchrestaurants klappern die Teller und die meisten Geschäfte haben geschlossen, auch im Sommer und zur Verwunderung vieler Besucher sogar in den touristischen Hochburgen Schwedens. Denn ein Schwede ohne Lunch ist entweder kein Schwede oder ein leidender Schwede - und das können ja die Besucher nicht ernsthaft wollen...

Arbeitssuche mit Hilfe von Stellenanzeigen in schwedischen Zeitungen

Überregionale Tageszeitungen

Dagens Nyheter: ▶ WWW.DN.SE
Svenska Dagbladet: ▶ WWW.SVD.SE
Metro: ▶ WWW.METRO.SE

Lokale Tageszeitungen

Sämtliche schwedischen Lokalzeitungen (sowie auch etliche ausländische Zeitungen) sind unter nachfolgendem Link aufgelistet und verlinkt:
- ►WWW.INTERNETSTART.SE/TIDNINGAR.ASP

Weitere Links zu Internetseiten mit Auflistungen aller schwedischen Lokalzeitungen. Jede dieser Seiten hat ihre Vorzüge und spezielle Unterverzeichnisse:
- ►HTTP://KATALOGEN.KTHNOC.SE/KAT/NEWS/DAILY
- ►WWW.DAGSTIDNINGAR.COM
- ►WWW.DAGSTIDNINGAR.NU

Arbeitslos nach Schweden

Als arbeitsloser EU-Bürger haben Sie die Möglichkeit, bis zu maximal drei Monate - unter Weiterbezug Ihres Arbeitslosengeldes und unter Beibehaltung Ihres Krankenversicherungsschutzes - im Europäischen Ausland eine Arbeit zu suchen. Die Voraussetzung ist, dass Sie seit mindestens einem Monat arbeitslos gemeldet sind und sich aktiv um eine Arbeit im Heimatland bemüht haben. Wenn Sie dann zur Arbeitssuche nach Schweden gehen möchten, erhalten Sie vom Arbeitsamt die Bescheinigung E303, auf dem Ihre Personalien, Ihre neue Adresse in Schweden, sowie Höhe, Dauer und Zeitraum der Auszahlung Ihres Arbeitslosengeldes und das Datum der Erstauszahlung Ihres Arbeitslosengeldes durch das schwedische Arbeitsamt vermerkt sind.

Spätestens am sechsten Tag nach der Abreise von Ihrem Heimatland müssen Sie bei einem Sachbearbeiter des Arbeitsamts an Ihrem Wohnort in Schweden vorstellig werden. In allen schwedischen Arbeitsämtern finden Sie Computer mit sämtlichen dem Arbeitsamt gemeldeten Stellen im ganzen Land, die Sie gratis so lange Sie möchten benutzen können. Weiterhin liegt in allen Arbeitsämtern jede Woche eine überarbeitete Ausgabe des sogenannten ›platsjournalen‹ aus, in dem alle aktuellen Stellen gelistet sind. Es gibt für alle Regionen Schwedens spezielle Ausgaben. Die Mitarbeiter des Arbeitsamtes helfen Ihnen gern, sich zurechtzufinden

Falls Sie keine Arbeit in Schweden gefunden haben, müssen Sie auf jeden Fall vor Ablauf der drei Monate wieder in Ihr Heimatland zurückkehren, da Sie sonst jeglichen weiteren Anspruch auf Leistungen des Arbeitsamtes verlieren und auch alle Ihre Vorversicherungszeiten erlöschen.

Während der Dauer Ihrer Arbeitssuche in Schweden sind auch Ihre familienversicherten Angehörigen weiterhin normal krankenversichert, wie Sie selbst auch. Nehmen Sie Ihre europäische Krankenversicherungskarte für die Dauer Ihrer Arbeitssuche in Schweden mit.

Falls Sie arbeitslos sind und von Deutschland aus einen Arbeitsplatz in Schweden finden, zahlt Ihnen das Arbeitsamt bei Vorlage des Arbeitsvertrages eventuell die Umzugskosten bzw. Reisekosten für den Arbeitsantritt in Schweden.

Internetlinks
▶ *WWW.ARBEITSAGENTUR.DE*
▶ *WWW.EU-INFO.DE/SOZIALVERSICHERUNG-EU/EFORMULARE/E-300ER/E-303/*

Arbeitssuche vor Ort in Schweden

Wenn Sie bereits in Schweden wohnen und nicht gerade einen Job im weit entfernten Norrbotten suchen, gestaltet sich die Arbeitssuche in der Regel etwas einfacher, da Anreisen vom Heimatland entfallen und Sie auch vor Ort eine Arbeit suchen können.

Arbeitsamt

Gehen Sie zunächst zum Arbeitsamt *(arbetsförmedling)* Ihres neuen Wohnortes/der Kommune und registrieren Sie sich bei einem Sachbearbeiter oder, falls Sie bereits ausreichend Schwedisch sprechen, an einem der vielen Computer des Arbeitsamtes als arbeitssuchend. Dazu benötigen Sie Ihre schwedische *personnummer*. Setzen Sie in puncto Arbeitsamt aber vor allem auf Eigeninitiative. Die Sachbearbeiter des Arbeitsamtes werden Ihnen zwar sicher freundlich und hilfreich zur Seite stehen; gemäß einer Studie aus dem Jahre 2006 vermitteln die Arbeitsämter jedoch nur einen von zehn eingeschriebenen Arbeitssuchenden. Bewerben Sie sich auf sämtliche Stellenangebote in allen Rubriken und Regionen, die für Sie in Frage kommen. Letzteres können Sie natürlich auch von Ihrem neuen schwedischen Zuhause aus tun, falls Sie bereits einen Internetanschluss haben. Falls nicht, können Sie die wöchentlich erscheinende Publikation ›*platsjournalen*‹ des Arbeitsamtes mit nach Hause nehmen, die ebenfalls sämtliche Stellenanzeigen des Arbeitsamtes enthält und dann Ihre Bewerbungen mit gewöhnlicher Post senden. Sämtliche Kontaktangaben finden Sie jeweils in den Anzeigen. ▶ *WWW.AMS.SE*

Zeitungen / Internet / Zeitarbeits- und Personalvermittlungsfirmen
Studieren Sie täglich die für Sie infrage kommenden Stellenangebote, lesen Sie die überregionalen und lokalen Tageszeitungen und hinterlegen Sie Ihr CV (Lebenslauf) online bei Zeitarbeits- und Personalvermittlungsfirmen, wie z.b. Manpower oder Proffice. Zahlreiche Internetlinks zu diesen Firmen und Tageszeitungen finden Sie weiter oben im Unterkapitel ›Arbeitssuche von Ihrem Heimatland aus‹.

Schriftliche Initiativbewerbungen
Suchen Sie im Branchenbuch oder im Internet Unternehmen der Branche, in der Sie arbeiten möchten und senden Sie diesen Unternehmen eine Initiativbewerbung. Vakanzen können manchmal unerwartet auftauchen und da ist es vorteilhaft, wenn Ihre Bewerbungsunterlagen dem Arbeitgeber bereits vorliegen. **Branchenbuch:** ▶*HTTP://GULASIDORNA.ENIRO.SE*

Persönliche Initiativbewerbungen
Gehen Sie direkt zu Firmen, die Sie interessieren, versuchen Sie, den Chef oder den Personalverantwortlichen zu sprechen, erzählen Sie von sich (Berufliches und Persönliches) und überreichen Sie anschließend Ihre Bewerbungsunterlagen. In Schweden zählt der persönliche Kontakt oft mehr als noch so gut geschriebene Lebensläufe und Anschreiben.

Tipps für Handwerker und Industriearbeiter
Besonders für Handwerker oder Industriearbeiter kann es empfehlenswert sein, persönlich bei potentiellen Arbeitgebern vorzusprechen, ohne zuvor eine Bewerbung einzusenden. In diesen Betrieben hat man oftmals nicht die Zeit für ein aufmerksames Studium von Bewerbungsunterlagen. Gerade in schwedischen Handwerksbetrieben schätzt man die persönliche Begegnung weitaus mehr als das Lesen von Bewerbungen.

Jobs bei der Kommune
Es empfiehlt sich auch, persönlich zur Kommune zu gehen und nachzufragen, ob nicht vielleicht im öffentlichen Dienst eine Vakanz besteht. Viele Kommunen suchen, besonders für die Sommermonate, Vertretungen und Aushilfen im pflegerischen Bereich, z.B. persönliche Assistenten, die körperlich und/oder geistig behinderten oder anderweitig funktionseingeschränkten Einwohnern helfend und begleitend zur Seite stehen.

Zettelaushang

Wenn Sie auf dem Lande wohnen und einen Aushilfsjob suchen: Hängen Sie Zettel in den lokalen Supermärkten und in den Bibliotheken aus, auf denen Sie Ihre Arbeitskraft anbieten. Fassen Sie sich kurz, schreiben Sie einfach, sympathisch und nicht zu formell. Vergessen Sie Ihre Telefonnummer nicht.

Typische Probleme bei der Arbeitssuche in Schweden

Zeugnisse und Referenzen

Für Ausländer kann sich die Arbeitssuche in Schweden trotz hoher eigener Qualifikation leider recht zäh gestalten. Das hat mehrere Gründe. Zum einen werden viele Jobs in Schweden niemals annonciert, sondern unter der Hand an - zumeist schwedische - Bewerber vergeben, die natürlich perfekt Schwedisch sprechen, schwedische Ausbildungsabschlüsse und Zeugnisse haben sowie vor allem persönliche Referenzen (schwedische Kontaktpersonen) aus früheren Tätigkeiten in Schweden vorweisen können, die ein interessierter Arbeitgeber anrufen kann.

Die Kontaktaufnahme zu Referenzpersonen im Verlaufe des Bewerbungsprozesses ist übrigens in Schweden völlig üblich. Man fragt bei den Referenzpersonen freundlich nach, welche fachlichen Qualifikationen der Bewerber unter Beweis gestellt hat, ob er ein netter, umgänglicher Mensch ist und vor allem, ob er sich am Arbeitsplatz gut in ein Team einfügen kann. Einwanderer können jedoch in der Regel noch keine Referenzpersonen in Schweden angeben, die einem interessierten Arbeitgeber Auskunft über diese Dinge geben können. Zum anderen sind die Unterlagen schwedischer Bewerber für schwedische Arbeitgeber natürlich viel einfacher zu interpretieren und zu beurteilen als ausländische Bildungsabschlüsse und Berufszeugnisse, selbst wenn letztere übersetzt sind. Es macht Mühe und kostet Zeit, diese richtig einzuordnen - und so halten sich schwedische Arbeitgeber häufig lieber an die ihnen vertrauten Abschlüsse und Qualifikationsnachweise - also an ihre Landsleute.

Sprache

Die Sprache ist natürlich ein weiterer zentraler Punkt. Nur in ganz wenigen Berufen, in denen ein extremer Mangel an Arbeitskräften herrscht, hat ein Bewerber gegebenenfalls auch ohne ausreichende Schwedischkenntnisse Chancen auf eine Anstellung. Ansonsten genügt Deutsch oder Englisch - entgegen vielen anderslautenden Annahmen - nicht! In der Regel erwarten die Arbeitgeber ein flüssig gesprochenes Schwedisch, mit dem man sich Chefs, Kollegen und Kunden gegenüber gut verständigen kann. Auch das haben die meisten Einwanderer in der Anfangszeit noch nicht vorzuweisen; nicht wenige müssen sich daher zunächst mit gering entlohnten Aushilfsjobs über Wasser halten.

Unbekannte Ausbildungen des Heimatlandes

Je nach Berufsgruppe kann es auch sein, dass es Ihren im Heimatland erlernten Beruf in Schweden gar nicht gibt (wie z.b. Bürokaufleute aller Art, Arzthelferinnen, Altenpfleger, Kinderkrankenschwester, Justizvollzugsangestellte uvm). Diese Abschlüsse und Qualifikationen sind schwedischen Arbeitgebern entweder unbekannt oder sie werden in Schweden auf ganz anderem Wege erworben, man kann sie daher schlecht oder gar nicht einordnen.

Zahlreiche Neuschweden sehen sich aus diesem Grund vor die Aufgabe gestellt, zunächst schwedische Qualifikationen zu erwerben, seien es schulische oder berufliche, mit denen ein hiesiger Arbeitgeber etwas anfangen kann. Nicht wenige haben daher ihre Ausbildung vom Heimatland in Schweden noch einmal wiederholt oder eine Zusatzausbildung gemacht, um einen schwedischen Abschluss zu erwerben und damit für den hiesigen Arbeitsmarkt attraktiver zu werden. Tipps und Ratschläge zum Erwerb einer schwedischen Qualifikation im Rahmen der Erwachsenenbildung finden Sie im Kapitel ›Erwachsenenbildung‹.

Das Geld kann knapp werden

Einwanderer müssen aus den vorgenannten Gründen damit rechnen, dass das Finden eines Arbeitsplatzes unter Umständen ziemlich lange dauern kann und einem zunächst vielleicht nichts anderes übrig bleibt, als eine Tätigkeit weit unterhalb des eigenen beruflichen Qualifikationsniveaus auszuüben.

Das bedeutet in vielen Fällen eine längere finanzielle Durststrecke, die man überbrücken können muss. Wenn man nicht zu den Glücklichen gehört, die vom Arbeitgeber des Heimatlandes zeitweise nach Schweden entsandt werden oder die aufgrund ihrer Qualifikation in einem Mangelberuf ohne viel Federlesens vom Fleck weg eingestellt werden, sollte man in der Anfangszeit in Schweden ausreichend Eigenkapital haben, um die ersten 6-12 Monate gegebenenfalls auch ohne Arbeit überbrücken zu können.

Nur Arbeitslose aus der EU, die drei Monate Zeit haben, in Schweden eine Arbeit zu suchen, sind währenddessen durch Weiterbezug ihres Arbeitslosengeldes in Schweden finanziell versorgt.

Bewerbung und Bewerbungsgespräch

Muster für Lebensläufe und Anschreiben auf schwedisch
Unter nachfolgenden Links finden Sie schwedische Vorlagen für Lebensläufe und Anschreiben:

▶ WWW.AMS.SE   klicken Sie auf: ›genvägar‹, ›jobbsökaren‹, dann auf ›hur ansöker du om jobb?‹
▶ HTTP://CV-GUIDEN.SE/GRATIS_GUIDE/GRATIS_GUIDE.HTM

Drei interaktive Muster-Bewerbungsgespräche auf Schwedisch
Gehen Sie auf die Seite ▶ WWW.UNIONEN.SE, klicken Sie in der oberen Menüzeile auf ›karriär‹ und auf der folgenden Seite dann links auf ›intervjuguiden‹. Sie werden dann gefragt, ob Sie bereits Mitglied bei Unionen sind, klicken Sie dort auf ›nej‹. Danach werden Sie gebeten, Namen, Straße, Ort und Mailadresse einzugeben. Ein weiterer Klick - und Sie können drei Musterbewerbungsgespräche anschauen und werden im interaktiven Interviewverlauf gebeten, jeweils die vorteilhafteste von drei möglichen Antworten auf die Fragen des Personalchefs zu geben. Sind all Ihre Antworten richtig, ›bekommen‹ Sie den Job. *Unionen* ist Schwedens größter Gewerkschaftsverband für den privaten Arbeitsmarkt sowie für Beamte.

Bewerbungsabsagen

Eine häufig vorkommende Formulierung in Bewerbungs-Absagen: »Wir haben die ausgeschriebene Stelle mit einem anderen Bewerber besetzt. Wenn Du damit nicht einverstanden bist, kannst Du uns auf folgende Art verklagen...« - dann folgen Hinweise zum Procedere!

Sprachkenntnisse und Stellensuche
Wenn Sie über ausreichende Schwedischkenntnisse verfügen, können Sie bereits von Ihrem Heimatland aus mit der Suche nach einem Arbeitsplatz in Schweden beginnen. Nur für sehr wenige, extrem stark nachgefragte Berufe gilt, dass für eine Bewerbung zunächst eventuell auch nur Englischkenntnisse oder Deutschkenntnisse ausreichen - und schwedische

Sprachkenntnisse erst nach Beginn des Arbeitsverhältnisses erworben werden können. Das ist jedoch die Ausnahme! Bewerber sollten also normalerweise dazu in der Lage sein, ihre Bewerbung auf Schwedisch zu verfassen sowie Telefonate und Bewerbungsgespräche auf Schwedisch zu führen.

Anruf, tabellarischer Lebenslauf (CV) und Anschreiben per Mail genügen
In Schweden ist es ganz üblich, bereits vor Versenden der Bewerbungsunterlagen den in der Anzeige genannten Verantwortlichen für die ausgeschriebene Stelle anzurufen, sich am Telefon zu präsentieren und Fragen zu stellen. Wenn Ihre Sprachkenntnisse ausreichen, ist dies die empfehlenswerte Vorgehensweise. Senden Sie dann ein möglichst kurz gefasstes, aussagekräftiges und nicht zu förmliches Anschreiben sowie Ihren Lebenslauf (in umgekehrt chronologischer Reihenfolge) unter zusätzlicher Angabe Ihrer Sprachkenntnisse, Spezialkenntnisse, persönlichen Interessen und Hobbies per Mail an das stellenausschreibende Unternehmen. Das Mitschicken eines Fotos ist unüblich, Zeugnisse sind erst später erforderlich.

Referenzen sind wichtig
Geben Sie in Ihrem Anschreiben die Referenzen (Namen, Telefonnummern und Positionen) von zwei Personen an, die Sie gut kennen (z.B. Arbeitskollegen oder ein Chef in Ihrem Heimatland) und die bereit sind, gegebenenfalls einem interessierten schwedischen Arbeitgeber (auf englisch) telefonisch Auskunft über Sie als Mensch und Kollege zu geben. Referenzen sind eines der wichtigsten Beurteilungs- und Rekrutierungswerkzeuge schwedischer Personalverantwortlicher, kaum ein Unternehmen verzichtet darauf. Man will ganz einfach sicher sein, dass der Bewerber menschlich und fachlich ins Unternehmen passt.

Zeugnisse
Falls in der Stellenanzeige nicht anders angegeben: Senden Sie in Ihrer ersten Bewerbungsmail noch keine Zeugnisse mit; diese sind zu einem so frühen Zeitpunkt meist noch nicht erwünscht, sondern werden in der Regel erst im eigentlichen Bewerbungsgespräch überreicht bzw. auf Anforderung zugesandt. Es ist zwar nicht zwingend notwendig, aber empfehlenswert, die Zeugnisse ins Schwedische übersetzen zu lassen. Sollten eventuell Beglaubigungen verlangt werden, können Sie diese bei schwedischen Behörden vornehmen lassen (z.B. beim Arbeitsamt oder

der Kommune). Dort vergleicht man Original und Kopie und stempelt die Kopie mit einem Beglaubigungsvermerk ab.

Wenn die Antwort ausbleibt
Viele arbeitssuchende Aus- bzw. Einwanderer haben die Erfahrung gemacht, dass ihre Bewerbungen von schwedischen Arbeitgebern gar nicht oder erst sehr spät beantwortet werden. Das ist leider tatsächlich eher die Regel als die Ausnahme. Zum einen werden viele Jobs in Schweden unter der Hand vergeben und das am liebsten an Bewerber, die man persönlich oder durch Empfehlungen anderer schon kennt oder einschätzen kann. Zum anderen hat man es kulturbedingt einfach nicht so eilig und lässt sich Zeit. Geben Sie aber nicht auf, bleiben Sie am Ball und rufen Sie eine Woche nach Versenden Ihrer Bewerbung im Unternehmen den verantwortlichen Ansprechpartner an und fragen Sie freundlich nach, ob man Ihre Bewerbung erhalten hat, wie die Dinge stehen und ab wann Sie ungefähr mit einem Bescheid rechnen dürfen.

Das Bewerbungsgespräch

Wenig formell
Ein Bewerbungsgespräch läuft in Schweden meist weitaus weniger formell und steif ab als im deutschsprachigen Raum. Es ähnelt eher einer recht entspannten, angeregten und gern auch durch Scherze aufgelockerten Unterhaltung, bei der man einander besser kennenlernt. Gegenseitiges Duzen ist selbstverständlich. Niemand erwartet demütiges Verhalten von einem Bewerber, aber man freut sich über Humor, eine gewisse Bescheidenheit im Auftreten (die in Schweden in allen Lebensbereichen normal ist) und echtes Interesse am Gegenüber.

Normale Alltagskleidung
Für Bewerber sind Anzug und Krawatte bzw. Kostüm und Highheels in den meisten Fällen unnötig, normale gepflegte Alltagskleidung genügt. Auch hier gilt wie so oft: Besser etwas unter- als übertreiben!

Vorstellung des Unternehmens
Häufig präsentiert der Interviewer nach einleitendem Smalltalk zunächst kurz das Unternehmen, bei dem Sie sich beworben haben, gelegentlich mit Hilfe einer Powerpoint-Präsentation. Stellen Sie danach gern Fragen,

denn Neugier und Interesse am Unternehmen werden immer geschätzt und man wird Ihnen gerne und engagiert antworten. In Schweden findet niemand Fragen dumm oder unnötig - ganz im Gegenteil.

Ein Schwerpunkt des Gesprächs: Wie sind Sie als Mensch?

Im eigentlichen Bewerbungsgespräch möchte man dann vor allem Sie als Menschen kennenlernen, etwas über Ihre Interessen, Hobbies, sportlichen Aktivitäten und gern auch Persönliches (z.B. Freizeit-Aktivitäten mit Ihrer Familie oder Vereinsaktivitäten) erfahren. All die Dinge, die ein Lebenslauf und ein Anschreiben nicht wirklich vermitteln können, werden im Bewerbungsgespräch erfragt. Man will ganz sicher sein, dass Sie nicht nur fachlich, sondern auch menschlich und sozial ins Unternehmen passen.

Man wird Sie vermutlich auch fragen, warum Sie in Schweden leben möchten. In diesem Zusammenhang ist es für Bewerber empfehlenswert, weniger eventuell unerquickliche Verhältnisse im Heimatland als vielmehr die Stärken Schwedens zu betonen; sonst kann leicht der Eindruck entstehen, dass Sie nur von zuhause weg statt explizit nach Schweden wollten. Bewerbern mit Familie/Kindern wird regelmäßig die Frage gestellt, wie denn die Familie zum Leben in Schweden eingestellt ist, ob der Partner auch eine Arbeit gefunden hat und vor allem, wie die Kinder den Landes-, Schul- und Sprachwechsel bewältigen.

Zweiter Schwerpunkt: Berufserfahrung und (Mehrfach-)Kompetenz

Natürlich geht es im Gespräch auch um arbeitsbezogene Aspekte und Ihre beruflichen Erfahrungen/Schwerpunkte. Sie brauchen als Bewerber nicht bei Adam und Eva anzufangen und mündlich einen lückenlosen Lebenslauf von der Geburt bis zur jetzigen Stunde präsentieren. Das wird gar nicht erwartet. Hingegen ist es von Interesse, was Sie in den letzten Jahren gemacht haben und in welchem Bereich Sie besonders große Erfahrung und gegebenenfalls Spezialisten-Kompetenz vorweisen können. Sind Sie vielseitig einsetzbar, ist das ein großes Plus!

Selbstdarsteller unerwünscht

Außerhalb Schwedens bzw. Skandinaviens wird oft dazu geraten, sich im Bewerbungsgespräch nach Kräften ›zu verkaufen‹ und unermüdlich seine Qualifikationen, Erfahrungen und Erfolge hervorzuheben. In Schweden wird ein solches Gebaren auf Befremden stoßen; zum einen macht es den Bewerber hier eher unsympathisch und zum anderen passen Selbstdarsteller ganz gewiss nicht in ein schwedisches Team. Eigene Leistungen, Erfolge und Kompetenzen sollte man daher ruhig und sachlich auf Nachfrage erläutern oder, wenn es sich ergibt, mit einer gewissen Zurückhaltung vermitteln. In Schweden zählt vor allem, was man kann, und nicht, wie schön oder wortreich man es verkauft bzw. präsentiert.

Haben Sie das Bewerbungsgespräch auf Schwedisch geführt, wird man Ihre Sprachkenntnisse durch Komplimente honorieren!

Anstellung, Probezeit, Kündigung

Anstellungsformen

Die gebräuchlichsten Anstellungsformen in Schweden sind ›tills vidare‹ (unbefristet) und ›tidsbegränsad‹ (befristet). Bei den befristeten Anstellungen handelt es sich oftmals um ein sogenanntes *vikariat*, also eine Vertretung (zum Beispiel während eines Mutterschaftsurlaubs oder in den Sommermonaten) oder um eine Projektanstellung bis zu 6 Monaten. Generell ist eine immer weiter zunehmende Tendenz zu zeitlich begrenzten Arbeitsverhältnissen zu beobachten.

Seit dem 1.7.2007 können schwedische Arbeitgeber im Rahmen der neuen Anstellungsform ›allmän visstidsanställning‹ Arbeitnehmer generell bis zu 24 Monate befristet anstellen. Ein solches Arbeitsverhältnis ist beendet, wenn die vereinbarten Aufgaben ausgeführt wurden bzw. die vereinbarte Anstellungszeit ausläuft. Eine Kündigungsfrist gibt es bei dieser Anstellungsform nicht. Nach 2 Jahren oder nach 24 Monaten Aushilfs- oder Vertretungstätigkeit innerhalb von 5 Jahren beim gleichen Arbeitgeber geht diese Anstellungsform in ein unbefristetes Arbeitsverhältnis über.

Probezeit

Die Probezeit beträgt maximal 6 Monate und geht automatisch in eine Festanstellung über, wenn der Arbeitgeber dem Angestellten vor Ablauf der 6 Monate nichts Gegenteiliges mitteilt bzw. diesem nicht kündigt. Die Mindestkündigungsfrist innerhalb der Probezeit beträgt 14 Tage.

Kündigung/Kündigungsfristen

Bis zu einer Anstellungsdauer von 2 Jahren beträgt die gesetzliche Kündigungsfrist 1 Monat; bei Arbeitsverhältnissen von mehr als 2 Jahren verlängert sie sich sukzessive bis auf maximal 6 Monate (bei einer Betriebszugehörigkeit von mehr als 10 Jahren).

Kapitel 5

Gehalt, Gehaltsabgaben und Rente

Gehalt

Im Gegensatz zu vielen anderen Ländern liegen in Schweden die Gehälter vieler Berufsgruppen, auch bei akademischer Ausbildung, nicht so weit oder häufig nur unwesentlich auseinander. Auch im gelobten Land der Gleichstellung verdienten Frauen im Jahre 2007 nur 83,7% der Löhne, die Männer erhielten. Bei gleicher Ausbildung und für die gleiche Arbeit betrug diese Differenz immerhin noch 6,5%. Gemäß Angaben des Statistischen Zentralbüros SCB betrug im Jahre 2007 der landesweite statistische Durchschnittslohn 25.800 SEK/Monat.

Ein 13. Gehalt bzw. Weihnachtsgeld wird in Schweden nicht gezahlt. Hingegen erhalten die meisten Angestellten nach einem Jahr Betriebszugehörigkeit 12% ihres Jahresarbeitslohns als Urlaubsgeld *(semesterlön)*, das während des Urlaubs statt des normalen Lohns ausgezahlt wird.

Einige Durchschnitts-Monatslöhne (Angestellte, brutto) aus dem Jahre 2007 (Quelle: Statistisches Zentralbüro):

BERUFSBEZEICHNUNG	DURCHSCHNITTLICHER MONATSLOHN (BRUTTO)
(Allgemein-)Arzt	47.600 SEK
Automechaniker	23.600 SEK
Bauarbeiter	24.800 SEK
Büroangestellte/Sekretärinnen	22.200 SEK
CNC-Programmierer Metall	23.300 SEK
Dachdecker	23.000 SEK
Elektriker	23.000 SEK
Erzieher	21.900 SEK
Gärtner	19.900 SEK
Grundschullehrer	24.000 SEK
Gymnasiallehrer	25.400 SEK
IT-Entwickler	36.000 SEK

BERUFSBEZEICHNUNG	DURCHSCHNITTLICHER MONATSLOHN (BRUTTO)
Kinderpfleger	19.600 SEK
Klempner (Sanitär)	23.000 SEK
Köche	19.500 SEK
Krankengymnasten	25.000 SEK
Krankenschwestern	25.600 SEK
Krankenschwestern OP	25.600 SEK
LKW-Fahrer	21.700 SEK
Maurer	24.800 SEK
Psychiater	47.600 SEK
Psychologen	26.000 SEK
Psychotherapeuten	26.000 SEK
Putzpersonal	17.500 SEK
Schreiner	24.000 SEK
Zahnarzt	47.600 SEK

Berechnung des Nettolohns nach Steuern:
▶ HTTP://RAKNA.NET/NETTO-LON.HTML
▶ WWW.JOBBSKATTEAVDRAG.SE

Sozialabgaben/Steuern

Sozialabgaben trägt hauptsächlich der Arbeitgeber

Bei Angestellten trägt der Arbeitgeber den weitaus größten Teil der Sozialabgaben. Als Arbeitnehmer zahlen Sie nur einen geringen Eigenanteil von insgesamt ca. 7% für Altersrente, Hinterbliebenenrente und Invaliditätsversicherung, der jeden Monat vom Gehalt abgezogen wird und auch steuerabzugsfähig ist.

Der Arbeitnehmer zahlt Kommunal- und Landstingssteuern

Die eigentlichen Abgaben eines Arbeitnehmers bestehen aus der monatlichen Zahlung von *kommunal-* und *landstingsskatt*, deren Höhe je nach Kommune unterschiedlich ausfällt und im Durchschnitt ungefähr zwischen 31% und 33% des Bruttogehaltes beträgt. Auf der Homepage des *skatteverkets* kann man nachsehen, welcher Steuersatz für die eigene

Kommune gilt. Bei den *landstings* handelt es sich um die Provinziallandtage der einzelnen *län*, zuständig für die Organisation und Verwaltung von Kultur- und Gesundheitswesen.

Den Steuersatz für die eigene Kommune ermitteln

Gehen Sie auf die Homepage des *skatteverkets*, klicken Sie links auf: ›*För dig som är*‹ und klicken dann unter der Rubrik ›*privatperson*‹ auf ›*preliminärskattetabeller*‹: ►WWW.SKATTEVERKET.SE

Individuelle Besteuerung

Die Besteuerung erfolgt für jeden Arbeitnehmer bzw. Bürger mit einem Einkommen von mehr als 17.047 SEK/Jahr (Stand November 2008) individuell, denn ein Ehegattensplitting oder besondere Steuerklassen für Familien gibt es in Schweden nicht.

Bei höherem Verdienst fällt staatliche Einkommenssteuer an

Ab einer Einkommensgrenze von 380.200 SEK/Jahr (2009) müssen zusätzlich 20% staatliche Einkommenssteuer auf den Betrag gezahlt werden, der über 380.200 SEK/Jahr hinausgeht. Sollte Ihr Verdienst mehr als 538.800 SEK/Jahr (2009) betragen, müssen Sie weitere 5% staatliche Einkommenssteuer auf den Betrag zahlen, der 538.800 SEK/Jahr übersteigt. (Stand Januar 2009).

Steuererklärung Anfang Mai einreichen

Ein vorausgefülltes Formular zur Steuererklärung, in dem sämtliche Einkünfte und Abgaben bereits notiert sind, wird Ihnen Anfang April jeden Jahres vom *skatteverket* per Post zugestellt. Sind alle Angaben korrekt und haben Sie keine Änderungen und/oder Ergänzungen vorzunehmen, können Sie ganz einfach per Internet, SMS oder Telefon deklarieren. (Die jeweilige Vorgehensweise wird in der Anlage der Steuererklärung beschrieben).

Bei etwaigen Änderungen notieren Sie diese hingegen auf dem Formular Steuererklärung, unterschreiben es und senden es an das *skatteverket* zurück. Bis Anfang Mai muss die Steuererklärung eingereicht sein, ob per Internet, SMS, Telefon oder schriftlich.

Arbeitnehmer und Rentner, die per Internet, SMS oder Telefon deklariert haben, können ihre etwaige Steuerrückzahlung *(skatteåterbäring)* bereits zum1. Juni erhalten.

Krankengeld für Angestellte

Bei Erkrankungen von 1-14 Tagen Dauer zählt der erste Tag als Karenztag und wird nicht bezahlt. Die Erkrankung müssen Sie dem Arbeitgeber am ersten Tag mitteilen, nach einer Woche ist ein ärztliches Attest einzureichen, auf Wunsch des Arbeitgebers gegebenenfalls auch früher. Vom Tag 2-14 zahlt der Arbeitgeber 80% Ihres bisherigen Gehalts weiter. Sind Sie länger als 14 Tage krank, erfolgt seitens des Arbeitgebers eine Meldung an die *försäkringskassan*, die daraufhin prüft, ob Sie Anspruch auf Krankengeld haben. Sicherheitshalber sollten auch Sie selbst der *försäkringskassan* mitteilen, dass Sie arbeitsunfähig erkrankt sind. Weitere Informationen finden Sie im Kapitel ›Soziale und ausbildungsbezogene Leistungen‹.

Urlaubsgeld

Festangestellte Arbeitnehmer haben in Schweden nach einem Jahr Betriebszugehörigkeit einen gesetzlich festgelegten Urlaubsanspruch von 25 bezahlten Urlaubstagen. Für diese Urlaubstage zahlt der Arbeitgeber dem Arbeitnehmer Urlaubsgeld *(semesterlön)* in Höhe von 12% seines Jahresbruttoeinkommens. Einige Gewerkschaften haben für ihre Mitglieder auch höheren *semesterlön* erwirken können. Dieses Urlaubsgeld kommt jedoch nicht zum normalen Lohn dazu, sondern ersetzt diesen während der in Anspruch genommenen Urlaubstage.

Weihnachtsgeld

Weihnachtsgeld wird in Schweden nicht gezahlt.

Arbeitslosigkeitsversicherung *(a-kassa)*

In Schweden gibt es 33 Arbeitslosigkeits-Versicherungskassen *(a-kassa)*, die alle auf verschiedene Branchen und Berufe spezialisiert sind. Die meisten dieser Arbeitslosigkeits-Versicherungskassen sind den Gewerkschaften angegliedert, bei denen ca. 80% aller schwedischen Berufstätigen Mitglied sind. Gewerkschaftsmitglieder haben damit in der Regel automatisch auch eine Arbeitslosigkeitsversicherung. Nunmehr gibt es jedoch auch die Möglichkeit, sich unabhängig von gewerkschaftlicher

Zugehörigkeit bei einer schwedischen *a-kassa* zu versichern. Arbeitnehmer und auch Selbständige melden sich auf Wunsch selbst bei einer *a-kassa* an.

Die schwedische Arbeitslosigkeitsversicherung besteht generell aus einer Grundsicherung von maximal 320 SEK/Tag (die keine Mitgliedschaft in einer *a-kassa* voraussetzt) und einer freiwilligen Lohnausfallversicherung (max. 680 SEK/Tag), für die man seit mindestens 12 zusammenhängenden Monaten Mitglied bei einer a-kassa sein muss.

Arbeitslosengeld ist steuerpflichtig und wird für die Dauer von 300 Tagen gezahlt, an Arbeitslose mit Kindern unter 18 Jahren bis zu 450 Tage. (Stand November 2008)

Die schwedischen Arbeitslosigkeits-Versicherungskassen:
► WWW.SAMORG.ORG

Rentenansprüche aus dem EU-Heimatland

Ihr bisher im EU-Heimatland erworbener Rentenanspruch verfällt durch Auswanderung in ein anderes EU-Land selbstverständlich nicht, sondern wird bei Beantragung der Rente bzw. Prüfung Ihres Rentenanspruchs zusammen mit den in der Wahlheimat zusätzlich erworbenen Rentenansprüchen berücksichtigt. Wenn Sie also Ihren Rentenantrag in Schweden stellen, wird geprüft, ob auch in anderen EU-Staaten die Voraussetzungen für eine Rentenzahlung an Sie vorliegen. Jeder EU-Mitgliedsstaat zahlt jedoch nur die Rente aus den eigenen Zeiten und nach seinen Rechtsvorschriften.

Das schwedische Rentensystem

Der monatliche, größtenteils vom Arbeitgeber getragene Rentenversicherungsbeitrag (18,5%) ist aufgeteilt in 16% Beitragszahlung für die Einkommensrente und 2,5% Einzahlung in vom Arbeitnehmer frei zu wählende Fonds für die Prämienpension.

Frühestens ab 61 Jahren kann man in Schweden in Rente gehen; je später man in Rente geht, desto höher fällt sie aus. Da es in Schweden kein festgelegtes Pensionsalter mehr gibt, muss jeder selbst seine Rente bei der *försäkringskassan* beantragen (mindestens 2 Monate vor gewünschtem Rentenbezug). Man kann sich die monatliche Rente zu 100%, zu 75%, zu 50% oder zu 25% auszahlen lassen, ganz nach Wunsch. Rentenzahlungen sind steuerpflichtig.

Jedes Jahr versenden die *försäkringskassa* und die *premiepensions-myndighet* grosse orangefarbene Kuverts, die Informationen über die bisher jeweils angesparte Einkommens- und Prämienpension enthalten sowie auch eine ungefähre Prognose über die wahrscheinliche Höhe der zukünftigen Rente.

Renten-Information der *försäkringskassa* (auf deutsch)
▶ *WWW.FORSAKRINGSKASSAN.SE/SPRAK/TYS/PENSION*

Informationsseite von Staat und Rentenversicherungsunternehmen u.a. zum Ausrechnen der künftigen eigenen Rente
▶ *WWW.MINPENSION.SE*

Die Säulen des schwedischen Rentensystems

Die Allgemeine Rente: Einkommens- und Prämienpension
Die allgemeine Rente *(allmän pension)* besteht aus der Einkommens- und Prämienpension und basiert auf dem bis zum Zeitpunkt der Pensionierung erzielten Lebenseinkommen. Auch Kindererziehungszeiten, Wehrdienst und Studienzeiten werden angerechnet.

Die Höhe der allgemeinen Rente richtet sich nach der Dauer der Gesamt-Lebensarbeitszeit, der Höhe des Verdienstes, der Entwicklung der Fonds aus der Prämienpension und der wirtschaftlichen Entwicklung Schwedens. Berechnungsbasis ist ein maximaler Monatsverdienst von 32.258 SEK; Einkommen, die über diesen Betrag hinausgehen, tragen nicht mehr zu einer Steigerung der Rente bei (Stand November 2008). Bei der Prämienpension handelt es sich um 2,5% des Rentenversicherungsbeitrages (von insgesamt 18,5%), die man selbst in Fonds nach Wahl anlegen kann, z.B. bei der *premiepensionsmyndighet PPM:* ▶*WWW.PPM.NU*

Betriebsrente *(tjänste- oder avtalspension)*
Die weitaus meisten Arbeitnehmer erhalten zusätzlich eine Betriebsrente *(tjänste- oder avtalspension)*, deren Beiträge vom Arbeitgeber entrichtet werden; viele Angestellte dürfen zudem die Spar- bzw. Anlageform für ihre Betriebsrente oder Teile davon selbst auswählen.

Garantierente *(garantipension)*
Die garantipension ist Teil der allgemeinen Pension und sieht vor, dass bei der Pensionierung Bezieher dauerhaft geringer Einkommen bzw. Bürger ohne Lebens-Einkommen eine gewisse Grundsicherung erhalten: Alleinstehende im Jahre 2009 7.597 SEK/Monat vor Steuern und Verheiratete pro Person 6.777 SEK/Monat vor Steuern. Das sind die Höchstbeträge, die allerdings erst nach 40 in Schweden verbrachten Jahren gezahlt werden. Das Recht auf *garantipension* entsteht frühestens nach einem 3-jährigen Mindestaufenthalt in Schweden.

Private Rentenversicherung *(privat pensionsförsäkring)*
Zur Aufstockung der späteren Rente schließen mittlerweile immer mehr Schweden eine private Rentenversicherung ab. Diese werden von allen großen Banken (z.b. Handelsbanken, Swedbanken, SEB) und Versicherungsunternehmen (z.b. Länsförsäkringar, Folksam, Skandia) in Schweden angeboten. Aufgrund der Langfristigkeit dieser Anlagen versteht es sich von selbst, dass man vor dem Abschluss einer privaten Rentenversicherung genauestens mehrere Angebote prüfen sollte.

Kapitel 6
Beantragung der Genehmigung zur Berufsausübung für Ärzte, Krankenschwestern, Lehrer und Erzieher

Da insbesondere das Procedere zur Beantragung der schwedischen Legitimation für medizinische Berufe sowie zum Erhalt der Genehmigung zur Ausübung des Lehrer- und Erzieherberufes sehr häufig nachgefragt wird, finden Vertreter der obigen Berufsgruppen nachfolgend einen kurzen Überblick, der sich auf die jeweilige Vorgehensweise beschränkt.

Anerkennung ausländischer Ausbildungen im medizinischen Bereich - *socialstyrelsen*

Für folgende Berufe im medizinischen Bereich muss von Interessenten mit ausländischer Ausbildung bei der schwedischen *socialstyrelsen* eine Legitimation zur Ausübung des jeweiligen Berufes in Schweden beantragt werden:

Apotheker	Arbeitstherapeut
Arzt	Bestrahlungs-Physiker
Biomedizinischer Analytiker	Chiropraktiker
Ernährungsberater	Hebamme
Hörgerätespezialist	Krankengymnast
Krankenschwester	Logopäde
Manueller Schmerztherapeut	Optiker
Orthopädie-Ingenieur	Pharmazeut
Psychologe	Psychotherapeut
Röntgenschwester	Zahnarzt
Zahnhygienist	

Vorgehensweise zum Erwerb der Legitimation für Med-Berufe
Auf der Homepage der *socialstyrelsen* gelangen Sie unter ›*snabblänkar - legitimations-frågor*‹ zu einer Auflistung der oben angeführten Berufe. Wenn

Sie Ihre Berufsbezeichnung anklicken (Arzt = *läkare*, Krankenschwester = *sjuksköterska*) bzw. *röntgensjukskötersska*) gelangen Sie zunächst zu verschiedenen Links. Klicken Sie unter ›*utbildade i annat EU/EES-land eller i Schweiz*‹ auf ›*ansökan om legitimation och specialistkompetens*‹. Auf der nachfolgenden Seite finden Sie allgemeine Informationen sowie einen Link zum Formular ›*ansökan om legitimation (SoSB 45345)*‹, das Sie herunterladen können. Mit Hilfe dieses Formulars können Vertreter nahezu aller genannten Berufsgruppen den Antrag auf Legitimation stellen.

Spezialisierte Ärzte und Zahnärzte laden stattdessen auf der gleichen Seite das Formular ›*ansökan om specialistkompetens för läkare och tandläkare (SoSB 45120)*‹ herunter.

Spezialisierte Krankenschwestern (z.B. Röntgen- oder OP-Schwestern) beantragen die Berechtigung zur Führung des Titels ›Spezialisierte Krankenschwester‹ mithilfe des Formulars *B45505*.

Beizufügende beglaubigte Dokumente

Dem ausgefüllten Antrag auf Legitimation sind folgende Dokumente in beglaubigter Kopie beizufügen:

- **Ärzte:** Kopie der Approbationsurkunde
- **Krankenschwestern:** Kopie der Berufsurkunde
- **Kopie des Passes** (Pass des Heimatlandes). Bereits in Schweden wohnhafte Antragsteller senden stattdessen ein schwedisches *personbevis* (Personenstandsurkunde) mit, das nicht älter als 3 Monate ist (online zu bestellen beim *skatteverket*).
- **Certificate of Good Standing** im Original = ein Dokument, dass Ihre gültige, unbegrenzte und nicht widerrufene berufliche Zulassung im Heimatland bestätigt. Das Certificate of Good Standing muss auf englisch ausgestellt und darf bei Antragstellung nicht älter als 3 Monate sein. Falls es nicht auf englisch ausgestellt ist, muss die von einem staatlich anerkannten Übersetzer angefertigte Übersetzung ins Englische oder Schwedische beigefügt werden. Das Certificate of Good Standing ist für Ärzte bei der Ärztekammer oder Approbationsbehörde erhältlich bzw. für Krankenschwestern z.B. beim Landesamt für Gesundheit.
- **Nachweis des Ausbildungsverlaufs und der praktischen Berufsausübung** (= *meritsammanställning*, das dafür auszufüllende Formular ist Teil des Antrags auf Legitimation)

Sämtliche Unterlagen werden gesendet an:
Socialstyrelsen
Enheten för behörighet och patientsäkerhet
S-10630 Stockholm

Homepage der *socialstyrelsen*: ▶ WWW.SOCIALSTYRELSEN.SE

Anerkennung ausländischer Lehrerausbildungen in Schweden - *högskoleverket*

Zur Ausübung des Lehrerberufes in Schweden muss von Interessenten mit ausländischer Lehrerausbildung beim Högskoleverket eine Genehmigung eingeholt werden. Die Prüfung der Befugnis zur Ausübung des Lehrerberufes *(behörighetsprövning)* ist gebührenpflichtig und kostet 600 SEK (Stand November 2008).

So beantragen Sie die Befugnis zur Ausübung des Lehrerberufes
Gehen Sie auf folgende Unterseite der Homepage des *högskoleverkets*:
▶ WWW.HSV.SE/LARARE

Klicken Sie dort unter ›behörighet för lärare‹ auf ›lärare‹ und auf der darauf folgenden Seite auf ›arbeta i sverige‹. Auf der nächsten Seite finden Sie dann zahlreiche Links zu Informationen über den Lehrerberuf und seine Anerkennung in Schweden sowie den Link ›ansök om behörighetsbevis‹ (Antrag auf Anerkennung). Wenn Sie auf diesen klicken, erscheint auf der folgenden Seite das Antragsformular *(ansökningsblankett)* zum Herunterladen sowie weitere Informationen zum Procedere der Antragstellung (siehe auch weiter unten). Die Informationen sind auch auf Englisch verfügbar. Die Prüfung des Antrags auf Anerkennung Ihres Lehrerstatus in Schweden ist gebührenpflichtig und kostet 600 SEK, die vor Antragstellung eingezahlt/überwiesen werden müssen.

Dem Antrag auf Berufsanerkennung in Schweden *(behörighetsprövning)* sind beglaubigte Kopien folgender Dokumente beizufügen:

- **Examensnachweis auf Deutsch**
- **Nachweis der für das Lehramt studierten Fächer**, in der Originalsprache sowie in übersetzter Form
- **Kopie Zwischenprüfungszeugnis und Hauptprüfungszeugnis**
- **Kopie des Studienplans** Ihrer Hochschulausbildung

- **Offizieller Nachweis Ihres Lehrerstatus**, ausgefertigt von der zuständigen Ausbildungsbehörde Ihres Heimatlandes. Aus diesem Nachweis muss hervorgehen, für welche Fächer und Lehramtsstufe Sie aufgrund Ihrer Ausbildung qualifiziert sind bzw. welche Jahrgänge Sie im Heimatland unterrichten dürfen.
- **Nachweis über Schwedischkenntnisse** auf schwedischem Gymnasialniveau (›svenska B‹ oder ›svenska som andraspråk B‹ oder TISUS-Test).
- **Ein schwedisches personbevis** (erhältlich beim *skatteverket*) oder die Kopie Ihres Passes.
- **Kopien Ihrer Arbeitszeugnisse**, falls Sie bereits in Ihrem Beruf tätig waren (im Heimatland oder in Schweden).
- **Quittung der Einzahlung** von 600 SEK Gebühren

Sämtliche Unterlagen senden Sie an:
Högskoleverket
Avdelningen för bedömning av utländsk utbildning
Box 7851
103 99 Stockholm

Erwerb der *lärarbehörighet* durch Ergänzungs-Studium in Schweden

Lehrer mit ausländischer Ausbildung können an den Hochschulen Göteborg, Linköping, Malmö, Stockholm, Umeå und Örebro einen komplettierenden Studiengang belegen, dessen erfolgreicher Abschluss sie zum Unterrichten in Schweden berechtigt bzw. zum schwedischen Lehrerexamen führt. Diese komplettierende Ausbildung dauert je nach Vorkenntnissen und Berufserfahrung maximal 2 Jahre und kann vor Ort oder per Distanz, in Voll- oder Teilzeitstudium absolviert werden. Hier können Sie sich informieren und anmelden: ▶ *WWW.ULV.SU.SE*

Erzieher

Da die schwedische Erzieherausbildung eine akademische Ausbildung ist und in Schweden im Rahmen der Lehrerausbildung an der Hochschule stattfindet, sind z.B. die deutsche und die schwedische Erzieherausbildung nicht vergleichbar. Nach Angaben des *högskoleverkets* wird daher von Fall zu Fall geprüft, inwieweit die Ausbildungsinhalte der schwedischen Vorschullehrerausbildung mit denen der Erzieherausbildung im Heimatland des Antragstellers übereinstimmen. Es ist also nicht unmöglich, aber auch nicht einfach, eine außerhalb Schwedens erworbene Erzieherqualifikation in Schweden anerkannt zu bekommen. Nähere Auskünfte erteilt z.B. Stefan Lövkvist vom *högskoleverket*, Tel: 0046-8-563 08517 *(avdelningen för bedömning av utländsk utbildning)*. Da in zahlreichen schwedischen Kommunen Mangel an Erziehern besteht, wird von den Kinderbetreuungseinrichtungen durchaus nicht immer die schwedische Anerkennung gefordert.

Kapitel 7
Soziale und ausbildungsbezogene Leistungen

Nachfolgend ein Überblick über die wichtigsten Leistungen von Arbeitslosigkeitsversicherung, Sozialversicherungskasse und Studienmittelbehörde in alphabetischer Reihenfolge. (Stand Dezember 2008)

Arbeitslosengeld *(arbetslöshetsersättning)*

Um in Schweden finanzielle Leistungen im Falle von Arbeitslosigkeit zu erhalten, muss man als Arbeitsloser, neben der Arbeitslosigkeitsmeldung beim Arbeitsamt, zunächst zwei Bedingungen erfüllen: die Grundbedingungen *(grundvillkor)* und die Arbeitsbedingungen *(arbetsvillkor)*. Die Grundbedingungen beziehen sich auf die aktuelle Vermittelbarkeit des Arbeitssuchenden/Arbeitslosen; die Arbeitsbedingungen dagegen auf die vorgeschriebene Mindestanzahl von Arbeitsmonaten und Arbeitsstunden vor Eintritt der Arbeitslosigkeit bzw. der Beantragung von Arbeitslosengeld.

Grundbedingungen zum Erhalt von Arbeitslosengeld *(grundvillkor)*
- **Meldung beim Arbeitsamt** als ganz oder teilweise arbeitslos/arbeitssuchend
- **Gemeinsames Errichten eines Handlungsplanes** zusammen mit dem Arbeitsamt innerhalb von 3 Monaten nach Meldung der Arbeitslosigkeit
- **Eigene aktive Arbeitssuche**
- **Bereitschaft zur Aufnahme einer Arbeit** von mindestens 3 Stunden täglich bzw. 17 Stunden wöchentlich
- **Bereitschaft, geeignete Arbeiten anzunehmen** (es dürfen keinerlei Hinderungsgründe vorliegen, d.h. auch Jobs in weiter Entfernung und Jobs in anderen Berufsbereichen sind gegebenenfalls zu akzeptieren)

Arbeitsbedingungen zum Erhalt von Arbeitslosengeld *(arbetsvillkor)*
Entweder: Sie haben innerhalb der letzten 12 Monate mindestens 6 Monate gearbeitet und waren pro Monat mindestens 80 Stunden tätig (falls

Sie nicht ausreichend viel gearbeitet haben, können zusätzlich Wehrdienstzeiten und Erziehungszeiten bis zu 2 Monate angerechnet werden).

Oder: Sie haben in 6 zusammenhängenden Monaten mindestens 480 Stunden gearbeitet und waren dabei in jedem Monat mindestens 50 Stunden tätig. Falls Wehrdienst- oder Kindererziehungszeiten angerechnet werden sollen, müssen von den 480 Stunden in jedem Fall 330 Stunden auf Arbeit entfallen.

Die finanziellen Leistungen bei Arbeitslosigkeit

Ist man in Schweden arbeitslos geworden, erhält man entweder die Grundsicherung (max. 320 SEK/Wochentag) oder die Lohnausfallversicherung (max. 680 SEK/Wochentag), jedoch nicht beides gleichzeitig, auf der Basis nachfolgender Voraussetzungen:

- **Grundsicherung ohne *a-kassa* - max 320 SEK/Tag:** Die Grundsicherung (derzeit max. 320 SEK/Tag für 5 Wochentage für eine Dauer von 300 Tagen) kann man in Schweden ab einem Alter von 20 Jahren erhalten, wenn man die oben genannten Grundbedingungen *(grundvillkor)* und Arbeitsbedingungen *(arbetsvillkor)* erfüllt, kein Mitglied einer *a-kassa* ist und/oder weniger als 12 Monate gearbeitet hat. Um einen Anspruch auf die maximale Summe von 320 SEK/Wochentag zu haben, muss man in den letzten 12 Monaten ohne Unterbrechung gearbeitet haben. Hat man in Teilzeit oder weniger als 12 Monate gearbeitet, fällt die Grundsicherung pro Tag entsprechend niedriger aus.
- **Lohnausfallversicherung der *a-kassa*, max 680 SEK/Tag:** Zum Erhalt von Leistungen aus der freiwilligen Lohnausfallversicherung muss man seit mindestens 12 (zusammenhängenden) Monaten Mitglied einer schwedischen *a-kassa* sein. Leistungen aus der Lohnausfallversicherung der *a-kassa* werden normalerweise für die Dauer von 300 Tagen gezahlt. Ihre Höhe beträgt in den ersten 200 Tagen 80% des Bruttogehalts (allerdings nur bis zu einem max. Bruttogehalt von 18.700 SEK) im Jahr vor der Antragstellung, in den folgenden 100 Tagen 70% desselben Bruttogehalts. Der Mindestbetrag für Leistungen aus der Lohnausfallversicherung liegt bei 320 SEK/Tag, der Höchstbetrag bei 680 SEK/Tag.

- **Empfehlung: Abschluss einer Einkommensversicherung**, z.B. bei der Gewerkschaft. Da die Leistung der *a-kassa* im Falle von Arbeitslosigkeit im Höchstfall nur 80% des Bruttogehaltes (bis zu einem maximalen Bruttogehalt von 18.700 SEK) beträgt, ist es in jedem Fall ratsam, sich zusätzlich gegen Einkommensverlust im Falle der Arbeitslosigkeit abzusichern, wenn man mehr als 18.700 SEK brutto im Monat verdient. Eine Einkommensversicherung *(inkomstförsäkring)* kann man z.B. bei verschiedenen Gewerkschaften abschließen. Die Anwartschaftszeit zur Inanspruchnahme einer Einkommensversicherung beträgt 12 Monate, daher sollte man sich frühzeitig darum kümmern.

Informationen zur Arbeitslosigkeitsversicherung
(deutsch)
▶ *HTTP://WWW.IAF.SE/IAFTEMPLATES/PAGE.ASPX?ID=324*

Links zu schwedischen Arbeitslosigkeitsversicherungen
für die verschiedenen Branchen
▶ *HTTP://WWW.IAF.SE/IAFTEMPLATES/PAGE.ASPX?ID=230*

SO - Verband der schwedischen Arbeitslosigkeitsversicherungen
▶ *WWW.SAMORG.ORG*

Behinderte - Hilfsmittel und Helfer

Behinderten stehen in Schweden zahlreiche Hilfsmittel zur Verfügung, die ihren Alltag erleichtern. Die meisten Hilfsmittel kann man bei der *vårdcentral* der Kommune - oftmals gratis - ausleihen; die Regeln für den freien oder kostenpflichtigen Zugang zu Hilfsmitteln sind jedoch von *landsting* zu *landsting* unterschiedlich.

Bei schwerer Funktionseinschränkung kann ein Behinderter das Recht auf einen sogenannten Persönlichen Assistenten *(personlig assistent)* haben, der ihm oder ihr bei den alltäglichen Verrichtungen zuhause hilft und auch bei Ausflügen zur Seite steht. Die Gestellung eines persönlichen Assistenten kann man bei der Abteilung *handikappomsorg/LSS* der Kommune beantragen.

Elterngeld während des Erziehungsurlaubs *(föräldrarpenning)*

Der Erziehungsurlaub beträgt 480 Tage für Kinder, die nach 2002 geboren sind. Der Erziehungsurlaub ist auf beide Eltern aufzuteilen. Jedoch kann ein Elternteil seinen Erziehungsurlaub (bis auf 60 Tage) dem anderen Elternteil überlassen. Alleinerziehenden stehen sämtliche Tage zur Verfügung. Man kann das Elterngeld zu 12,5%, zu 25%, zu 50%, zu 75% oder zu 100% in Anspruch nehmen, je nachdem, ob man dem Arbeitsplatz während des Erziehungsurlaubs dauerhaft oder nur teilweise fernbleibt.
Die Höhe des Elterngeldes: Für 390 Tage werden 80% des letzten Gehalts (bis zu einem maximalen Gehalt von jährlich 400.000 SEK) gezahlt (Stand November 2008). Voraussetzung ist, dass man mindestens 240 Tage vor der Geburt für ein Mindesteinkommen von 120.000 SEK gearbeitet hat. Für die restlichen 90 Tage werden pro Tag 180 SEK gezahlt. Hatte man vor Geburt des Kindes kein Einkommen, werden 480 Tage lang 180 SEK gezahlt.
Der Bezug des Elterngeldes ist ab dem 60. Tag vor dem errechneten Geburtstermin möglich. Väter können nach der Geburt ihres Kindes 10 ›Papatage‹ nehmen und erhalten während dieser 10 Tage 80% ihres Gehalts, berechnet auf Basis ihrer Jahresarbeitszeit bzw. bis zu einem Maximalgehalt von 307.500 SEK/Jahr.

Försäkringskassan - Informationen auf Deutsch
▶ WWW.FORSAKRINGSKASSAN.SE/SPRAK/TYS

Kindergeld *(barnbidrag)*

Bis zum 16. Lebensjahr des Kindes/der Kinder wird in Schweden Kindergeld gezahlt. Bei mehr als 2 Kindern wird zusätzlich *flerbarnstillägg* (Kindergeldzuschlag für mehrere Kinder) gezahlt, der bei nachstehenden Beträgen schon eingerechnet ist.

Für 1 Kind:	1.050 SEK/Monat
Für 2 Kinder:	2.100 SEK/Monat
Für 3 Kinder:	3.604 SEK/Monat
Für 4 Kinder:	5.514 SEK/Monat

Försäkringskassan: ▶ WWW.FORSAKRINGSKASSAN.SE/SPRAK/TYS

Krankengeld für Angestellte *(sjukpenning för anställda)*

Bei Erkrankungen von 1-14 Tagen Dauer rechnet der erste Tag als Karenztag und wird nicht bezahlt. Die Erkrankung müssen Sie dem Arbeitgeber am ersten Tag mitteilen, nach einer Woche ist ein ärztliches Attest einzureichen, auf Wunsch des Arbeitgebers ggf. auch früher. Vom Tag 2-14 zahlt der Arbeitgeber 80% Ihres bisherigen Gehalts weiter. Sind Sie länger als 14 Tage krank, erfolgt seitens des Arbeitgebers eine Meldung an die *försäkringskassan*, die daraufhin prüft, ob Sie Anspruch auf Krankengeld haben. Sicherheitshalber sollten auch Sie selbst der *försäkringskassan* mitteilen, dass Sie arbeitsunfähig erkrankt sind.

Ab dem 15. Tag zahlt die *försäkringskassan* nach Prüfung Ihrer Krankmeldung Krankengeld, dessen Höhe sich auch danach richtet, inwieweit Ihre Erkrankung Ihre Arbeitsfähigkeit beeinträchtigt. Je nach Umfang der Beeinträchtigung Ihrer Arbeitsfähigkeit können Sie 100%, 75%, 50% oder 25% des Ihnen zustehenden Krankengelds erhalten.

Die Prüfung Ihrer Arbeitsfähigkeit erfolgt seitens der *försäkringskassan* auf Basis eines von Ihnen eingesandten speziellen Formulares, in dem Sie eigene Angaben zu Ihrer Erkrankung/Arbeitsfähigkeit machen sowie aufgrund des ärztlichen Attests, das Sie eingereicht haben.

Das Krankengeld ist steuerpflichtig, beträgt im Normalfall ungefähr 80% des Bruttolohns (bis zu einem Jahreseinkommen von max. 307.500 SEK, Stand November 2008) und wird innerhalb eines Zeitraums von ca. 15 Monaten für maximal 364 Tage gewährt. Sollte die Erkrankung länger andauern, können weitere 550 Tage verlängerter Krankengeldbezug *(förlängd sjukpenning)* beantragt werden; in diesem Fall ist das Krankengeld jedoch reduziert.

Bei sehr ernsthaften Krankheiten (wie z.B. Krebs oder ALS) oder während des Wartens auf eine Transplantation kann sogenanntes fortgesetztes Krankengeld *(fortsatt sjukpenning)* beantragt werden, das in der Höhe dem Krankengeld der ersten 364 Tage entspricht und dessen Zahlungsdauer nicht begrenzt ist.

Försäkringskassan - Informationen auf Deutsch
▶ *WWW.FORSAKRINGSKASSAN.SE/SPRAK/TYS*

Krankengeld für Selbständige, Arbeitslose, Eltern im Erziehungsurlaub und schwangere Bezieherinnen von vorgezogenem Elterngeld *(havandeskapspenning)*

Für maximal 364 Tage in einem Zeitraum von 15 Monaten erhält man nach Krankmeldung bei der *försäkringskassan* vom ersten Tag an Krankengeld. Ein ärztliches Attest ist der *försäkringskassan* nach spätestens 7 Tagen einzureichen. 1 Karenztag.

Försäkringskassan - Informationen auf Deutsch
▶ WWW.FORSAKRINGSKASSAN.SE/SPRAK/TYS

Pflegegeld für Pflege von Angehörigen *(närståendepenning)*

Wenn Sie auf Erwerbsarbeit verzichten, um eine nahestehende, schwerkranke Person zu pflegen, können Sie von der *försäkringskassan* eine Beihilfe zur Pflege Nahestehender bekommen *(närståendepenning)*. Nahestehende Personen sind in diesem Zusammenhang in erster Linie Angehörige, aber auch Freunde oder Nachbarn. Bedingungen: Der Krankheitszustand der nahestehenden Person muss sehr ernst bzw. lebensbedrohlich sein - und sowohl Sie als auch der Kranke sind in Schweden sozialversichert: Sie arbeiten in Schweden, der Kranke arbeitet oder wohnt in Schweden.

Pflegegeld für Pflege kranker Kinder *(tillfällig föräldrarpenning)*

Für die häusliche Pflege kranker Kinder bis zu einem Alter von 12 Jahren stehen einem Elternpaar gemeinsam 60 Tage pro Jahr zu. Alleinerziehenden stehen dafür 60 Tage pro Jahr zu. Es können im Bedarfsfall weitere 60 Tage beantragt werden. Die *försäkringskassan* zahlt für die häusliche Pflege kranker Kinder zeitweiliges Elterngeld *(tillfällig föräldrarpenning)*. Die Höhe richtet sich danach, in welchem Umfang die normale Arbeitszeit durch die Pflege verkürzt wird.

Pflegegeld für Pflege chronisch kranker Kinder *(vårdbidrag)*

Als Eltern erhalten Sie für die häusliche, mindestens 6 Monate währende Pflege Ihres chronisch kranken oder funktionsbeeinträchtigten Kindes ab dessen Geburt bis zum Alter von 19 Jahren von der *försäkringskassan* einen speziellen, steuerpflichtigen Pflegebeitrag *(vårdbidrag)*. Diesen Pflegebeitrag können Sie auch für durch Krankheit Ihres Kindes anfallende Mehrkosten für spezielle Pflegeartikel und Hilfsmittel etc. bekommen.

Försäkringskassan - Informationen auf Deutsch
▶ *WWW.FORSAKRINGSKASSAN.SE/SPRAK/TYS*

Rente

Der monatliche, größtenteils vom Arbeitgeber getragene Rentenversicherungsbeitrag (18,5%) ist aufgeteilt in 16% Beitragszahlung für die Einkommensrente und 2,5% Einzahlung in vom Arbeitnehmer frei zu wählende Fonds für die Prämienrente.

Frühestens ab 61 Jahren kann man in Schweden in Rente gehen; je später man in Rente geht, desto höher fällt der monatliche Rentenbezug aus. Rentenzahlungen sind steuerpflichtig. Da es in Schweden kein festgelegtes Pensionsalter mehr gibt, muss jeder selbst seine Rente bei der *försäkringskassan* beantragen (mindestens 2 Monate vor gewünschtem Rentenbezug). Man kann sich die monatliche Rente zu 100%, zu 75%, zu 50% oder zu 25% auszahlen lassen, ganz nach Wunsch.

Jedes Jahr versenden die *försäkringskassa* und die *premiepensionsmyndighet* große orangefarbene Kuverts, die Informationen über die bisher jeweils angesparte Einkommens- und Prämienpension enthalten sowie auch eine ungefähre Prognose über die wahrscheinliche Höhe der zukünftigen Rente.

Renten-Information der *försäkringskassa* (auf deutsch)
▶ *WWW.FORSAKRINGSKASSAN.SE/SPRAK/TYS/PENSION*

Informationsseite von Staat und Rentenversicherungsunternehmen u.a. zum Ausrechnen der künftigen eigenen Rente
▶ *WWW.MINPENSION.SE*

Sozialhilfe/ Hilfe zum Lebensunterhalt *(försörjningsstöd)*

Schweden und in Schweden fest wohnhafte ausländische Mitbürger können bei ihrer Kommune Hilfe zum Lebensunterhalt beantragen. Es trifft gemäß Auskunft der *socialstyrelsen* nicht zu, dass man dazu als Ausländer bereits 5 Jahre in Schweden gewohnt haben muss. Der aktuelle grundlegende Sozialhilfesatz *(försörjningsstöd)* für das Jahr 2009 beträgt gemäß *socialstyrelsen*: 3.680 SEK für eine Person und für 2 zusammenlebende Erwachsene 6.050 SEK pro Monat. Zusätzlich werden von der Kommune angemessene Kosten für Miete, Versicherung *(hemförsäkring)*, Strom, Mitgliedschaften in Gewerkschaft oder Arbeitslosigkeits-Versicherungskassen übernommen. Alle eventuellen Einkommen werden auf die Sozialhilfe angerechnet, desgleichen Geld auf Sparkonten sowie Aktien- oder sonstige Wertdepots.

Sozialhilfe bzw. *försörjningsstöd* oder *ekonomisk bistånd* wird in der zuständigen Abteilung *socialtjänst* der jeweiligen Kommune beantragt. Auf der Homepage der *socialstyrelsen* können nach folgender Eingabe in die Suchzeile: ›*riksnormen för försörjningsstöd 2009*‹ weitere Informationen und Beträge für Kinder bzw. größere Haushalte nachgelesen werden.

Socialstyrelsen
▶ WWW.SOCIALSTYRELSEN.SE

Studien-Beihilfe für Gymnasiasten *(studiebidrag / extra-tillägg)*

Alle Gymnasiasten erhalten automatisch vom 16. bis max. 20. Lebensjahr den sogenannten elternunabhängigen ›*studiebidrag*‹, der zehn Monate des Jahres von *CSN* (Behörde für Studienmittel) ausbezahlt wird. Dieser *studiebidrag* ist exakt so hoch wie das bisher erhaltene Kindergeld (1.050 SEK monatlich, Stand Dezember 2008), dessen Zahlung an die Eltern dann zeitgleich eingestellt wird. Bei Bedarf wird auch ein Extra-Zuschlag *(extra tilläg)* zwischen 285 und 855 SEK gezahlt, für dessen Gewährung das Einkommen der Eltern zugrunde gelegt wird.

CSN - Behörde für Studienmittel
▶ WWW.CSN.SE

Studienmittel für Studenten bzw. für Aus- und Weiterbildung im Rahmen der Erwachsenenbildung *(studiemedel)*

Studenten können in Schweden, völlig unabhängig vom Einkommen der Eltern, für Voll- oder Teilzeitstudien bis zu einer Studiendauer von 6 Jahren Studienmittel von der zuständigen Behörde *CSN* erhalten. Studienmittel werden in Schweden bis zum Alter von 54 Jahren gezahlt, ab einem Alter von 45 Jahren verkürzt sich jedoch die Zeit, für die Studienmittel gewährt werden. Die Höhe und Gewährung der Studienmittel ist an den Studienumfang (Vollzeit- oder Teilzeitstudium) bzw. an die Studienleistung geknüpft (Erreichen einer Mindestanzahl von Hochschulpunkten pro Semester). Detaillierte Informationen zu Studienmitteln für schwedische und ausländische Studenten, Zusatzbeihilfen, Freibeträgen und mehr finden Sie im Kapitel ›Studium in Schweden‹. ►*WWW.CSN.SE*

Unterkunftszuschlag für auswärtig untergebrachte Schüler *(inackorderingsbidrag)*

Schüler an Gymnasien, Volkshochschulen und Reichs-Internatsschulen können von *CSN* einen *inackorderingsbidrag* zwischen 1.190 und 2.350 SEK monatlich erhalten, falls der Schulweg von zuhause bis zur Schule mehr als 2 Stunden beträgt oder wenn das gewünschte Ausbildungsprogramm am Heimatort nicht angeboten wird und sie sich daher am Schulort privat einquartieren müssen.

Wohngeld *(bostadsbidrag)*

Familien mit Kindern unter 18 Jahren (sowie junge Leute zwischen 18 - 29 Jahren) mit geringem Einkommen können bei der *försäkringskassan* Wohngeld *(bostadsbidrag)* beantragen, unabhängig davon, ob sie zur Miete, in einem *bostadsrätt* oder im eigenen oder gepachteten Haus wohnen.

Die Höhe des Wohngeldes richtet sich nach der Anzahl der Familienmitglieder, nach dem Einkommen, der Größe der Wohnung und der Höhe der Miete. Die Miete muss mindestens 2.000 SEK/Monat betragen, man muss in der Wohnung gemeldet sein, für die man Wohngeld beantragt und das Jahreseinkommen Alleinstehender bzw. von Paaren darf (zusammen) nicht höher als 354.000 SEK/Jahr sein.

Anzahl Kinder im Haushalt	Wohngeld bis zu einer Wohnfläche von
0	60m²
1	80m²
2	100m²

ANZAHL KINDER IM HAUSHALT	WOHNGELD BIS ZU EINER WOHNFLÄCHE VON
3	120m²
4	140m²
5 oder mehr	160m²

Falls die Quadratmeterzahl von Wohnung, *bostadsrätt* oder Haus die obigen Maße überschreitet, muss man nicht etwa umziehen, sondern bekommt einfach nur das Wohngeld gemäß der maximalen Quadratmeterfläche, für die man als Alleinstehender oder Eltern mit Kind(ern) jeweils Anspruch auf Wohngeld hat.

Försäkringskassa - **Informationen auf Deutsch**
► *WWW.FORSAKRINGSKASSAN.SE/SPRAK/TYS*

Kapitel 8
Geldfragen

Banken und Bankkonten

Wenn Sie in Schweden leben, ist ein schwedisches Bankkonto natürlich empfehlenswert, sei es für die Gehaltsüberweisung oder für Abbuchungen von Miete, Strom, Telefon usw. Bei Ausländern ohne *personnummer* kann es mitunter vorkommen, dass manche Banken die Einrichtung eines Kontos zunächst etwas schwerfällig behandeln. Es ist einen Versuch wert, sich (nicht nur) in diesem Fall an die *Handelsbanken* zu wenden, die seit jeher auch auf Geschäfte mit dem Ausland bzw. mit Ausländern spezialisiert ist. In der Regel ist jedoch die Einrichtung eines Kontos in Schweden problemlos.

Verbraucherberatung für Bankkunden: ▶ WWW.KONSUMENTBANKBYRAN.SE

Qualitätsvergleich schwedischer Banken: ▶ WWW.KVALITETSINDEX.SE

Einige bekannte schwedische Banken mit zahlreichen Zweigstellen im ganzen Land sind:

Handelsbanken
461 Filialen in Schweden, 218 Filialen weltweit, aktiv in 22 Ländern
▶ WWW.HANDELSBANKEN.SE

Länsförsäkringar Bank
Bankabteilung eines des größten schwedischen Versicherungsunternehmens, 100 Filialen, 676.000 Kunden (Privatpersonen und Landwirte), hauptsächlich Online-Banking
▶ HTTP://WWW.LANSFORSAKRINGAR.SE/PRIVAT/BANK

Swedbank
430 Filialen in Schweden, 9 Millionen Privatkunden, 500.000 Geschäftskunden
▶ WWW.SWEDBANK.SE

SEB
ca. 200 Filialen in Schweden, 5 Millionen Privatkunden, dazu weltweit 400.000 Geschäftskunden und 2.500 Geschäfts-Grosskunden
► WWW.SEB.SE

Nordea
1.300 Filialen weltweit, ca. 10 Millionen Kunden
► WWW.NORDEA.SE

JAK - kooperative Mitgliedsbank, sparen und leihen ohne Zinsen
► WWW.JAK.SE

Banken-Ranking von svenskt kvalitetsindex
Gemäß einer im Jahre 2008 veröffentlichten Untersuchung von *svenskt kvalitetsindex* aus dem Jahre 2007 hatten *Länsförsäkringar Bank* und *Handelsbanken* die zufriedensten Kunden in Schweden. Die unzufriedensten Kunden hatte *Nordea*.

Bank	Index
Länsförsäkringar bank	75,6
Handelsbanken	74,1
Skandiabanken	74,0
Sparbankerna	73,7
ICA-Banken	73,1
Danske Bank	72,8
Sparbanken Finn	72,8
Swedbank	70,4
SEB	69,9
Nordea	67,3
Durchschnitt	**71,3**

Bargeld

In Schweden ist es üblich, mit Kreditkarte zu zahlen, ob für ein paar Briefmarken, den Wocheneinkauf oder das Benzin. Daher muss man auch für kleine und kleinste Einkäufe in der Regel kein Bargeld entrichten, sondern kann meist bequem und ohne zusätzliche Gebührenbelastung seine Kreditkarte benutzen.

> **Von Lappen und Laken**
>
> Hat man viele Lappen, so hat man in Schweden viel Geld: Denn als lapp bezeichnet man vor allem Geldscheine: hundralapp (100-Kronen-Schein), Tjugilapp (20-Kronen-Schein) usw. 1000-Kronen-Scheine heißen umgangssprachlich lakan (Laken). Ein kö-lapp ist dagegen ein nummerierter Warteschlangen-Zettel. Bewohner Lapplands sind mitnichten Lappen (das ist ein Schimpfwort), sondern Sami.

EC-Karte

Die in Deutschland so geläufige EC-Karte ist in Schweden nicht sehr bekannt; in vielen Geschäften und an zahlreichen Tankstellen ist das Zahlen mit EC-Karte daher nicht möglich.

Kreditkarten

Die gängigsten Kreditkarten in Schweden sind Visa, Masters, Eurocard, American Express, Diners, *Ikanobankens kreditkort*. Die deutsche EC-Karte ist in Schweden wenig bekannt und wird nicht überall akzeptiert. Das kann zum Beispiel beim Tanken oder vor allem beim Mieten eines Autos problematisch werden; man sollte daher für den Fall der Fälle immer Bargeld oder - noch besser - eine der oben genannten Kreditkarten mit sich führen.

Online-Banking

Die schwedischen Banken haben unterschiedliche Systeme für das Online-Banking. Während z.B. die *Swedbank*, die *SEB* und *Nordea* dem Kunden ein kleines Gerät *(digipass* oder *kortläsare)* zur Generierung von Zufalls-Codes zur Verfügung stellen, bietet die *Handelsbanken* eine kleine Plastikkarte an, die ähnlich wie Rubbellose funktioniert: Bei Bedarf rubbelt man den Code frei, der zu Beginn des Onlinebanking zusammen mit dem Benutzernamen und dem Passwort abgefragt wird.

Schecks

Schecks aller Art werden in Schweden schon lange nicht mehr akzeptiert, da Banken, Geschäfte und Privatpersonen sich vor Scheckbetrug schützen möchten.

Wechselstuben

Hat man ein Konto bei einer schwedischen Bank, kann man dort in der Regel auch ausländische Valuta einwechseln; ansonsten sind dafür die Wechselstuben *(växlingskontor)* zuständig. Zu den größten Wechselstuben gehören *Forex*, *X-Change* und *Exchange*, die in zahlreichen Städten vertreten sind.

▶ WWW.FOREX.SE
▶ WWW.X-CHANGE.SE
▶ WWW.EXCHANGECENTER.SE

Steuern auf Finanzerträge und Vermögenssteuer

Finanzerträge werden mit einer Kapitalsteuer von 30% besteuert. Eine Vermögenssteuer existiert in Schweden nicht mehr; diese wurde Anfang 2008 abgeschafft.

Darlehen, Versicherungen, Hypotheken, Strompreisvergleich

▶ WWW.FINANSPORTALEN.SE
▶ WWW.LENDO.SE
▶ WWW.COMBOLOAN.SE

Tipps zum Geldsparen

▶ WWW.SPARAPENGAR.BE

Kapitel 9

Existenzgründung in Schweden

Erfreulicherweise ist es vom bürokratischen Ablauf her relativ einfach, in Schweden eine eigene Firma zu gründen. Zur Gründung einer Einzelfirma *(enskild näringverksamhet)* genügt in der Regel die Einsendung eines speziellen Formulars (siehe unten) an das *skatteverket*. Alle anderen Unternehmensformen *(handelsbolag, kommanditbolag, aktiebolag* und *ekonomisk förening)* müssen zur Gründung (und für eventuellen Namensschutz) beim *bolagsverket* (Firmenregistrierungsbehörde) registriert werden.

Es gibt zahlreiche Möglichkeiten, sich kostenlos persönlich oder auch über das Internet über sämtliche Schritte zu informieren, die für eine Unternehmensgründung in Schweden notwendig sind. Entsprechende Tipps finden Sie weiter unten in diesem Kapitel.

Eine erste gute Übersicht für Unternehmensgründer und alle, die es werden wollen, ist die Broschüre ›Starting up a business‹, die Sie von der Homepage des schwedischen *skatteverkets* herunterladen können.

Gehen Sie auf ►WWW.SKATTEVERKET.SE, klicken Sie links auf ›broschyrer‹, dann oben auf der Seite auf die Buchstaben ›S-U‹, und dann klicken Sie auf ›Starting up a business‹ (Broschüre Nr. 462 B).

Betriebseröffnung für Handwerker, Bäcker und andere Berufssparten

Für die Eröffnung eines eigenen handwerklichen Betriebes/einer Firma benötigt man in Schweden keinen Meistertitel und auch nicht unbedingt eine regelrechte Ausbildung im gewünschten Metier. Das Wichtigste ist meist, dass die jeweiligen behördlichen Vorschriften zur Gestaltung des Ladenlokals, Hygiene, gegebenenfalls Hantierung mit Lebensmitteln etc. eingehalten werden.

Für die (selbständige) Ausübung einiger weniger Berufe muss eine behördliche Anerkennung beantragt werden (z.B. Schornsteinfeger, Elektriker, Optiker und andere, siehe Kapitel 4, Stichwort ›Genehmigungspflichtige Berufe‹).

Übernahme von bestehenden Unternehmen und Franchising

Wenn Sie Interesse an der Übernahme einer bereits bestehenden Firma oder an Franchising haben und/oder Ladenlokale bzw. Gewerbeflächen suchen, sind folgende Links eine wertvolle Informationsquelle:

Bolagsplatsen
Der schwedische Internet-Marktplatz für Käufer und Verkäufer von Unternehmen aller Art, für Franchisenehmer und -geber, sowie für Ladenlokale und Gewerbeflächen: ▶ *WWW.BOLAGSPLATSEN.SE*

Länia Företagsförmedling
Vermittlung von Unternehmensverkäufen, Durchführung von Unternehmensbewertungen: ▶ *WWW.LANIA.SE*

Bycom
Vermittlung von Unternehmensverkäufen in Schweden, Norwegen, Finnland und Dänemark: ▶ *WWW.BYCOM.SE*

Home Office, Ladenlokale, Büros, Gewerbeflächen

Falls es die Art Ihres Unternehmens ermöglicht, können Sie es vom Home-Office in Ihrer Wohnung aus betreiben und erhalten dafür einen pauschalen steuerlichen Freibetrag in Höhe von 2.000 SEK für ein Arbeitszimmer im eigenen Haus bzw. in Höhe von 4.000 SEK für ein Arbeitszimmer in der Mietwohnung oder der sogenannten Bostadsrätts-Wohnung (Stand Sept. 2008, *skatteverket*).

Wenn Sie hingegen ein Ladenlokal, ein Büro oder größere Gewerbeflächen/-räume mieten oder erwerben möchten, können Sie hier fündig werden: ▶ *WWW.OBJEKTVISION.SE*

Finanzierung und öffentliche Fördermittel

Bankdarlehen
Schwedische Banken sind bei der Vergabe von Darlehen für Existenzgründungen (seit jeher) äußerst restriktiv und gehen keinerlei Risiko ein. Die finanzielle Situation des Existenzgründers wird genauestens überprüft.

Falls Sie ausreichend private Sicherheiten oder gegebenenfalls einen zahlungskräftigen Bürgen in Schweden vorweisen können, gewährt Ihnen Ihre schwedische Bank eventuell ein Darlehen. Auch in Schweden gilt: erkundigen Sie sich, welche Unterlagen die Bank für eine Entscheidung benötigt, arbeiten Sie diese gewissenhaft aus und stehen Sie für einen ersten Gesprächstermin persönlich zur Verfügung. Weitere Rückfragen werden normalerweise telefonisch oder per Mail geklärt.

Öffentliche Fördermittel

Weiterhin gibt es die Möglichkeit, je nach Region und Ausrichtung des Unternehmens spezielle Förderungen und Beihilfen zu beantragen, z.b. Regionale Investitionsbeihilfe *(regional investitionsstöd)*, Anstellungsbeihilfe *(sysselsättningsstöd)*, Regionalbeitrag zur Unternehmensentwicklung *(regionalt bidrag för företagsutveckling)* sowie Projektfinanzierungen im Rahmen verschiedener Programme *(projektfinansering via program)*. Über die für Ihr Unternehmen geeigneten Förderungsmöglichkeiten können Sie sich bei den Landesregierungen *(länsstyrelsen)* sowie bei *NUTEK* und *ALMI* informieren.

Landesregierungen in Schweden: ►WWW.LST.SE/LST/EN/

NUTEK: ►WWW.NUTEK.SE

ALMI: ►WWW.ALMI.SE

Starthilfe zur Firmengründung vom Arbeitsamt *(stöd till start av näringsverksamhet)*

Wenn Sie in Schweden wohnhaft gemeldet, arbeitslos oder von Arbeitslosigkeit bedroht, älter als 25 und beim schwedischen Arbeitsamt registriert sind, können Sie unter Umständen vom Arbeitsamt finanzielle und beratende Hilfe bei der Gründung einer eigenen Firma bekommen *(stöd till start av näringsverksamhet)*. Firmengründungen im Bereich Landwirtschaft und im Transportsektor sind jedoch davon ausgeschlossen (für Taxibetriebe können Ausnahmen gemacht werden).

Sind Sie durch Mitgliedschaft bei einer schwedischen Arbeitslosen-Versicherungskasse zum Bezug von Arbeitslosengeld berechtigt, erhalten Sie zur Gründung Ihres Unternehmens 6 Monate lang finanzielle Hilfe in Höhe Ihres Arbeitslosengeldes, doch mindestens in Höhe von 320 SEK/Wochentag. Besteht keine Bezugsberechtigung für Arbeitslosengeld, wird ein Betrag von 223 SEK/Wochentag gewährt. Alle Bezieher dieser Hilfe zur Unternehmensgründung müssen sich selbst gegen eventuelle Arbeitsschäden sowie gegen Unfälle auf dem Weg von und zur eigenen Firma versichern.

Es obliegt jedoch allein dem schwedischen Arbeitsamt zu ermessen, ob Ihnen diese Unterstützung gewährt wird. Sie müssen zunächst Ihre Geschäftsidee schriftlich beim Arbeitsamt einreichen, das daraufhin mithilfe eines wirtschaftlich sachkundigen Beraters prüft, ob Sie als Antragsteller die notwendigen Voraussetzungen zum Betrieb Ihres gewünschten Unternehmens mitbringen und ob alle sonstigen, vorgeschriebenen Bedingungen erfüllt sind. Falls Ihr Antrag auf ›*stöd till start av näringsverksamhet*‹ vom Arbeitsamt positiv beschieden wird, erfolgt die Auszahlung des Ihnen zustehenden Betrages einmal monatlich durch die *försäkringskassa*. Ergänzend und zur Vorbereitung auf die Selbständigkeit bietet das Arbeitsamt Informationstreffen, Beratung sowie Kurse für Existenzgründer an. (Stand September 2008)

Gründung einer Einzelfirma *(enskild näringsverksamhet)*

Nachdem Sie sich persönlich beim *skatteverk* Ihres Wohnortes in Schweden angemeldet und Ihre *personnummer* an Ihre schwedische Adresse zugeschickt bekommen haben, können Sie die Gründung Ihrer Firma beim *skatteverket* anmelden. (Haben Sie noch keine *personnummer*, können Sie das *skatteverket* um eine vorläufige *samordningsnummer* bitten.)

Gehen Sie dazu auf die Homepage des *skatteverkets*, klicken Sie links auf ›blanketter‹, dann auf den Buchstaben ›S‹ und dort auf ›skatte- och avgiftsanmälan, blankett Nr. 4620‹. Dieses *blankett* (Formular) liegt nur auf schwedisch vor. Laden Sie es herunter, füllen Sie es aus und senden Sie es an die im Formular angegebene Adresse des *skatteverkets*. Nach wenigen Wochen sendet Ihnen das *skatteverket* die Bestätigung Ihrer Firmenregistrierung *(registreringsbevis)* sowie Ihren *F-Skatt-Sedel* (Unternehmer-Steuerkarte) an Ihre schwedische Adresse. Das ist alles. (Für neuhinzugezogene Firmengründer: Eine Kopie Ihrer Firmenregistrierung können Sie Ihrem Antrag auf Aufenthaltsrecht als Selbständiger beifügen, den Sie an das *migrationsverket* schicken - und haben somit den Nachweis Ihrer Selbständigkeit erbracht.)

Genaue Erläuterungen darüber, wie Sie das ›*skatte- och avgiftsanmälan*‹ ausfüllen, finden Sie in der schwedischsprachigen Broschüre *SKV 418* ›*så fyller du i skatte- och avgiftsanmälan*‹, die Sie auf der Homepage des *skatteverkets* links unter ›*broschyrer*‹, Buchstabe *S*, ebenfalls herunterladen können. Link: ▶*WWW.SKATTEVERKET.SE*

Behördliche Hilfe beim Ausfüllen der Formulare

Wenn Ihr Schwedisch zum Ausfüllen des o.g. Formulars noch nicht ausreichen sollte, können Sie sich an die Abteilung *näringsliv* Ihrer Kommune wenden und um Hilfe beim Ausfüllen bitten. Die Kommunen (besonders die kleineren) sind durchweg sehr an Unternehmensgründungen in ihrem Einzugsbereich interessiert und bieten in der Regel gerne ihre Unterstützung an. Das gilt übrigens auch für die Mitarbeiter des *skatteverkets* selbst, die Sie vertrauensvoll alles fragen können. Man wird Ihnen gern helfen!

Weiterhin können Sie auch Gebrauch machen von den zahlreichen kostenlosen Informationsangeboten für Existenzgründer, die weiter unten beschrieben werden.

Steuern und Eigenabgaben *(skatter och egenavgifter)* für Selbständige (Stand Januar 2009)

Steuern

Jährliches Einkommen	Kommunalsteuer	Staatl. Einkommenssteuer
bis 380.200 SEK	ca. 33%	0%
ab 380.200 SEK	ca. 33%	20% auf den Betrag, der 380.200 SEK übersteigt
ab 538.800 SEK	ca. 33%	zusätzlich 5% auf den Betrag, der 538.800 SEK übersteigt

Eigenabgaben

Unternehmer, die eine Einzelfirma oder eine Handelsgesellschaft in Schweden betreiben, sind verpflichtet, Sozialabgaben in Form von sogenannten Eigenabgaben *(egenavgifter)* an das *skatteverket* abzuführen. Diese Eigenabgaben werden vom *skatteverket* ausgehend vom Gewinn des Unternehmens errechnet.

Zum Beispiel betragen für das Jahr 2009 die zu zahlenden Eigenabgaben für Unternehmer, die zwischen 1943 und 1983 geboren sind, 29,71% und setzen sich wie folgt zusammen:

Rentenbeitrag	10,21%
Angehörigenversicherung für Todesfall	1,70%
Krankenversicherung	6,93%
Abgabe für Arbeitsschäden	0,68%
Elternversicherung	2,20%
Arbeitsmarktabgabe	0,50%
Allgemeine Lohnabgabe	7,49%
Gesamte Eigenabgaben	**29,71%**

Die Höhe der zu zahlenden Eigenabgaben differiert jedoch je nach Geburtsjahrgang:

GEBURTSJAHRGANG	HÖHE DER EIGENABGABEN (STAND 2009)
1938-1943	10,21%
1944-1982	29,71%
ab 1983	15,07%

Steuerzahlung und Steuererklärung für Einzelunternehmer
Die Zahlung der auf Basis der Gewinnerwartung vorab berechneten monatlichen Steuern *(preliminär skatt)* muss spätestens am 12. jeden Monats beim *skatteverket* eingegangen sein. Bei Durchsicht Ihrer Steuererklärung vergleicht das *skatteverket* die Höhe der bereits gezahlten Steuern mit den schlussendlich zu zahlenden Steuern. Die Steuererklärung ist einmal jährlich zusammen mit der entsprechenden Anlage für Einzelunternehmer beim *skatteverket* (in der Regel spätestens Anfang Mai) einzureichen.

Versicherungen für Selbständige

- **Unternehmensversicherung:** Eine Unternehmensversicherung dient der Versicherung von Geschäft und Inventar, gegen Produktionsausfälle (z.B. wegen Stromabbruch), Haftpflichtschäden und mehr. Zahlreiche Versicherungsunternehmen bieten dazu Paketlösungen für kleine, mittlere und große Unternehmen an. Schauen Sie unter ›företagsförsäkringar‹ unter folgenden Links nach.

Länsförsäkringar	►WWW.LANSFORSAKRINGAR.SE
Trygg Hansa	►WWW.TRYGGHANSA.SE
Folksam	►WWW.FOLKSAM.SE
IF	►WWW.IF.SE

- **Arbeitslosigkeitsversicherung für Selbständige:** In Schweden können Unternehmer sich und ihre Familienangehörigen gegen Verdienstausfall durch Arbeitslosigkeit und Konkurs bei einer speziellen Arbeitslosigkeits-Versicherungskasse für Unternehmer versichern. Gegen eine Gebühr von derzeit 231 SEK/Monat (Stand Sept. 2008) können Sie dazu Mitglied bei *småföretagarnas arbetslöshetskassa* werden. Die Anwartschaftszeit für eine Berechtigung zu Leistungen dieser Kasse beträgt 12 Monate, innerhalb derer Sie 6 Monate lang monatlich mindestens 80 Stunden gearbeitet haben müssen. Mehr Informationen dazu unter: ►WWW.SMAKASSA.SE

- **Lebens- und Unfallversicherung:** Um sich gegen Arbeitsschäden, Unfälle und ihre Folgen abzusichern und im Schadens- oder Invaliditätsfall finanziell abgesichert zu sein, ist für Unternehmer der Abschluss einer Lebens- und Unfallversicherung *(livförsäkring / olycksfallförsäkring)* empfehlenswert. Auch hier kann man sich an die großen Vier wenden, Links siehe oben.

- **Private Rentenversicherung:** Der Abschluss einer privaten Rentenversicherung kann empfehlenswert sein, wenn Sie mit Ihrer Firma nicht allzu viel verdienen und trotzdem für das Alter abgesichert sein möchten. Wenden Sie sich dazu z.B. an die oben genannten Versicherungsgesellschaften und lassen Sie sich individuelle Angebote erstellen. Eine genaue Prüfung Ihrerseits ist obligatorisch.

Gründung einer Handelsgesellschaft *(handelsbolag)*

Eine Handelsgesellschaft muss beim *bolagsverket* und beim *skatteverket* registriert werden. Die Anmeldung ist kostenpflichtig, die Gebühren des *bolagsverkets* betragen 1.000 SEK. Durch die Anmeldung ist auch der Name der Handelsgesellschaft in dem *län* geschützt, in dem sie registriert wurde. Ihre Gründung setzt mindestens zwei persönlich haftende Teilhaber voraus. Die Höhe des einzusetzenden Startkapitals ist nicht vorgeschrieben, sondern wird von den Teilhabern bestimmt und muss auch nicht registriert werden. Die Teilhaber der Handelsgesellschaft sind persönlich verantwortlich für vertragliche Verpflichtungen und haften für eventuelle Schulden des Unternehmens mit ihrem gesamten Vermögen; die erzielten Netto-Erträge werden anteilsmäßig besteuert.

Wenn Sie über eine sogenannte e-legitimation verfügen (erhältlich von Ihrer schwedischen Bank oder von *Telia*) können Sie Ihre Handelsgesellschaft auch online registrieren, und zwar beim Online-Dienst *företagsregistrering*. Dort können Sie Ihr Unternehmen gleichzeitig beim *bolagsverket* und beim *skatteverket* registrieren.

Online-Registrierung von Unternehmen (nur mit e-legitimation)
► WWW.FORETAGSREGISTRERING.SE

Informationen über Erhalt und Anwendung einer e-legitimation
► WWW.E-LEGITIMATION.SE

Bolagsverket: ► WWW.BOLAGSVERKET.SE

Skatteverket: ► WWW.SKATTEVERKET.SE

Gründung einer Kommanditgesellschaft *(kommanditbolag)*

Auch für eine Kommanditgesellschaft ist die Anmeldung beim *bolagsverket* und beim *skatteverket* vorgeschrieben. Die Anmeldegebühren beim *bolagsverket* betragen 1.000 SEK; die Anmeldung beinhaltet den Schutz des Firmennamens im *län* der Registrierung. Für Kommanditgesellschaften gelten nahezu die gleichen Regeln wie für Handelsgesellschaften, mit folgenden Ausnahmen: Mindestens einer der Teilhaber ist persönlich haftender Gesellschafter *(komplementär)* und haftet mit seinem gesamten Vermögen, der oder die anderen Teilhaber *(kommanditdelägare)* haften nur bis zur Höhe ihrer Einlage. Die Höhe des einzusetzenden Startkapitals ist für den persönlich haftenden Gesellschafter *(komplementär)* nicht vorgeschrieben, für die begrenzt haftenden Teilhaber *(kommanditdelägare)* gilt eine Mindesteinlagehöhe von 100 SEK. Alle Einlagen müssen beim *bolagsverket* registriert werden. Für die Registrierung einer Kommanditgesellschaft gelten die gleichen Links wie für die Handelsgesellschaft.

Gründung einer Aktiengesellschaft *(aktiebolag)*

Für die Gründung einer Aktiengesellschaft, die aus einer oder mehreren juristischen oder natürlichen Personen bestehen kann, werden mindestens 100.000 SEK als Aktienkapital benötigt. Bei diesem Kapital kann es sich um Geld oder auch um von einem Wirtschaftsprüfer bewertetes Eigentum *(apportegendom)* handeln, das für die zu gründende Firma nützlich ist, wie z.b. ein Warenlager oder gewisses Inventar. Eine Anmeldung der Aktiengesellschaft beim *bolagsverket* und beim *skatteverket* ist zwingend erforderlich, die Gebühren des *bolagsverkets* betragen 2.000 SEK. Durch diese Anmeldung ist auch der Name des Unternehmens landesweit geschützt. Die Teilhaber der Aktiengesellschaft haften nur bis zur Höhe des von ihnen eingesetzten Kapitals. Die Beauftragung eines amtlich bestellten Wirtschaftsprüfers sowie die Errichtung eines Vorstandes *(styrelse)* ist für Aktiengesellschaften vorgeschrieben. Das Unternehmen selbst wird gewinnbesteuert, die Teilhaber werden für entnommene Löhne besteuert und zahlen gegebenenfalls Steuern für eventuelle Gewinnausschüttungen. Für die Registrierung einer Aktiengesellschaft gelten die gleichen Links wie für die Handels- oder Kommanditgesellschaft.

Gründung einer wirtschaftlichen Vereinigung *(ekonomisk förening)*

Zur Gründung einer wirtschaftlichen Vereinigung - bei der es sich oftmals um eine Kooperative handelt - sind mindestens drei Mitglieder erforderlich, die jeweils einen Einsatz zahlen. Die Vereinigung muss beim *bolagsverket* (Gebühren 1.200 SEK, landesweiter Namensschutz) und beim *skatteverket* angemeldet werden. Weiterhin besteht die Verpflichtung zur Errichtung eines Vorstandes und zur Beauftragung eines amtlich bestellten Wirtschaftsprüfers. Die Mitglieder der wirtschaftlichen Vereinigung haften bei Schulden und anderen Verpflichtungen der Vereinigung nur bis zur Höhe ihres Einsatzes.

Die Vereinigung wird gewinnbesteuert, die Mitglieder für entnommene Löhne und eventuelle Gewinnausschüttungen. Für die Registrierung einer wirtschaftlichen Vereinigung gelten die gleichen Links wie für Handels-, Kommandit- oder Aktiengesellschaft.

Informationen für Existenzgründer durch verschiedene Behörden und Institutionen

Nyföretagarcentrum - kostenlose persönliche Beratung für Existenzgründer

Das schwedische *nyföretagarcentrum* (Zentrum für Existenzgründer) bietet in 200 Kommunen im ganzen Land kostenlosen, persönlichen und vertraulichen Rat sowie Hilfe in der Vorbereitung und Startphase eines Unternehmens an. Auf der Homepage des *nyföretagarcentrums* können Sie die für Sie nächstgelegene Beratungsstelle sowie auch Checklisten und Affärspläne für Neugründer und zahlreiche weitere Information finden: ►WWW.NYFORETAGARCENTRUM.SE

Skatteverket - Informationstreffen für Firmengründer

Das *skatteverket* bietet für Existenzgründer und alle, die es werden wollen, regelmäßig stattfindende Informationstreffen im ganzen Land an. Zu diesen Treffen kann man sich auf der Homepage des *skatteverkets* anmelden. Gehen Sie dazu auf die Homepage des *skatteverkets* und geben Sie in der Suchzeile oben rechts ›*informationsträffar*‹ ein. Sie gelangen zu einem Link, der Sie über Ort und Datum dieser Treffen im ganzen Lande informiert. Klicken Sie die gewünschte Region an und gehen Sie dann auf ›*nyföretagarinformation*‹. Link zum *skatteverket*: ►WWW.SKATTEVERKET.SE

NUTEK - Internet-Leitfaden für angehende Unternehmer

Eine weitere, sehr gute Möglichkeit, sich über Firmengründung in Schweden zu informieren, bietet die Behörde *NUTEK* durch die Internet-Veröffentlichung ihres Leitfadens für angehende Unternehmer aller Art. Unter folgendem Link finden Sie diesen Leitfaden auf schwedisch und auf englisch (Starting a business): ►WWW.NUTEK.SE/FORETAGARGUIDEN

IFS - Rat und Hilfe speziell für ausländische angehende Unternehmer

Die Stiftung *IFS Rådgivningscentrum* hat sich auf die Beratung ausländischer Mitbürger spezialisiert, die in Schweden ein Unternehmen gründen wollen. Beratung und Hilfe erfolgen mehrsprachig, u.a. in Englisch. Das Angebot umfasst persönliche Beratung, Diskussion der Geschäftsidee, Erstellen eines Geschäftsplanes und eines Budgets, Hilfe bei der behördlichen Registrierung sowie Informationen über die verschiedenen Behörden. Sämtliche Beratung erfolgt kostenlos. Link zur Stiftung *IFS Rådgivningscentrum*: ►WWW.IFS.A.SE

ALMI Företagspartner - Beratung und Finanzierungshilfe für Unternehmer
ALMI bietet Neugründern und bereits etablierten Unternehmern Beratung und, bei Vorliegen der erforderlichen Voraussetzungen, auch Hilfe bei der Finanzierung von Unternehmensgründung, Unternehmensentwicklung oder bei Kauf eines anderen Unternehmens an. Sie können auf der *ALMI*-Homepage auch einen Informationsfolder auf Englisch herunterladen. Weiterhin finden sich auf der *ALMI*-Homepage verschiedene nützliche Dokumente für Neugründer (siehe *nyföretagare - dokumentarkiv*). Link zu *ALMI*: ►WWW.ALMI.SE

Kapitel 10
Haus- und Wohnungssuche

Hausbesitz in Schweden

Zahlreiche Besucher und Einwanderer staunen über die Tatsache, dass es in Schweden relativ viele Eigenheimbesitzer gibt. Das hat mehrere Gründe: Zum einen ist der Besitz von Eigenheim Tradition in Schweden und viele Häuser und Ferienhäuser werden weitervererbt, zum anderen ist der Hauserwerb - außer in den großen und größeren Städten und ihren Einzugsgebieten - vergleichsweise erschwinglich. Eine bisher recht unkomplizierte Finanzierung mit Hilfe der Banken tat ihr übriges: In vielen, wenn nicht den meisten Fällen, war der Kaufpreis eines Hauses bis zu 85%, manchmal auch bis zu 100% über die Bank finanziert und die Amortisierung über einen Zeitraum von bis zu 50 Jahren auf ein paar Prozent jährlich beschränkt.

Viele Hausbesitzer, die über eine schwedische Bank finanzieren bzw. finanziert haben, zahlen also hauptsächlich Zinsen (die steuerlich absetzbar sind) und amortisieren sehr wenig und das über lange Zeiträume. Bei einem Verkauf ihres Hauses lösen sie dann ihre Hypotheken mit dem Verkaufserlös ab und finanzieren mit dem übriggebliebenen Gewinn und mit Hilfe eines neuen Bankdarlehens gegebenenfalls gleich wieder ein neues Haus bzw. eine neue Wohnung. Das wurde ihnen bisher recht einfach gemacht - und auch das erklärt die große Anzahl von Eigenheimbesitzern. Allerdings sind die schwedischen Banken bei der Vergabe von Krediten nunmehr weniger großzügig, insbesondere seit der weltweiten Finanzkrise ab Herbst 2008, die auch schwedische Banken in Mitleidenschaft gezogen hat.

Preiswert und unkompliziert: Hauskauf in Schweden

Ländlich gelegene Immobilien in Schweden sind - verglichen mit den kontinentaleuropäischen Preisen für Eigenheime - noch immer preiswert. Nachdem die Preise für Eigentum in Schweden über etliche Jahre hinweg kontinuierlich gestiegen waren, fielen sie seit Spätsommer 2008 regional recht kräftig. Ein Hauskauf in Schweden ist vom bürokratischen Ablauf her ebenfalls ziemlich einfach - und daher auch für Nicht-Schweden recht unkompliziert abzuwickeln (siehe dazu ›Hauskauf in Kurzform‹).

Keine Genehmigung oder *personnummer* notwendig
Seit dem Jahre 2000 können Ausländer in Schweden ohne vorherige Genehmigung Immobilien erwerben. Für den Erwerb eines Hauses oder einer Wohnung ist keine *personnummer* notwendig. Im Gegensatz zu vielen anderen Ländern wird in Schweden das zum Haus gehörige Grundstück nicht separat berechnet; der Preis der Immobilie umfasst also immer Haus und Grundstück (falls das Grundstück nicht gepachtet ist).

Maklerprovision bezahlt der Verkäufer
Obwohl reine Privatverkäufe vorkommen, werden die meisten schwedischen Immobilien über in Schweden lizensierte und registrierte Makler vermittelt (die oftmals Deutsch verstehen und auch Notarfunktion haben). Die Provision des Maklers wird in Schweden immer vom Verkäufer, nicht vom Käufer gezahlt (!) und ist bereits in den Kaufpreis eingerechnet. Es ist völlig üblich, über den Kaufpreis zu verhandeln, falls kein Gebotsverfahren ansteht (in den Haus-Annoncen ausgedrückt als ›*högsta bud*‹).

Das Gebotsverfahren und seine Tücken
Das in Schweden häufig praktizierte Gebotsverfahren beim Verkauf von Immobilien ist gesetzlich nicht geregelt und für Ausländer undurchsichtig und gewöhnungsbedürftig. Der höchste Bieter bekommt z.B. nicht automatisch den Zuschlag. Makler und Verkäufer sind auch nicht verpflichtet, über den aktuellen Stand der Gebotslage oder die anderen Bieter Auskunft zu geben. Der Verkäufer kann die Bedingungen für die Gebotsabgabe ändern, diese auch ganz abbrechen und jederzeit von seiner Verkaufsabsicht zurücktreten. Auf der anderen Seite ist auch der Bieter an sein Gebot nicht juristisch gebunden, selbst dann nicht, wenn es schriftlich hinterlegt wurde. Beiderseitige Sicherheit besteht erst nach Unterschrift des Kaufvertrages.
   Da man sich als Ausländer mit dem Makler/Verkäufer meist noch nicht so gut auf schwedisch (z.B. über das Gebotsverfahren) unterhalten kann, sind nachfolgende deutschsprachige Informations-Blätter des schwedischen Zentralamtes für das Maklergewerbe für den Käufer sehr nützlich:

Fastighetsmäklarnämnden (Zentralamt Maklergewerbe in Schweden)
Infoblätter zum Hauskauf, u.a. auf Deutsch und Englisch
▶ WWW.FASTIGHETSMAKLARNAMNDEN.SE/DEFAULT.ASPX?ID=1885&PTID=0

Fastighetsmäklarnämnden
Genaue deutschsprachige Informationen zum Gebotsverfahren
▶ WWW.FASTIGHETSMAKLARNAMNDEN.SE/SVE/FILER/FMN_INFOBLATT_DAS_BIETVERFAHREN.PDF

Grundsteuern

Seit dem 1.1.2008 ist eine neue Regelung bezüglich der Besteuerung von Einfamilienhäusern in Kraft. Die Grundsteuer wurde durch eine Kommunalabgabe ersetzt, die 0,75% des Steuerwertes der Immobilie, jedoch maximal 6.000 SEK/Jahr beträgt. Für Mehrfamilienhäuser beträgt die Kommunalabgabe 0,4% bzw. maximal 1.200 SEK per Wohnung und Jahr.

Die Untersuchungspflicht des Käufers

Die Untersuchungspflicht des Käufers ist sehr umfassend und in Schweden gesetzlich vorgeschrieben. Es obliegt dem Käufer, das von ihm gewünschte Objekt sehr eingehend auf Schäden aller Art, auch ›unsichtbare‹ oder versteckte Fehler *(dolda fel)* zu untersuchen.

Weder Verkäufer noch Makler haften normalerweise für Schäden am Objekt. Der Verkäufer kann wegen unsichtbarer Fehler nur dann haftbar gemacht werden (bis zu 10 Jahre nach Kaufvertragsdatum), wenn diese während einer ordnungsgemäß durch einen Gutachter durchgeführten Besichtigung nicht entdeckt worden waren. Daher ist die Beauftragung eines anerkannten Gutachters, der das Haus vor dem Kauf untersucht, unbedingt zu empfehlen (Links zu Gutachtern siehe unten).

Rutschgefahr für Einbrecher

Sorgen Sie dafür, dass im Winter bei Ihnen immer gut gestreut ist! In Schweden können Einbrecher nämlich die Hausbesitzer auf Schadensersatz verklagen, falls sie in der kalten Jahreszeit beim Einbrechen vor dem Haus ausrutschen - und haben sogar in vielen Fällen Recht bekommen!

Fastighetsmäklarnämnden
u.a. deutschsprachige Informationen zur Untersuchungspflicht
▶ WWW.FASTIGHETSMAKLARNAMNDEN.SE/DEFAULT.ASPX?ID=1885&PTID=0

Hauskauf in Schweden - so können Sie vorgehen

1. **Zunächst die Wunschregion bestimmen** (die eigene/familiäre Situation dabei so weit wie möglich berücksichtigen!)
2. **Haus-Eckdaten definieren** (Lage, Grösse, Grundstück, Anzahl der Zimmer, Beheizung, Max-Preis etc.). Kalkulieren Sie bei der Festsetzung des maximalen Hauspreises auch die Stempelgebühr in Höhe von 1,5% des Kaufpreises, die Bezahlung eines Gutachters, einen gewissen Betrag für notwendige Renovierungen sowie genug finanziellen Spielraum für eine eventuell erforderliche Gebotsabgabe ein!
3. **Zinsen und Konditionen vergleichen**, wenn Sie eine Finanzierung durch schwedische Banken wünschen (Link siehe unten)
4. **E-Mail-Haussuche bei *Hemnet* und *Bovision* einrichten**, passende Angebote kommen dann automatisch in Ihre Mailbox (Link siehe unten)
5. **Makler der in Frage kommenden Objekte kontaktieren** (frühestens 2 Wochen vor gewünschtem Besichtigungstermin; die Makler planen nicht gern lange im Voraus)
6. **Eine sinnvolle Besichtigungstour ohne unnötige Umwege planen** (max. 2 - 3 Häuser in nicht zu großem räumlichen Abstand pro Tag einkalkulieren)
7. **Haus-Besichtigungstour durchführen**, nach Möglichkeit 1-2 Wochen Zeit nehmen und die Häuser sehr gründlich und ausführlich besichtigen. Der Käufer ist dazu gesetzlich verpflichtet und kann den Verkäufer im Nachhinein so gut wie nie für unsichtbare Schäden haftbar machen. Daher ist eine Gutachter-Beauftragung vor dem Kauf so wichtig.
8. **Bei Entscheidung für ein Haus:** Bei erforderlicher Gebotsabgabe bis zu Ihrer preislichen Grenze mitbieten und den Kaufvertrag unterschreiben, falls Sie den Zuschlag bekommen (10% des Kaufpreises sind bei Vertragsunterschrift, 90% am Zutrittstag fällig). Bei Festpreis: Anzahlung von 10% des Kaufpreises bei Unterschrift des Kaufvertrages, die restlichen 90% am Zutrittstag. Vertragliches und die Deposition der Anzahlung auf einem Treuhandkonto regelt der Makler.
9. **In jedem Fall: Gutachter für eine Haus-Begutachtung bestellen** und eine sogenannte vorläufige Vorbehaltsklausel *(hävningsklau-*

sul) in den Kaufvertrag aufnehmen lassen. Falls der Gutachter Schäden entdeckt, die teurer Reparatur bedürfen und für Sie nicht akzeptabel sind, können Sie innerhalb eines gewissen Zeitraums mit Hilfe der Vorbehaltsklausel den Kauf rückgängig machen. Link zu Gutachtern siehe unten.

10. **Bei vollzogenem Kauf: 1,5% des Kaufpreises als Stempelgebühr entrichten** und 825 SEK Bearbeitungsgebühr für den grundbuchamtlichen Eintrag bezahlen.
11. **Bitten Sie den Makler - der in Schweden gleichzeitig Notar-Funktion hat - um Hilfe beim Grundbucheintrag.** Falls Sie bereits ausreichend Schwedisch verstehen und eine schwedische *personnummer* haben, beantragen Sie den Eintrag selbst online bei der *lantmäteriet*. Der Eintrag ist innerhalb einer Frist von 3 Monaten nach Kaufvertragsdatum zu beantragen. Link siehe unten.
12. **Am Zutrittstag treffen Sie Makler und Verkäufer und bezahlen die restlichen 90% des Kaufpreises.** Der Verkäufer händigt Ihnen den Kaufbrief, die Schlüssel sowie eventuell vorhandene Pläne/Zeichnungen/ Pfandbriefdokumente aus und löst möglicherweise noch bestehende Hypotheken ab, in der Regel mithilfe der vom Käufer erhaltenen Restzahlung. Jetzt sind Sie Hausbesitzer in Schweden!

Das passende Haus finden

Das bekannteste und größte Internet-Portal für den Erwerb von Häusern, Bauernhöfen, Freizeithäusern, Grundstücken und *bostadsrätts*-Wohnungen ist *Hemnet*. *Hemnet* bietet seit einiger Zeit nunmehr auch Übersetzungstools in verschiedenen Sprachen - unter anderem in Deutsch - an, die man sich auf den Computer herunterladen kann. Klicken Sie das gewünschte *län* an, markieren Sie die in Frage kommenden Kommunen und klicken Sie auf ›*sök bostad*‹. Auf der nächsten Seite haben Sie dann die Möglichkeit, die gewünschten Wohnform(en) festzulegen, den Maximal-Kaufpreis einzugrenzen, die Anzahl der Zimmer und die Größe der Wohnfläche zu definieren sowie bei der Wohnform *bostadsrätt* die maximale monatliche Abgabe festzulegen. Klicken Sie dann auf: ›*gå vidare här*‹. Auf der folgenden Seite können Sie dann weitere Einstellungen vornehmen: Besichtigungsdatum und Alter der Anzeigen eingrenzen, die

Anzahl der angezeigten Objekte pro Seite festlegen und eine Sortierung nach Preis, Kommune, Wohnfläche, Zimmern und neuesten Annoncen vorgeben. Die Objekte können Sie sich als Liste *(visa lista)*, als Bildliste *(bildlista)* oder auf einer Karte *(visa på karta)* anzeigen lassen. Klicken Sie auf die gewünschte Darstellungsform und die Objekte tauchen auf. Alle Exposés sind auf schwedisch, sämtliche Kontaktangaben zu Maklern sind enthalten. Sie können Ihre Suche auch speichern und sich Exposés neuer passender Objekte zum automatischen Versand an Ihre Mailbox bestellen.

Allgemeine Links für die Haussuche

Fastighetsmäklarnämnden
Informationen zum schwed. Gebotsverfahren (deutsch)
▶ WWW.FASTIGHETSMAKLARNAMNDEN.SE/SVE/FILER/FMN_INFOBLATT_DAS_BIETVERFAHREN.PDF

Hemnet - größtes schwedisches Immobilienportal
▶ WWW.HEMNET.SE

Bovision - ein weiteres großes schwedisches Immobilienportal
▶ WWW.BOVISION.SE

Blocket - größtes privates Kleinanzeigenportal, viele Häuser
▶ WWW.BLOCKET.SE

Svensk Fastighets Förmedling - größtes schwedisches Maklerunternehmen, landesweit vertreten
▶ WWW.SVENSKFAST.SE

Fastighetsbyrån - Immobilienabteilung der Swedbank, in vielen Orten vertreten
▶ WWW.FASTIGHETSBYRAN.SE

Bythus - Portal für Immobilien-Privatverkäufe (ohne Makler)
▶ WWW.BYTHUS.SE

Nybostad - Privatverkäufe und -vermietungen
▶ WWW.NY-BOSTAD.SE

Bytbostad - Private Hausverkäufe
► WWW.BYTBOSTAD.COM

LRF-Konsult - Bauernhöfe, große Waldgrundstücke, Pferdegehöfte und mehr
► HTTP://LRFKONSULT.CAPITEX.SE

Maklare.se - alle schwedischen Makler und ihre jeweiligen Objekte
► WWW.MAKLARE.SE

Hus.se - Immobilien-Portal
► WWW.HUS.SE

Schweden-Immobilien - deutschsprachiges Portal mit Immobilien in ganz Schweden
► WWW.SCHWEDEN-IMMOBILIEN.DE

Lappland-Immobilien - deutschsprachiges Portal mit Immobilien in Nordschweden
► WWW.SWEDISHFREETIME.COM

Boligan.se - schwedisches Immobilienportal, das auch über Preissenkungen für Objekte informiert
► WWW.BOLIGAN.SE

Bopriset - Statistik-Portal: Anzahl Hausverkäufe und -preise, nach Län und Kommunen geordnet
► WWW.BOPRISET.NU

Villavärdet - Information über erzielte Hauspreise
► WWW.VILLAVARDET.SE

Booli - Haussuche mit Preisentwicklungs-Information
► WWW.BOOLI.SE

Bosidan - Hauskauf und Handwerkersuche
► WWW.BOSIDAN.SE

Links zu Preisvergleichen: Hypothekenkonditionen/Zinsen

Aktuelle Hypothekenzinsen
▶ *WWW.FINANSPORTALEN.SE/BORANTOR.HTM*

Preisvergleiche Hypothekendarlehen
▶ *WWW.FINANSPORTALEN.SE/BOLAN.HTM*

Preisvergleiche Hypotheken- und privatdarlehen
▶ *HTTP://LAN.COMPRICER.SE/*

Links zu anerkannten schwedischen Immobilien-Gutachtern

Gutachter vom Reichsverband der schwedischen Bauingenieure
Klicken Sie auf ›överlåtelsebesiktning‹, dann auf das gewünschte *län*; es erscheint eine Liste mit Gutachtern, die in dieser Region tätig sind
▶ *WWW.BYGGING.SE/NYWEB/MSPECIAL.HTM*

Gutachter der schwedenweit vertretenen Firma *Anticimex*
(die auch Feuchtigkeitsschäden behebt, Schädlingsbekämpfung anbietet uvm.), klicken Sie auf ›överlåtelsebesiktning‹
▶ *WWW.ANTICIMEX.SE*

Link zum Online-Antrag auf Grundbucheintrag bei der *lantmäteriet*
(*personnummer* notwendig)
▶ *HTTPS://FASTIGHETSANSOKAN.LANTMATERIET.SE/FASTANSOK/INSKRIVNING*

Handwerkerbeauftragung

Zu wenig Ausbildungsmöglichkeiten sowie große Pensionsabgänge im Handwerkerbereich sorgen in Schweden für einen chronischen Mangel an qualifizierten Handwerkern. Es ist daher nicht einfach, schnell einen Handwerker zu finden, wenn man im Haus oder in der Wohnung Reparaturen oder Umbauten vornehmen lassen möchte. Speziell auf dem Lande sind Handwerker Mangelware und haben kaum Konkurrenz. Ihre Auftragsbücher sind daher gut gefüllt (manchmal auf Jahre hinaus) und man muss oftmals lange auf ihren Besuch warten. Hat man Glück, erscheint der Handwerker pünktlich zum vereinbarten Termin und führt die Arbeiten innerhalb eines vertretbaren Zeitraumes aus. Es kommt jedoch nicht selten vor, dass die Arbeiten zwar begonnen, dann aber zunächst nicht oder nur schleppend weitergeführt werden, weil gleichzeitig so viele andere Aufträge abzuarbeiten sind. Da Schnelligkeit in Schweden keinen Wert an sich darstellt, sollte man sich von mitgebrachten Vorstellungen über die Dauer handwerklicher Einsätze verabschieden. Die Qualität der ausgeführten Arbeiten kann sehr unterschiedlich sein, daher sind vorab Nachfragen nach guten Handwerkern im Ort und bei Nachbarn zu empfehlen.

Sind die Arbeiten schließlich erledigt, kommt die Rechnung gegebenenfalls erst ein oder zwei Jahre später, was ausländische Kunden schwedischer Handwerker regelmäßig verwundert. Für den (gut verdienenden) Handwerker selbst macht das durchaus Sinn, denn so schiebt er die Besteuerung diverser Einkünfte vor sich her. Eine Handwerker-Arbeitsstunde kostet im Schnitt zwischen 370 und 500 SEK, hinzu kommen 25% Mehrwertsteuer sowie Reise- und Materialkosten. (Stand November 2008)

Links zu Handwerkern und Baumaterialien

Byggbasen - Portal zur Handwerkersuche, Baumaterial, Architekten und Berater
▶ WWW.BYGGBASEN.COM

Hantverkarguiden - Portal zur Handwerkersuche
▶ WWW.HANTVERKARGUIDEN.SE

Bosidan - Suchportal: Handwerker, Bauunternehmer und mehr
▶ WWW.BOSIDAN.SE

VVS-Företagen - Suchportal: Klempner und Heizungs-/Lüftungsfachleute
▶ WWW.VVSFORETAGEN.SE/?USE=FORETAG

Byggfaktadocu - Online-Nachschlagewerk Baumaterial und Lieferanten
▶ WWW.BYGGFAKTADOCU.SE

Byggmax - Preiswerte Baumaterialien aller Art
▶ WWW.BYGGMAX.COM

Byggnadsvård - Restaurierungs-Portal und Links zu Läden mit gebrauchten Original-Elementen aus alten schwedischen Häusern (z.b. Fenster, Türen, Beschläge, Schränke, Ziegel uvm.) sowie zu Handwerkern, die alte Bautechniken beherrschen. Klicken Sie auf ›*mer byggnadsvård*‹ und dort auf ›*byggnadsvårdsbutiker*‹.
▶ WWW.BYGGNADSVARD.SE

Das *bostadsrätt* (das Nutzungsrecht an einer Wohnung)

Das *bostadsrätt* ist eine für viele Ausländer sehr ungewohnte und neuartige Wohnform und wird aus mangelnder Kenntnis oft mit einer Eigentumswohnung verwechselt.

Doch Eigentumswohnungen, wie man sie z.b. auf dem europäischen Kontinent kennt, sind in Schweden bisher unbekannt. Ab Frühling 2009 soll jedoch bei der Neuproduktion von Wohnimmobilien der Bau regelrechter Eigentumswohnungen gesetzlich gestattet werden und zu einem späteren Zeitpunkt gegebenenfalls auch die Umwandlung von Mietwohnungen in echte Eigentumswohnungen. Das Bostadsrätt hingegen bezeichnet nichts weiter ein unbefristetes Nutzungsrecht an einer Wohnung, das man käuflich erwerben kann.

Aufgrund des extremen Mangels an Mietwohnungen sind *bostadsrätter* in den größeren Städten, jedoch vor allem in den Großstädten, eine verbreitete Wohnform. Dort gibt es häufig nur die Alternative: Jahrelang in der Mietwohnungs-Warteschlange stehen - oder ein *bostadsrätt*/Haus kaufen!

Vor dem Kauf zu empfehlen

Für den Kauf wendet man sich an zunächst an den Makler oder den (Privat-) Verkäufer des *bostadsrätts* bzw. direkt an die *bostadsrättsförening* der in Frage kommenden Immobilie. Man sollte darauf achten, dass die Vereinigung schuldenfrei ist und die monatlichen Abgaben für das *bostadsrätt* niedrig sind.

Die schwedische Verbraucherberatung *konsumentverket* rät dazu, die wirtschaftliche Lage der jeweiligen *bostadsrättsförening* vorab gründlich unter die Lupe zu nehmen, z.B. durch Studium der letzten 2-3 Jahresberichte, Gespräche mit der Leitung und mit Nachbarn und durch einen Auszug aus dem Wohnungsverzeichnis *(lägenhetsförteckning)*, der eventuell vorhandene Beleihungen des *bostadsrätts* aufzeigt.

Kaufpreis und monatliche Abgaben

Man zahlt neben dem Mitgliedsbeitrag an die *bostadsrättsförening* einen Kaufpreis, der, je nach Lage, vor allem in den Großstädten beträchtlich sein kann, sowie nach dem Erwerb eine monatliche Abgabe, die sich unter anderem aus folgenden Posten zusammensetzt: Verwaltungsgebühren, Darlehenszinsen, Gebäude-Versicherungen, Beheizung, Gebäude-Instandhaltung, Wasser, Müllabfuhr etc. sowie aus Abgaben für einen Wohnungs-Instandhaltungs-Fond, der an das jeweilige *bostadsrätt* geknüpft ist und bei Weiterverkauf an den neuen Käufer übertragen wird.

Kauf eines *bostadsrätts*

Als Käufer eines *bostadsrätts* wird man durch Zahlung des Kaufpreises und eines Einsatzes Mitglied in der Verwaltungs-Vereinigung *(bostadsrättsförening)*, die Eigner der Immobilie ist. Der Käufer wird mit diesem Kauf auf unbegrenzte Zeit Inhaber des Nutzungsrechts an der betreffenden Wohnung - jedoch nicht Eigentümer! Ein *bostadsrätt* kann weiterverkauft oder vererbt werden; für eine eventuelle Vermietung ist jedoch die Genehmigung der jeweiligen *bostadsrättsförening* erforderlich.

Hat man einen festen Arbeitsplatz in Schweden und ein regelmäßiges, ausreichend hohes Einkommen, sind schwedische Banken in der Regel bereit, den Kaufpreis eines *bostadsrätts* zu einem gewissen Teil zu finanzieren.

In den Tageszeitungen sowie vor allem im größten schwedischen Immobilienportal *Hemnet* und bei *Blocket* kann man gezielt nach *bostadsrätts*-Wohnungen suchen (abgekürzt: br).

Hemnet: ► WWW.HEMNET.SE
Blocket: ► WWW.BLOCKET.SE

Verkauf eines *bostadsrätts*

Man kann sein *bostadsrätt* verkaufen und macht vor allem in den Großstädten rege Gebrauch von dieser Möglichkeit. Aufgrund der dramatischen Situation auf dem Wohnungsmarkt ließen sich dort durch attraktive Renovierungen und anschließenden Verkauf von *bostadsrätts*-Wohnungen (zum Vielfachen des Kaufpreises) in den letzten Jahren enorme Gewinne erzielen - und manch einer wurde auf diese Weise ganz schnell zum (Kronen-)Millionär. Auf dem Land sind solche z.T. riesigen Gewinnspannen in der Regel nicht zu erzielen.

Mietwohnungen in Schweden

Mietwohnungen auf dem Lande
Die verbreiteteste Wohnform auf dem Lande ist zweifellos das Eigenheim, aber man kann durchaus auch Mietwohnungen finden. Im Internet können Sie vor allem bei *Blocket* suchen, der größten privaten Kleinanzeigenplattform für alles und jedes.

Bei *Hemnet* können Sie zwar auch Mietwohnungen finden - diese sind aber durchweg Tauschwohnungen, d.h. der Inserent will im Gegenzug eine andere Mietwohnung haben. Gekennzeichnet ist das durch ein großes ›B‹ ganz links neben dem Wohnungsangebot. Das ist also nur interessant, wenn Sie bereits eine Mietwohnung haben und tauschen möchten.

Inflyttarservice der Kommunen und lokale Tipps
Wenn Sie bereits wissen, in welcher Kommune Sie ansässig werden möchten, können Sie sich telefonisch oder über die Homepage der Kommune an den jeweiligen kommunalen *inflyttarservice* wenden. Dort erhalten Sie Rat und Tipps für die Wohnungssuche.

Freie Mietwohnungen werden natürlich auch in den Tageszeitungen inseriert. Ein weiterer guter Tipp ist die Kontaktaufnahme zu den lokalen Wohnungsbaugesellschaften, zu privaten Immobilienbesitzern und zu lokal arbeitenden Maklern, deren Adressen oftmals auch auf den Homepages der Kommunen unter der Rubrik ›boende/bostad‹ zu finden sind.

Mietwohnungen suchen bei *Blocket*
Klicken Sie das *län* Ihrer Wahl an und gehen dann unter ›alla kategorier‹ auf ›bostad/lägenheter‹ und dann auf ›uthyres‹. Dort können Sie Wohnfläche, Anzahl der Zimmer und die maximale Höhe der Miete vorgeben.
Link: ►WWW.BLOCKET.SE

Mietwohnungen tauschen bei *Hemnet*
Gehen Sie auf ›hyres/bytes‹ und klicken Sie dann das gewünschte *län* bzw. die gewünschte Kommune(n) an. *Hemnet* bietet auch ein deutschsprachiges Übersetzungstool zum Herunterladen. Link: ►WWW.HEMNET.SE

Wohnungsbaugesellschaften
SABO - Zusammenschluss aller gemeinnützigen Wohnungsbaugesellschaften Schwedens
Gehen Sie auf ›medlem‹, dann auf ›medlemsföretagen‹, dann auf ›sök företag‹, klicken Sie daraufhin das gewünschte *län* an und/oder geben die gewünschte Stadt ein: Schon erscheint eine Liste mit den Namen und Adressen aller dort befindlichen Wohnungsbaugesellschaften. ►*WWW.SABO.SE*

Schwedische Tageszeitungen
►*HTTP://WWW.INTERNETSTART.SE/TIDNINGAR.ASP*
►*WWW.DAGSTIDNINGAR.COM*

Mietwohnungen in den (Groß-)Städten - schwer zu finden!

Während es auf dem Lande in Schweden meist nicht so schwierig ist, eine eigene Mietwohnung zu finden, ist das in den Großstädten Stockholm, Göteborg und Malmö, aber auch in Städten wie Lund, Uppsala und anderen Orten auf die Schnelle praktisch unmöglich. Jahrelanges Warten auf eine Mietwohnung (als Hauptmieter) ist in etlichen größeren Städten und insbesondere in den Großstädten an der Tagesordnung. Bis heute lautet dort die Alternative: jahrelang Schlange stehen - oder ein *bostadsrätt*/Haus kaufen!

Im Vergleich mit den übrigen nordischen Ländern stellt Schweden in puncto Wohnungsbau das Schlusslicht dar. So wurden in Schweden im Jahre 2007 per tausend Einwohner nur ca. 3 Wohnungen gebaut - und nur insgesamt 180.000 Wohnungen in den letzen 8 Jahren. Da die Mieten zwischen dem schwedischen Mieterbund und kommunalen Wohnungsbaugesellschaften seit Jahrzehnten fest ausgehandelt werden, bestanden und bestehen für private Vermieter - die nur maximal fünf Prozent aufschlagen dürfen - sehr wenig Anreize, sich überhaupt im Mietwohnungsmarkt zu engagieren. Erst seit kurzem lockert sich dieses starre System etwas und es bleibt zu hoffen, dass man dereinst genauso einfach nach Stockholm oder Göteborg ziehen kann wie beispielsweise nach Hamburg oder Berlin.

Warteschlangen in Stockholm
So standen z.B. in Stockholm Anfang 2008 ganze 230.000 Personen in der Wohnungs-Warteschlange *(bostadskö)*. Vermittelt wurden dagegen im

Jahre 2007 nur ca. 8.500 Wohnungen. *Stockholms Stads Bostadsförmedling* (die Verwaltungs-Organisation dieser Warteschlange) schätzt, dass von den 230.000 registrierten Wohnungssuchenden ungefähr 25% aktiv suchen und 75% ihren Platz in der Schlange rein vorsorglich für einen eventuellen, späteren Bedarf behalten. Weiterhin informiert *Stockholms Stads Bostadsförmedling* auf ihrer Homepage darüber, dass im Jahre 2007 zahlreiche der vermittelten Mietwohnungen in der Innenstadt an Bewerber mit einer Wartezeit zwischen 6 und 10 Jahren vergeben wurden. Für besonders begehrte Lagen in der Innenstadt gelten auch Wartezeiten bis zu 24 Jahren. Gemäß einer Untersuchung des schwedischen Mieterbundes vom Herbst 2008 hatten in Stockholm die Hälfte aller jungen Leute im Alter von 20-27 Jahren keine eigene Wohnung und waren auf ständiges Improvisieren/Umziehen angewiesen. Untermietverhältnisse und das befristete Wohnen in Kurzzeitwohnungen sind dabei nicht einmal eingerechnet. Eine weitere Verschärfung der Situation ist gemäß Mieterbund zu erwarten.

Kein Wunder also, dass viele (und dabei insbesondere Stockholmer) Eltern ihre Kinder gleich nach der Geburt in der Warteschlange anmelden, damit bei deren Eintritt in das Erwachsenenleben eine Wohnung vorhanden ist. In Stockholm ist übrigens nur jede zehnte neugebaute Wohnung eine Mietwohnung.

Stockholms Stads Bostadsförmedling
(Wohnungsvermittlung Stockholm)
► WWW.BOSTAD.STOCKHOLM.SE

Warteschlangen in Göteborg

Nach Aussage der größten Göteborger Wohnungsvermittlung, *Boplats Göteborg*, gibt es in Göteborg keine Warteschlangen für Mietwohnungen. Allein bei *Boplats Göteborg* waren jedoch Ende 2007 75.000 Personen registriert, die eine Mietwohnung suchten. Demgegenüber stehen bescheidene 7.238 im Jahre 2007 von *Boplats Göteborg* vermittelte Mietwohnungen sowie 329 Studentenwohnungen. Der Mietwohnungsmarkt ist also auch in Göteborg sehr angespannt.

Boplats Göteborg
(Göteborgs Wohnungsvermittlungs-Portal)
► WWW.BOPLATSGBG.SE

Warteschlangen in Malmö/Lund

Im Raum Malmö-Lund herrscht ebenfalls große Wohnungsnot. In Lund wartet man z.b. bei der größten kommunalen Wohnungsvermittlungsgesellschaft *LKF* zwischen 10 Monaten und 10 Jahren (im Zentrum bis zu 15 Jahren) auf eine Mietwohnung. In Malmö, wo es offiziell keine Warteschlangen gibt, ist es allerdings nicht viel besser. Malmö's größtes städtisches Wohnungsunternehmen *MKB* verwaltet insgesamt 21.300 Mietwohnungen, das sind 29% des Gesamtbestandes an Mietwohnungen in Malmö. Ab Sommer 2009 soll in Malmö eine neue zentrale Warteschlange für Mietwohnungen eingeführt werden.

MKB **Malmö**
(größtes Vermietungsunternehmen in Malmö)
▶ *WWW.MKBFASTIGHET.SE*

LKF **Lund**
(Lund's kommunales Vermietungsunternehmen)
▶ *WWW.LKF.SE*

Mietwohnungen in Großstädten finden - wie machen es die Schweden?

In Schweden ist man natürlich seit vielen Jahren mit der katastrophalen Situation auf dem Mietwohnungsmarkt in den Städten vertraut und versucht, das Beste daraus zu machen. Sich so früh wie möglich in die jeweiligen Warteschlangen zu stellen, ist der erste Schritt. Zur Wohnungssuche nutzt man nach Möglichkeit auch Beziehungen und Kontakte. Viele wohnen daher nach einem Umzug in die (Groß-)Stadt zunächst bei Freunden oder Bekannten, ziehen häufig um, wohnen hier und da zur Untermiete, haben Mietverträge zweiter oder dritter Hand und improvisieren sich durch das Mieterleben.

Weiterhin stellen sich viele auch bei den gemeinnützigen Wohnungsbaugesellschaften (wie z.B. *Svenska Bostäder* und *Familjebostäder*) in die Warteschlange oder kontaktieren direkt private Hausbesitzer, deren Adressen und Telefonnummern man z.B. bei ▶ *WWW.BOSTADSGUIDEN.COM* kaufen kann. Mittlerweile gibt es für die Großstädte auch etliche Internetportale zur ausschließlichen Vermittlung von Mietverträgen zweiter oder gar dritter Hand: Der Hauptmieter vermietet die Wohnung weiter an einen Untermieter und der Untermieter vermietet gegebenenfalls weiter an einen Unter-Untermieter. Auch wird reger Schwarzhandel mit der Weitervermittlung von Mietverträgen betrieben, an dem kräftig verdient wird.

Abschließend bleibt zu sagen, dass derjenige, der endlich eine Mietwohnung erster Hand (als Hauptmieter) in den schwedischen Großstädten gefunden hat, sie praktisch nie wieder hergibt, sondern sie lieber seinerseits untervermietet - was die Stagnation auf dem Mietwohnungsmarkt insgesamt natürlich weiter fördert. Da es aber oftmals Jahre gekostet hat, erst einmal so weit zu kommen, setzt man eine Mietwohnung in den Großstädten einfach nicht mehr aufs Spiel.

Mietwohnungen finden - Wohnungsbaugesellschaften
SABO - Zusammenschluss aller gemeinnützigen Wohnungsbaugesellschaften Schwedens. Gehen Sie auf ›*medlem*‹, dann auf ›*medlemsföretagen*‹, dann auf ›*sök företag*‹, klicken Sie daraufhin das gewünschte *län* an und/oder geben die gewünschte Stadt ein: Schon erscheint eine Liste mit den Namen und Adressen aller dort befindlichen Wohnungsbaugesellschaften: ►*WWW.SABO.SE*

Mietwohnungen finden - Linksammlungen

Internetseiten mit Links zu Wohnungssuchportalen und Vermietungsseiten
► *WWW.BOSTADBOSTADBOSTAD.SE*
► *WWW.HYRBOSTAD.SE*
► *WWW.BOSTADDIREKT.COM*
► *WWW.BOSTADSTJANST.COM*
► *WWW.CONSTELLATOR.SE/DIR/BOSTAD/ANNONSER.SHTML*
► *WWW.BOSTADSTIPS.COM*
► *WWW.BOPUNKTEN.SE*
► *WWW.NY-BOSTAD.SE*
► *WWW.BONING.SE*
► *WWW.LAZYBEE.BIZ*

Links zu kommunalen und kommerziellen Wohnungsvermittlungen in den Großstädten sowie sonstige Tipps
► *WWW.JAGVILLHABOSTAD.NU*

Wohnungstausch
▶ *WWW.BJORNSBYTARE.SE*

Kostenpflichtige Broschüre mit Wohnungs-Suchtipps und Adressen privater Vermieter für Stockholm, Göteborg, Skåne:
▶ *WWW.BOSTADSGUIDEN.COM*

Kurzzeitwohnungen für Firmen und ihre Mitarbeiter
Stockholm, Göteborg, Helsingborg, Lund
▶ *WWW.FORETAGSBOSTADER.SE*

Kurzzeitwohnungen
Firmenwohnungen und Privat-Wohnungen
▶ *WWW.BOFORMEDLING.SE*

Firmenwohnungen/Mietverträge zweiter Hand
exklusiv und teuer
▶ *WWW.BOSTADSTJANST.COM*

Wohngeld (bostadsbidrag)
Familien mit Kindern unter 18 Jahren (sowie junge Leute zwischen 18 - 29 Jahren) mit geringem Einkommen können bei der *försäkringskassan* Wohngeld *(bostadsbidrag)* beantragen, unabhängig davon, ob sie zur Miete, in einem *bostadsrätt* oder im eigenen oder gepachteten Haus wohnen. Mehr Informationen dazu im Kapitel ›Soziale und ausbildungsbezogene Leistungen‹.

Kapitel 11

Einwandern nach Schweden

Abmeldung im Heimatland

Beim Umzug ins Ausland ist in Deutschland eine Abmeldung beim Einwohnermeldeamt gesetzlich vorgeschrieben. Die Meldefrist beträgt eine Woche. Viele Einwohnermeldeämter halten online spezielle Vordrucke für die Abmeldung bereit, die man herunterladen kann.

Einwanderung nach Schweden

Zuständige Behörden in der empfehlenswerten Abfolge der Anmeldung

Skatteverket (Finanz- und Einwohnermeldeamt)
▶ WWW.SKATTEVERKET.SE

Migrationsverket (Einwandererwerk)
▶ WWW.MIGRATIONSVERKET.SE

Försäkringskassa (Sozialversicherungskasse)
▶ WWW.FORSAKRINGSKASSAN.SE

Das allgegenwärtige *skatteverket*

Das schwedische *skatteverket* (Finanzamt) vereinigt gleich drei zentrale Funktionen: Es ist Einwohnermeldeamt, Finanzamt und ›Krankenkasse‹ in einem. Das ist zum einen praktisch, da u.a. die diesen Bereichen zugehörigen behördlichen Prozesse durch die vom *skatteverket* vergebene *personnummer* stark vereinfacht sind, zum anderen mag diese totale Transparenz insbesondere von Neubürgern in Schweden als unbehaglig empfunden werden. Ihre schwedischen Mitbürger betrachten diese Regelung jedoch als äußerst sinnvoll und lebenserleichternd - und praktisch niemand hat gegen diese zentrale Erfassung etwas einzuwenden.

Eine angenehme Überraschung mag sein, dass man sich in allen, ob einfachen oder komplizierten Fragen zu Steuern, Anmeldung und mehr, ganz vertrauensvoll an das *skatteverket* wenden kann. Die Mitarbeiter sind in der Regel sehr entgegenkommend, freundlich und service-orientiert. Sie verstehen sich als Dienstleister und sind nach ihrem ureigensten Verständnis dazu da, um Ihnen zu helfen - wie überhaupt alle Mitarbeiter von staatlichen oder kommunalen Behörden in Schweden. Unfreundliches Angeherrscht-Werden oder bürokratische Bärbeissigkeit werden Sie auf schwedischen Amtsstuben so gut wie nie antreffen.

Anmeldung und Beantragung des Aufenthaltsrecht in Schweden für EU/EES-Mitbürger

Wichtig: Nach Einreise in Schweden können Sie sofort eine Arbeit aufnehmen und brauchen damit nicht zu warten, bis Ihr Aufenthaltsrecht beim *migrationsverket* registriert ist.

Die Registrierung Ihres Aufenthaltsrechts und Ihre Anmeldung in Schweden sind in drei Schritten zu vollziehen: Beginnen Sie mit der Anmeldung beim *skatteverket* Ihrer Kommune und beantragen Sie zeitgleich die Registrierung Ihres Aufenthaltsrechts beim *migrationsverket* (da die Bearbeitungszeiten des *migrationsverkets* lang sind). Sobald Sie die *personnummer* vom *skatteverket* erhalten haben, melden Sie sich bei der *försäkringskassa* Ihrer Kommune an. Nachfolgend werden die einzelnen Schritte eingehend beschrieben.

1. Schritt: Anmelden beim *skatteverket*, Beantragen der *personnummer*

Gehen Sie zum *skatteverket* Ihrer Kommune und melden sich (und Ihre Familie) dort in der Abteilung *folkbokföring* (Einwohnermeldeamt) an. Alle anzumeldenden Familienmitglieder müssen bei der Anmeldung persönlich anwesend sein. Die Anmeldung beim *skatteverket* erfolgt ganz unabhängig davon, ob Ihr Aufenthaltsrecht bereits registriert ist oder nicht. Sie brauchen also nicht erst auf die Dokumente vom *migrationsverket* warten, sondern können sich als EU-Mitbürger sofort anmelden und Ihre *personnummer* beantragen.

Legen Sie folgende Dokumente vor:

- **Personalausweis Ihres Heimatlandes**
- **Adresse in Schweden**
- **Für Ihre Familienmitglieder:** Dokumente, aus denen Ihre familiäre Zusammengehörigkeit hervorgeht (z.B. Heiratsurkunde, Geburtsurkunden Ihrer Kinder)

In der Regel erhalten Sie nach ungefähr 2-3 Wochen vom *skatteverket* per Post ein Dokument an Ihre schwedische Adresse, aus dem Ihre neue *personnummer* hervorgeht, gelegentlich auch schneller. Durch die Anmeldung sind Sie (und Ihre Familie) automatisch in Schweden krankenversichert. Link zum *skatteverket:* ►*WWW.SKATTEVERKET.SE*

Die unentbehrliche *personnummer*

Die in Schweden nach Anmeldung beim *skatteverket* zugeteilte *personnummer* ist eine lebenslang gültige Personenkennziffer. Sie besteht aus zehn Ziffern, und zwar aus dem Geburtsdatum sowie weiteren 4 Ziffern, von denen die vorletzte das Geschlecht der Person bezeichnet (gerade Zahlen für Frauen, ungerade Zahlen für Männer).

Ob für Besuche in der *vårdcentral*, die Eröffnung eines Kontos, Einkauf auf Kredit, Bestellung von Telefon oder Internet, Ausleihen von Filmen, Online-Bestellungen in Schweden und vieles mehr: Die *personnummer* benötigt man im schwedischen Alltag normalerweise für alles. Ohne sie kann sich das Leben in Schweden ziemlich kompliziert gestalten. Mit dem Erhalt der *personnummer* haben Sie also bereits einen ganz wichtigen Schritt gemeistert.

2. Schritt: Registrierung Ihres Aufenthaltsrechts beim *migrationsverket* (Einwandererwerk)

Sobald Sie nach Schweden umgezogen sind (bzw. spätestens nach 3 Monaten Aufenthalt in Schweden), beantragen Sie online (nur möglich für Arbeitnehmer, Selbständige und Studenten) oder per Post Ihr Aufenthaltsrecht und das Ihrer Familie beim *migrationsverket* am Hauptsitz Norrköping bzw. bei einer der zahlreichen Zweigstellen des *migrationsverkets* im ganzen Land.

Sie können eine Online-Registrierung Ihres Aufenthaltsrechts auch bereits vor dem Umzug nach Schweden vornehmen. Für jedes Familienmitglied reichen Sie folgende Dokumente ein bzw. senden sie bei Online-Registrierung eingescannt im PDF- oder JPEG-Format mit. Allgemein einzureichende Dokumente:

- **Kopie Personalausweis/Kinderausweis**
- **Pro Familienmitglied: Ausgefüllter und unterschriebener Antrag auf Aufenthaltsrecht** (Formular/Blankett Nr. 140011 des *migrationsverkets*, Titel: ›*Registrering av uppehållsrätt*‹)

Speziell beizufügende Dokumente, je nach Einwanderungsgrund:

- **Für Angestellte:** Anstellungsbescheinigung des schwedischen Arbeitgebers *(anställningsintyg för medborgare i en EU/EES-stat, Formular Nr. 227021 des migrationsverkets)*
- **Für Selbständige:** Registrierungsbescheinigung *(registreringsbevis)* Ihrer Firma in Schweden sowie eine Kopie Ihrer Unternehmer-Steuerkarte *(F-Skattsedel)*, beides erhältlich beim *skatteverket*
- **Für Dienstleistungsanbieter oder -empfänger**, die zeitlich begrenzte Dienste in Schweden anbieten oder erhalten: Bestätigung, Vertrag oder ähnliches, aus dem hervorgeht, wem Sie welche Dienste wie lange anbieten bzw. welche Dienste Sie wie lange von wem in Schweden in Anspruch nehmen. Diese Unterlagen müssen vom Empfänger oder vom Erbringer der Dienstleistung unterschrieben sein.
- **Für Rentner:** Rentenbescheinigung, Nachweis gesicherter Versorgung*, Nachweis gültiger Krankenversicherung
- **Für Studenten:** Immatrikulationsbescheinigung einer schwedischen Universität oder Nachweis der Studienaufnahme auf gymnasialem Niveau in Schweden sowie persönliche Bestätigung der ausreichenden finanziellen Versorgung* und Nachweis einer vollgültigen Krankenversicherung
- **Für Privatiers:** Nachweis ausreichender eigener Mittel und gesicherter Versorgung*
- **Für Ehegatten /Partner von schwedischen Mitbürgern:** Nachweis der ehelichen oder eheähnlichen Verbindung, Nachweis der Anmeldung im gemeinsamen Haushalt, Mietvertrag der gemeinsamen Wohnung oder Kaufvertrag des gemeinsamen Hauses

* Mit gesicherter Versorgung ist laut Auskunft des Migrationsverkets gemeint: Regelmäßige Einkünfte, die es dem Antragsteller ermöglichen, sich selbst zu versorgen (und daher nicht dem schwedischen Staat zur Last zu fallen) oder der Nachweis eigenen finanziellen Vermögens in Höhe von mindestens ca. 15.000€ (z.B. auf einem Konto).

Beantragung der Aufenthaltsgenehmigung für Schweizer Mitbürger

Schweizer Bürger müssen, möglichst vorab, beim *migrationsverket* oder bei der schwedischen Botschaft/Konsulat eine regelrechte Aufenthaltsgenehmigung *(uppehållstillstånd)* beantragen. *(Ansökan om uppehållstillstånd för medborgare i Schweiz och deras familjemedlemmar, Formular Nr. 146011 des migrationsverkets).* Link zum *migrationsverket:* ►WWW.MIGRATIONSVERKET.SE

3. Schritt: Anmelden bei der *försäkringskassa* **(Sozialversicherungskasse)**
In vielen Fällen informiert das *skatteverket* die *försäkringskassa* automatisch über Ihre Anmeldung in Schweden (oder Sie erhalten dort ein Formular, das Sie ausfüllen und an die *försäkringskassa* schicken). Im Zweifelsfall gilt jedoch: Doppelt hält besser. Melden Sie sich daher sicherheitshalber unter Vorlage folgender Informationen und Dokumente auch persönlich bei der *försäkringskassa* Ihrer Kommune an:

- **Personnummer** des *skatteverkets*
- **Personalausweis**
- **Adresse in Schweden**

Nach Anmeldung beim *skatteverket* und bei der *försäkringskassa* und bei Vorliegen der entsprechenden jeweiligen Voraussetzungen sind Sie zum Bezug von sozialen und medizinischen Leistungen in Schweden berechtigt.

Formular zur Anmeldung bei der *försäkringskassan*
►WWW.FORSAKRINGSKASSAN.SE/PDF-BLANKETT/5456.PDF

Zusammenfassung Links zu den Behörden

Hier noch einmal alle für die Einwanderung notwendigen Behörden bzw. Links zusammengefasst:

Skatteverket: ►WWW.SKATTEVERKET.SE
Migrationsverket: ►WWW.MIGRATIONSVERKET.SE
Försäkringskassa: ►WWW.FORSAKRINGSKASSAN.SE/SPRAK/TYS/
Schwedische Botschaft: ►WWW.SWEDENABROAD.COM
Schwedisches Konsulat: ►WWW.KONSULATE.DE

Sweden - a pocket guide
(Komprimierte Informationen für Einwanderer)
►HTTP://WWW.MKC.BOTKYRKA.SE/BIBLIOTEKET/8601/SVBK_ENGELSKA.PDF

Die schwedische id-kort

Die schwedische *id-kort (identitets-kort)* ist ein Identitätsausweis für in Schweden wohnhaft gemeldete Personen. Neben *personnummer* und Foto des Inhabers sind auf der *id-kort* die Kartennummer und Gültigkeitsdauer zu finden. Die *id-kort* ist sehr nützlich, um sich in Schweden schnell und unkompliziert auszuweisen, sei es bei der Bank, beim Videoverleih, in der Apotheke, bei der Post usw. Nachdem bisher *Svensk Kassaservice*, Banken und Polizei für das Ausstellen einer *id-kort* verantwortlich waren, wird ab 1. Juni 2009 das *skatteverket* dafür zuständig sein. Die neue schwedische *id-kort* wird dann 400 SEK kosten. Das Procedere der zukünftigen Beantragung ist zum Zeitpunkt der Drucklegung dieses Buches noch nicht bekannt. Für diejenigen, die vor dem 1.6.2009 eine neue *id-kort* beantragen möchten, gestaltet sich die Sache schwierig: *Svensk Kassaservice* fertigt keine *id-kort* mehr an, die Polizei erstellt nur noch *id-kort* für schwedische Mitbürger und die Banken nunmehr ausschließlich für Personen, die seit mindestens 6 Monaten Kunde bei ihnen sind.

Wenn Sie seit mehr als 6 Monaten Kunde bei einer schwedischen Bank sind und dort vor dem 1.6.2009 eine *id-kort* beantragen möchten, benötigen Sie dazu:

- **Ihren Ausweis**
- **Ihre** *personnummer* (bekommen Sie von der *skattemyndigheten* nach Anmeldung)
- **Ein** *personbevis*, nicht älter als 1 Monat (online bestellen beim *skatteverket*)
- **Einen Zeugen,** der Sie begleitet und schriftlich Ihre Identität bestätigt
- **Ein Passfoto,** das den schwedischen Passvorschriften entspricht

Ihre neue *id-kort* müssen Sie nach 2-3 Wochen persönlich abholen. Preis ca. 375 - 400 SEK.

Allgemeines: Einwanderung nach Schweden und Aufenthaltsrecht

Im Vergleich zu früheren Jahren ist seit Schwedens EU-Beitritt im Jahre 1995 das Einwanderungsverfahren für EU- und EES-Bürger laufend vereinfacht worden. Musste man früher noch eine regelrechte Aufenthaltsgenehmigung beantragen, brauchen EU-Bürger seit dem 30.4.2006 nur noch ihr Aufenthaltsrecht beim schwedischen *migrationsverket* oder bei einem seiner Zweigstellen registrieren zu lassen, sobald sie länger als 3 Monate im Lande weilen und vorhaben, sich dauerhaft in Schweden aufzuhalten.

Das Aufenthaltsrecht als EU-Bürger erhalten Sie, wenn Sie bzw. Ihre Familie eine der nachfolgenden Voraussetzungen erfüllen:

- Sie sind Angestellter eines schwedischen Unternehmens
- Sie machen sich in Schweden selbständig und gründen eine Firma oder haben bereits eine Firma gegründet
- Sie werden als Dienstleister in Schweden tätig sein bzw. Dienste zur Verfügung stellen oder erhalten
- Sie sind Partner oder Kind eines EU-Mitbürgers, mit dem Sie einwandern
- Sie werden in Schweden studieren (am Gymnasium oder an der Universität)
- Sie sind Rentner und beziehen eine ausreichend hohe monatliche Rente
- Sie verfügen über genügend eigenes Vermögen, um dem schwedischen Staat nicht durch die Inanspruchnahme von z.B. Sozialhilfe zur Last zu fallen
- Sie sind mit einem schwedischen Mitbürger verheiratet oder Partner eines schwedischen Mitbürgers

Antragsformulare Aufenthaltsrechts und Anstellungsbescheinigung

Die erforderlichen Antragsformulare (Antrag auf Aufenthaltsrecht für EU-Mitbürger sowie auch das Formular Anstellungsbescheinigung) können Sie auf der Homepage des schwedischen *migrationsverkets* herunterladen. Klicken Sie auf ›*blanketter*‹ und dort auf ›*registrering uppehållsrätt för EU-medborgare*‹ sowie auf ›*anställningsintyg*‹. Das Formular ›*registrering uppehållsrätt för EU-medborgare*‹ füllen Sie selbst aus, das Formluar ›*anställningsintyg*‹ füllt Ihr schwedischer Arbeitgeber aus.

Beachten Sie, dass für jedes Familienmitglied ein gesonderter Antrag auf Aufenthaltsrecht ausgefüllt werden muss - bzw. im Falle mehrerer Anstellungen (z.B. Ihrer, Ihres Partners, ggf. Ihrer erwachsenen Kinder)

pro Person eine Anstellungsbescheinigung.
Nach Einsendung aller erforderlichen und für Sie zutreffenden Unterlagen dauert es in der Regel ca. 6 Monate (gemäß Angaben des *migrationsverkets*), bis Ihr Antrag bearbeitet ist und die Bestätigung der Registrierung Ihres Aufenthaltsrechts bei Ihnen eintrifft. Die Mühlen des *migrationsverkets* mahlen recht langsam, Nachfragen werden von dort oftmals nur schleppend oder gar nicht beantwortet. Eine gute Gelegenheit, sich gleich schon einmal in der sprichwörtlichen schwedischen Geduld zu üben, die Sie während Ihres Schwedenurlaubs vielleicht schon oft bewundert haben! »*Det ordnar sig*« - das ordnet sich, wie man in Schweden in solchen Fällen sagt - und es erweist sich so gut wie immer als zwecklos, die Dinge beschleunigen zu wollen.

Der Erwerb der schwedischen Staatsbürgerschaft

Der Erwerb der schwedischen Staatsbürgerschaft ist unter folgenden Voraussetzungen möglich:
- Sie sind mindestens 18 Jahre alt
- Sie leben seit mindestens 5 Jahren in Schweden und haben das permanente Aufenthaltsrecht *(PUR)* oder die permanente Aufenthaltsgenehmigung *(PUT)*
- Sie können Ihre Identität durch einen entsprechenden Ausweis dokumentieren
- Sie sind unbescholten und haben sich keiner Verbrechen schuldig gemacht.

Den Antrag auf schwedische Staatsbürgerschaft können Sie auf der Homepage des *migrationverkets* herunterladen. Gehen Sie auf ›*medborgarskap*‹ und dann auf ›*ansökan om svensk medborgarskap*‹.
Die dem Antrag beizufügenden Dokumente sind:

- **Ausweis(e) des Heimatlandes** im Original, auch die eventueller Kinder
- **Schwedische Ausweise/ID-Karte(n)** im Original
- **Nachweis des permanenten Aufenthaltsrechts**/der Aufenthaltsgenehmigung
- **Ein *personbevis*** des *skatteverkets* für alle vom Antrag umfassten Personen

- **Sorgerechtsnachweis** für eventuell vom Antrag umfasste Kinder
- **Schulgangsnachweis** für eventuell vom Antrag umfasste Kinder
- Gegebenenfalls: **Nachweis des Bezugs von Sozialhilfe**, Studienmitteln oder anderen nicht steuerpflichtigen Einkünften
- **Nachweis von Anstellung, Schulbesuch oder eigener Firma**, betrifft Ihre Versorgnung im Jahr vor der Antragstellung
- Nachweis von *försäkringskassa* oder Arbeitsamt, falls Sie von dort Gelder beziehen

Wenn Sie zusammen mit dem Antrag Kopien von Dokumenten einreichen, müssen diese beglaubigt sein.

Doppelte Staatsbürgerschaft (Beibehaltung der deutschen Staatsbürgerschaft)

Seit dem 28.8.2007 ist es (endlich) möglich, die deutsche Staatsbürgerschaft einfach beizubehalten, wenn man die Staatsbürgerschaft eines anderen EU-Landes oder die der Schweiz erwirbt. Eine gesonderte Beibehaltungsgenehmigung ist in diesem Fall nicht mehr erforderlich. Informationen finden Sie auf der Homepage des Bundesverwaltungsamtes:
► WWW.BVA.BUND.DE

Staatsbürgerschaft Ihrer in Schweden geborenen Kinder

Wenn Ihre Kinder in Schweden geboren werden, erhalten sie nicht automatisch die schwedische Staatsbürgerschaft, sondern die der Eltern, da sich das schwedische Mitbürgerrecht auf das Herkunftsprinzip stützt. (Gegensatz: Territorialprinzip, das Kind erhält automatisch die Staatsbürgerschaft des Landes, in dem es geboren wird). Sollten Sie zum Zeitpunkt der Geburt des Kindes bereits schwedischer Mitbürger sein (was frühestens nach 5 Jahren unbescholtenen Aufenthalts in Schweden möglich ist) ist Ihr Kind damit auch schwedischer Staatsbürger.

Kapitel 12

Umzug nach Schweden

Küche und Kleiderschränke sind schon da

Gut zu wissen: Schwedische Häuser und Wohnungen sind so gut wie immer mit einer eingerichteten Küche mit Elektro-Herd, Kühlschrank, Spüle und Küchenschränken sowie mit mehreren Kleiderkammern und Abstellräumen ausgestattet. Bei einem Umzug nach Schweden kann man daher im Prinzip auf die Mitnahme von Kücheneinrichtung und sperrigen Kleiderschränken verzichten. Eventueller Neubedarf an Möbeln und Kleinmöbeln lässt sich leicht in einem der vielen schwedischen IKEA-Häuser oder auch in den zahlreichen Second Hand-Shops, wie z.b. *Erikshjälpen*, *Myrorna* oder *Röda Korset* decken. Auch lässt sich vieles Gebrauchte und Neue im Internet bei *Blocket* erstehen, dem bedeutendsten schwedischen Kleinanzeigen-Portal, wo vom Haus bis zum Schlittschuh alles angeboten wird. Blocket: ▶WWW.BLOCKET.SE

Bester Zeitpunkt für den Umzug

Als beste Zeitspannen für den Umzug sind die Monate März bis Mai zu empfehlen sowie von September bis November. Im Sommer macht ganz Schweden von ca. Mitte Juni bis weit in den August hinein Ferien. Die behördliche Bearbeitung von Anträgen aller Art dauert in dieser Zeit erfahrungsgemäß um einiges länger als sonst. Auf der anderen Seite ist ein Umzug in den Wintermonaten aufgrund von Kälte und eventuellem Schneefall wenig behaglich. Auch muss man von ca. Mitte Dezember bis Mitte Januar wegen Weihnachtsferien ebenfalls mit einer verzögerten Bearbeitung von Behördenanträgen rechnen.

Deutsche Umzugsportale im Internet

Auf den Internetseiten der folgenden Umzugsportale erhalten Sie durch Eingabe Ihrer Umzugsdaten kostenlose Angebote von Firmen für Ihren Umzug nach Schweden. Die Preise der Angebote können beträchtlich variieren, daher lohnt sich ein wenig Geduld, bevor Sie eine Zusage erteilen.

Umzugsauktion: ▶ *WWW.UMZUGSAUKTION.DE*
Umzug 24:   ▶ *WWW.UMZUG24.COM*

Halteverbotszonen online beantragen, Umzugsangebote, Kartons, LKW mieten: ▶ *WWW.MOVEASY.DE*

Schwedische Umzugsportale im Internet

Auch hier können Sie durch Hinterlegen Ihrer Umzugsdaten gratis und unverbindlich Angebote von schwedischen Umzugsfirmen einholen:

▶ *WWW.FLYTTPORTALEN.COM*
▶ *WWW.FLYTTGUIDEN.SE*
▶ *WWW.TRANSPORTGUIDEN.SE*   Suchseite: Transportunternehmen für Transporte innerhalb Schwedens

Deutsche Umzugsfirmen für Umzüge nach Skandinavien

Als preiswert und zuverlässig haben sich z.b. folgende Umzugsfirmen erwiesen, die Umzüge nach Skandinavien durchführen:

Döring & Ritscher GbR Bartholomäusweg 37 33334 Gütersloh Tel.: 05241-9879-0 ▶ *WWW.DOERING-RITSCHER-UMZUEGE.DE*	Möbelspedition Quambusch St.-Jürgen-Platz 1 24943 Flensburg Tel.: 0461 25212 Fax: 0461-25819

Umzug mit Miet-LKW

Ein selbst durchgeführter Umzug mit Miet-LKW kann, muss aber insgesamt nicht preiswerter sein als die Beauftragung eines Umzugsunternehmens. Benzin-, Fähren-, Verpflegungs- und eventuelle Übernachtungskosten können den erhofften Preisvorteil erheblich schmälern. Hinzu kommen Zeitaufwand und mitunter erhebliche physische Anstrengung, die man einkalkulieren sollte.

Abmeldung im Heimatland

Bei Umzug ins Ausland ist in Deutschland eine Abmeldung beim Einwohnermeldeamt gesetzlich vorgeschrieben. Die Meldefrist beträgt eine Woche. Viele Einwohnermeldeämter halten online spezielle Vordrucke für die Abmeldung bereit, die man herunterladen kann.

Kapitel 13
Tiere: Einfuhr, Anschaffung, Versicherung

Hunde und Katzen

Wer seinen Hund oder seine Katze nach Schweden mitnehmen will - sei es im Urlaub, sei es für einen dauerhaften Verbleib in Schweden, muss folgende Bestimmungen und Vorschriften des schwedischen *jordbruksverkets* (Schwedisches Zentralamt für Landwirtschaft) für die Einfuhr von Tieren aus EU-Mitgliedsstaaten berücksichtigen. Hund oder Katze müssen:

- **einen im Herkunftsland ausgestellten Heimtierausweis haben**
- **durch einen Micro-Chip** oder eine Tätowierung eindeutig identifizierbar sein
- **gegen Tollwut geimpft sein**
- **auf Tollwut-Antikörper getestet sein** (frühestens 120 Tage nach der letzten Tollwut-Impfung, erforderlicher Nachweis: mindestens 0,5 IE/ml Anti-Tollwut-Körper)
- **10 Tage vor der Einreise entwurmt werden** (gegen Kleinen Fuchsbandwurm, mit praziquantelhaltigem Wirkstoff)

Gemäß Zollvorschriften müssen Sie bei Grenzübertritt dem schwedischen Zoll die Einfuhr Ihres Tieres melden. Auf der Homepage des *jordbruksverkets* finden Sie zur Einfuhr von Hunden und Katzen auch deutschsprachige Informationen, die Sie herunterladen können. Dauerhaft in Schweden lebende Hundehalter von Hunden mit Geburtsdatum ab 1.1.1993 müssen sich und ihre Hunde beim Landwirtschaftsamt registrieren lassen (Gebühren: 150 SEK, Stand Sept. 2008). Hundesteuern werden in Schweden nicht erhoben.

Link zum *Jordbruksverket*
(dort finden Sie auch deutschsprachige Informationen):
▶ WWW.SJV.SE

Link zum schwedischen Zoll
▶ WWW.TULLVERKET.SE

Nagetiere: Hamster, Meerschweinchen, Kaninchen, Chinchillas, Mäuse & Co.

Für die Mitnahme/Einfuhr dieser kleinen Nager ist keinerlei Genehmigung erforderlich. Die erlaubte Stückzahl pro Einfuhrgelegenheit ist jedoch insgesamt auf 5 Nager begrenzt.

Pferde

Bei der Einfuhr eines Pferdes nach Schweden müssen folgende Dokumente mitgeführt werden:

- **Ein Gesundheitszeugnis** von einem Tierarzt, ausgestellt innerhalb von 48 Stunden vor Abfahrt. Das Gesundheitszeugnis ist 10 Tage gültig und muss 6 Monate aufbewahrt werden.
- **Ein Pferdepass** zum Nachweis der Identität des Tieres
- **Ein Zeit- und Streckenplan**, ausgestellt vom transportierenden Fahrer und unterschrieben vom Tierarzt des Heimatlandes, falls die Anreise nach Schweden 8 Stunden übersteigt.

Kühe

Die Einfuhr von Kühen aus nahezu allen EU-Ländern ist erlaubt, mit Ausnahme von Großbritannien, Portugal und Nordirland. Zur Einfuhr von Kühen ist pro Kuh ein Gesundheitszeugnis vom Tierarzt des Heimatlandes sowie jeweils ein individueller Kuh-Ausweis nötig. Für Zuchttiere muss ein Herkunftsnachweis vorgelegt werden.

Der Importeur oder Händler muss sich spätestens 30 Tage vor Einreise beim *jordbruksverket* registrieren. Die Gebühren dafür betragen 500 SEK, die Registrierung ist dann ein Jahr ab Bestätigungsdatum gültig. Die Einfuhr selbst muss vor Einreise sowie bei Einreise angemeldet werden.

Tierärzte

Einen Tierarzt *(veterinär)* in Ihrer Nähe finden Sie in den gelben Seiten Ihres Telefonbuches unter ›veterinärer‹ oder auch in den Gelben Seiten *(gulasidorna)* im Internet. Eine Tierklinik *(djursjukhus)* finden Sie auf dem gleichen Wege.

Besonders auf dem Lande in Schweden kann es vorkommen, dass Tierärzte mit eigenen Praxen schlecht erreichbar sind, da sie meistens auch landwirtschaftliche Tiere der Umgebung mitbetreuen und daher viel unterwegs sind. Empfehlenswert ist es daher, sich direkt an eine Kleintierklinik *(smådjurspraktik)* oder eine Tierklinik *(djursjukhuset)* in Ihrer Nähe zu wenden, falls vorhanden. Ob Tierarzt oder Tierklinik - die Besuche gehen ins Geld! Da man in Schweden - zumindest auf dem Land - häufig ein wenig romantisches Verhältnis zu Tieren hat, wird dieses Geld oft lieber gespart und das Tier bei Krankheit oder Verhaltensproblemen gleich zur ewigen Ruhe befördert, entweder mithilfe des eigenen Gewehrs oder durch die Einschläferungs-Spritze beim Tierarzt. Daher kann es vorkommen, dass Ihnen Ihr schwedischer Tierarzt bei ernsterer Erkrankung Ihres Tieres spontan und in aller Unschuld dessen Einschläferung vorschlägt (um Ihnen Kosten zu ersparen). Seien Sie darauf gefasst - und freuen Sie sich, wenn es nicht geschieht! Aufwendige Tierbehandlungen (wie z.B. in Deutschland) sind in Schweden, jedenfalls auf dem Lande, gänzlich unüblich.

Tierversicherungen

Eine Tierarztbehandlung in Schweden kann sehr schnell sehr teuer werden. Daher empfiehlt sich der Abschluss einer Tierversicherung. Folgende Gesellschaften bieten Tierversicherungen an:

Sveland   ▶ WWW.SVELAND.SE
Agria   ▶ WWW.AGRIA.SE
IF   ▶ WWW.IF.SE
Folksam   ▶ WWW.FOLKSAM.SE

Anschaffung eines Haustieres

Katzen, Meerschweinchen, Kaninchen und Hamster sind in der Regel ganz leicht in der Nachbarschaft oder über das Kleinanzeigenportal *Blocket* zu finden. *Blocket*-Kleinanzeigenportal, siehe unter Kategorie ›*fritid & hobby*‹, Unterkategorie ›*djur*‹. ▶ WWW.BLOCKET.SE

Hunde: Die allermeisten Hunde in Schweden sind Rassehunde und stammen vom Züchter, damit man später gegebenenfalls mit ihnen und der Nachzucht Geld verdienen kann. Mischlingshunde sieht man selten. Manche Privatpersonen verkaufen ihre Hunde ebenfalls über Blocket (z.B. wegen Zeitmangel). Es ist natürlich auch möglich, Hunde aus dem Tierheim *(djurasyl)* zu bekommen. Möchte man sich einen Rassehund-Welpen anschaffen, können folgende Links zu Züchtern in ganz Schweden nützlich sein:

▶ *WWW.SKAFFAHUND.SE*
▶ *WWW.ALLAHUNDAR.SE*
▶ *WWW.SKK.SE* *Svenska Kennelklubben*, Homepages sämtlicher Hundezüchter nach Rassen geordnet

Kapitel 14
Private Auto-Einfuhr nach Schweden

Grundlegendes

Nicht in Schweden wohnhaft gemeldete Autobesitzer können laut *transportstyrelsen* ihren auslandsregistrierten Wagen bis zu 12 Monate in Schweden anwenden, danach muss der Wagen angemeldet werden. Neu nach Schweden ziehende Autobesitzer müssen dagegen ihr bisher auslandsregistriertes Auto spätestens nach einer Woche in Schweden anmelden.

Die neugeschaffene Behörde *transportstyrelsen* ist nunmehr (statt *vägverket*) seit dem 1.1.2009 unter anderem für Fragen betreffs Auto-Einfuhr nach Schweden zuständig. ►WWW.TRANSPORTSTYRELSEN.SE

Seit dem 1.1.2009 sind sämtliche Informationen zu Führerscheinfragen in Schweden auf nachstehender Internetseite zu finden. *Körkortsportalen* ist eine Kooperation zwischen *länsstyrelsen* (Provinzialregierung), *transportstyrelsen* (Transportbehörde) und *vägverket* (Straßenverkehrsamt).
►WWW.KORKORTSPORTALEN.SE

Kurzer Überblick über die Vorgehensweise

Wenn Sie Ihr Auto im Rahmen eines Umzugs möglichst unkompliziert nach Schweden einführen möchten, empfiehlt sich folgende Vorgehensweise:

- Behalten Sie zunächst die Autoanmeldung und Autoversicherung Ihres Heimatlandes.
- Ziehen Sie nach Schweden um
- Beantragen Sie bei einem schwedischen Versicherungsunternehmen Ihrer Wahl eine vorläufige Autoversicherung *(trafikförsäkring för tillfällig registrering av fordon)*. Sobald Ihr Auto versichert ist, können Sie Ihre deutsche Autoversicherung kündigen und Ihre vorläufige schwedische Autoversicherung in eine dauerhafte umwandeln (schwedische Versicherungsunternehmen siehe unten).
- In Schweden beantragen Sie bei der *transportstyrelsen* eine Ursprungskontrolle *(ursprungskontroll)* Ihres Fahrzeuges sowie eine

Übergangszulassung *(tillfällig registrering)* und eine *samordningsnummer* (eine Art vorläufige *personnummer*). Den oben genannten vorläufigen schwedischen Autoversicherungsnachweis müssen Sie beifügen. Näheres zu Formularen, Vorgehensweise und Adresse siehe unten.

- Sobald Ihr Antrag auf Ursprungskontrolle bearbeitet ist, melden Sie Ihr Auto beim schwedischen TÜV *(bilprovningen)* zur Registrierungs-Kontrolle an *(registreringsbesiktning)*. Informationen zur Vorgehensweise siehe unten.
- Nach erfolgreicher Registrierungskontrolle meldet der schwedische TÜV Ihr Fahrzeug automatisch bei der *transportstyrelsen* an.
- Die *transportstyrelsen* sendet Ihnen den schwedischen KFZ-Brief sowie die Autoschilder per Post an Ihre schwedische Adresse.
- Sie beantragen die Inbetriebnahme Ihres Fahrzeuges online, per Post oder telefonisch bei der *transportstyrelsen* (Informationen nachstehend). Erst nach Erhalt der Bestätigung der Inbetriebnahme dürfen Sie das Fahrzeug fahren (das zu diesem Zeitpunkt bereits normal statt vorläufig versichert sein sollte).
- Jetzt können Sie Ihr Auto im Heimatland abmelden.

Wichtig: Wenn Sie ein neues Auto privat nach Schweden überführen (weniger als 6.000 km gefahren, weniger als 6 Monate im Verkehr), müssen Sie dem *skatteverk* (Filiale Ludvika) darüber eine Mitteilung zukommen lassen und den Wagen nach schwedischem Mehrwertsteuersatz versteuern. Dazu laden Sie folgendes Formular von der Homepage des *skatteverkets* herunter: ›anmälan om förvärv av nytt transportmedel i annat EG-land‹ (Formular/Blankett Nr. SKV 5934) und senden es an folgende Adresse:

Skatteverket
771 83 Ludvika

Das *skatteverket* sendet Ihnen daraufhin ein spezielles Steuerklärungs- sowie ein Einzahlungsformular zu. Die schwedische Mehrwertsteuer muss dann spätestens 35 Tage nach der Einfuhr des Fahrzeugs bezahlt werden.

Vorläufige Autoversicherung *(tillfällig trafikförsäkring)*

Damit Sie - zusammen mit dem Antrag auf Ursprungskontrolle - bei der *transportstyrelsen* eine vorläufige Übergangszulassung für Ihr Auto beantragen können, müssen Sie für Ihren Wagen zunächst eine vorübergehende Autoversicherung *(tillfällig trafikförsäkring)* bei einem schwedischen Versicherer Ihrer Wahl abschließen. Ihre deutsche Autoversicherung wird in diesem Zusammenhang nicht anerkannt. Den schwedischen Versicherungsnachweis fügen Sie im Original Ihrem Antrag auf Ursprungskontrolle und auf Übergangszulassung bei.

Die schwedische Versicherungsgesellschaft *Länsförsäkringar,* eines der größten und preiswertesten Versicherungsunternehmen Schwedens, berechnet z.b. für eine solche vorläufige Autoversicherung *(tillfällig trafikförsäkring)* 1.500 SEK (Stand Sept. 2008). Diese Versicherung ist dann maximal drei Monate gültig und wird nicht zurückerstattet, falls man sie z.b. bereits vor Ablauf der drei Monate in eine dauerhafte Autoversicherung umwandeln möchte.

Einige große Versicherungsunternehmen in Schweden:
▶ *WWW.LANSFORSAKRINGAR.SE*
▶ *WWW.DINA.SE*
▶ *WWW.TRYGGHANSA.SE*
▶ *WWW.FOLKSAM.SE*
▶ *WWW.IF.SE*

Verbraucherberatung (u.a. Versicherungsvergleiche)
▶ *WWW.KONSUMENTERNASFORSAKRINGSBYRA.SE*

Preisvergleiche, u.a. Versicherungen
▶ *WWW.COMPRICER.SE*

Allgemeine schwedische Informationen zu Autoversicherungen
▶ *WWW.BILFORSAKRINGAR.COM*

Übergangs-Autozulassung (tillfällig registrering)
Die schwedische Transportbehörde *(transportstyrelsen)* schreibt vor, dass Fahrzeuge mit einer gültigen ausländischen Registrierung längstenfalls eine Woche nach Einfuhr in Schweden gefahren werden dürfen, danach müssen sie in Schweden registriert werden. Das gilt natürlich nicht für Urlauber oder andere zeitweilige Besucher Schwedens. Wenn Sie jedoch im Rahmen Ihres Umzuges Ihr Auto nach Schweden mitnehmen möchten, sind Sie auf der sicheren Seite, wenn Sie (gleichzeitig mit dem An-

trag auf Ursprungskontrolle) eine vorübergehende Zulassung *(tillfällig registrering)* Ihres Autos bei der *transportstyrelsen* beantragen. Dem Antrag auf vorübergehende Zulassung müssen Sie einen Versicherungsnachweis über eine vorläufige Autoversicherung *(tillfällig trafikförsäkring)* beifügen, ausgestellt von einer schwedischen Versicherungsgesellschaft (Versicherungsunternehmen siehe oben). Die Bearbeitungszeit Ihres Antrages auf Ursprungskontrolle und Übergangszulassung durch die *transportstyrelsen* beträgt ca. eine Woche.

Antrag auf Ursprungskontrolle bei der schwedischen *transportstyrelsen* *(ansökan om ursprungskontroll)*
Beantragen Sie unter Angabe Ihrer schwedischen Postadresse bei der zuständigen schwedischen Behörde *(transportstyrelsen)* eine Ursprungskontrolle *(ursprungskontroll)*. Dieser Antrag kann nur vom Besitzer des Fahrzeugs gestellt werden. Folgende Dokumente müssen Sie dabei im Original an die transportstyrelsen einsenden:

- **ausgefüllter und unterschriebener Antrag** auf Ursprungskontrolle
- **KFZ-Brief** des zu überführenden Fahrzeuges
- **Kaufvertrag** mit Namen des Verkäufers und Käufers, Datum, Chassis-Nummer
- **Certificate of Conformity**, falls vorhanden
- **Vorläufiger Versicherungsnachweis** eines schwedischen Versicherungsunternehmens

Falls Sie noch keine schwedische *personnummer* haben: Fügen Sie dem Antrag auf Ursprungskontrolle auch eine Kopie Ihres Ausweises bei, aus der Ihr Name, Geburtsdatum und -ort sowie Ihre Staatsangehörigkeit hervorgehen. Die *transportstyrelsen* wird dann automatisch eine vorläufige *personnummer (samordningsnummer)* für Sie beantragen, damit Ihr Antrag überhaupt bearbeitet werden kann.

Geben Sie für die Rückantwort der *transportstyrelsen* Ihre schwedische Adresse an und schicken Sie die Unterlagen als Wertbrief/eingeschriebenen Brief an die *transportstyrelsen*, folgende Adressangabe ist ausreichend:

Transportstyrelsen
SE-70196 Örebo

Gebühren: Nach Eingang Ihres Antrages sendet die *transportstyrelsen* Ihnen umgehend eine Rechnung für die anfallenden Gebühren, die vor Antragsbearbeitung bezahlt werden müssen. Die Gebühren für die Ursprungskontrolle betragen 500 SEK, die Gebühren für die Übergangs-Registrierung betragen 450 SEK. (Stand Januar 2009)

Links

Auto-Einfuhr von A–Z
► *WWW.TRANSPORTSTYRELSEN.SE/SV/VAG/FORDONSIMPORT/IMPORT-FRAN-BORJAN-TILL-SLUT/*

Informationen zur Auto-Einfuhr aus EU-Ländern
► *WWW.TRANSPORTSTYRELSEN.SE/SV/VAG/FORDONSIMPORT/INFORSEL-FRAN-EU-LANDER/*

Transportstyrelsen
Formulare zum Download, klicken Sie auf ›väg‹ und dann auf ›fordon‹
► *HTTP://WWW.TRANSPORTSTYRELSEN.SE/SV/BLANKETTER/*

Online-Antrag auf Ursprungskontrolle (*personnummer* notwendig)
► *HTTPS://WWW21.VV.SE/BFSUKWEBANSOKANEXTERN/STARTSIDA.ASPX*

Erforderliche Unterlagen für die Ursprungskontrolle
► *WWW.TRANSPORTSTYRELSEN.SE/SV/VAG/FORDONSIMPORT/KORREKTA-HANDLINGAR-FOR-URSPRUNGSKONTROLL*

Zulassungs-Kontrolle beim schwedischen TÜV *(registreringsbesiktning)*
Sobald die Ursprungskontrolle Ihres Wagens durch die schwedische *transportstyrelsen* erfolgt ist, können Sie einen Termin zur Zulassungskontrolle beim schwedischen TÜV *(bilprovning)* beantragen. Auf der Homepage der *bilprovningen* finden Sie alle TÜV-Stationen im ganzen Land. Zur Zulassungs-Kontrolle *(registreringsbesiktning)* müssen Sie folgende Dokumente mitbringen:

- **Bestätigung der Ursprungskontrolle** durch die *transportstyrelsen*
- **Angaben über die technischen Daten** Ihres Autos
- **Certificate of Conformity**, falls vorhanden
- **Betriebshandbuch** Ihres Fahrzeugs
- **Gewichtsnachweis** Ihres Autos (kann aber auch von der *bilprovning* gegen Gebühr ausgefertigt werden)

- **Ihren Ausweis**
- **Eine Vollmacht** für einen Beauftragten, falls Sie nicht selbst zur Zulassungskontrolle kommen

Gebühren: Die Gebühren für eine Erstzulassungs-Kontrolle beim schwedischen TÜV betragen für Fahrzeuge ohne schwedisches Autokennzeichen: (Stand Sept. 2008)

PKW	970 SEK
LKW/Bus (max. 3.500kg)	1.170 SEK
Motorrad	970 SEK

Nach erfolgreich durchgeführter Zulassungskontrolle registriert der schwedische TÜV Ihr Fahrzeug automatisch bei der *transportstyrelsen*. Die *transportstyrelsen* sendet daraufhin den KFZ-Schein sowie die Schilder mit dem Autokennzeichen an Ihre schwedische Adresse.

Link zum schwedischen TÜV, gehen Sie dort rechts auf ›Other languages‹: ►*WWW.BILPROVNINGEN.SE*

Inbetriebnahme des Fahrzeugs melden *(ställ på ditt fordon)*

Nun müssen Sie Ihr in Schweden neuregistriertes Fahrzeug bei der *transportstyrelsen* nur noch für den Betrieb aktivieren, damit Sie es in Schweden fahren dürfen. Das ist ein unkomplizierter, schneller Prozess und online, telefonisch oder per Post möglich. Dazu müssen Sie eine gültige schwedische Autoversicherung haben. Die erste Meldung der Inbetriebnahme eines Fahrzeugs ist kostenlos, für alle nachfolgenden berechnet die *transportstyrelsen* eine Gebühr von 50 SEK, die zusammen mit den Autosteuern fakturiert werden. Sie dürfen Ihr in Schweden neu registriertes Auto erst dann fahren, sobald Sie die Bestätigung über die Inbetriebnahme von der *transportstyrelsen* erhalten haben (diese kann Ihnen jedoch auf Wunsch unmittelbar per Fax zugesandt werden, siehe unten). Bis zum Erhalt Ihrer Steuer-Kontrollmarke müssen Sie diese Bestätigung immer bei sich führen, wenn Sie Ihr Auto fahren.

Online-Meldung der Inbetriebnahme bei der *transportstyrelsen*

Gehen Sie auf die Homepage der *transportstyrelsen* (►*WWW.TRANSPORTSTYRELSEN.SE*) dort auf ›*väg*‹ und dann unter ›*E-Tjänster*‹, auf ›*ställ på ditt fordon*‹ und klicken Sie dann auf ›*registreringsnummer med behörighetskod*‹. Geben Sie Ihr schwedisches Autokennzeichen ein sowie den persönlichen Code *(behörighetskod)*, den Sie auf Ihrem schwedischen KFZ-Schein finden und folgen Sie dann den weiteren Angaben.

Telefonische Meldung der Inbetriebnahme Ihres Fahrzeugs

Halten Sie Ihr schwedisches Autokennzeichen und Ihren schwedischen KFZ-Schein bereit. Rufen Sie das automatische Servicetelefon der *transportstyrelsen* an: 0771-25 25 25. Wählen Sie in folgender Reihenfolge die genannten Optionen: 2-2-1 und folgen Sie den weiteren (schwedischen) Anweisungen.

Soll das Fahrzeug unmittelbar gefahren werden, können Sie im Laufe des Telefon-Prozesses ein Bestätigungsfax über die Anmeldung an eine von Ihnen genannte Fax-Nummer bestellen.

Schriftliche Meldung der Inbetriebnahme Ihres Fahrzeugs

Kopieren Sie Ihren schwedischen KFZ-Schein und senden Sie ihn mit einer von Ihnen schriftlich verfassten Anmeldung der Inbetriebnahme Ihres Fahrzeugs an die *transportstyrelsen* in Örebro:

Transportstyrelsen
70188 Örebro

Fahrzeugsteuern in Schweden

Die meisten Fahrzeuge in Schweden werden nach dem Gewicht besteuert, das aus dem KFZ-Schein *(registreringsbevis)* hervorgeht. Weitere Faktoren, die der Besteuerung zugrunde gelegt werden, sind: Fahrzeugkategorie, Treibstoffart, Kohlendioxid-Ausstoss (ab PKW-Baujahr 2006), die Anzahl der Gänge, eventuell Anhängerkupplung, Ihr Wohnort, die Anwendung des Fahrzeugs sowie die für Schweden gültige Umwelt-Klassifizierung (Schadstoff-Ausstoß).

Schwedische Autosteuern sind in der Regel niedriger als z.B. in Deutschland. Die Steuern werden von der *transportstyrelsen* erhoben und nach einer jährlichen Rechnung beglichen. Aktuelle Steuertabellen für Fahrzeuge aller Gewichts- und Treibstoffklassen sowie für Anhänger können Sie sich beim *skatteverket* (Finanzamt) herunterladen.

Gehen Sie dazu auf die Homepage des *skatteverkets*: ▶ WWW.SKATTEVERKET.SE.
Dann auf ›skatter‹, dann auf ›fordonsskattetabeller‹.

Allgemeine Informationen zu Fahrzeugsteuern und deren Bezahlung
▶ WWW.TRANSPORTSTYRELSEN.SE/VAG/FORDON/FORDONSSKATT

Autoversicherung in Schweden

Die einfachste und billigste Autoversicherung bei allen (Auto-)Versicherern in Schweden ist die sogenannte ›*trafikförsäkring*‹, die man abschließen kann, wenn man pro Jahr nicht mehr als 10.000 km fährt. Die *trafikförsäkring* ist eine Mindestversicherung, die jeder Fahrzeugbesitzer haben muss; sie deckt Personenschäden und gewisse Schäden am Eigentum anderer ab.

Da Schweden ein Land der großen Entfernungen und der Arbeitsplatz nicht selten weit entfernt ist, wird man aber unter Umständen mit der auf 10.000 Jahreskilometer begrenzten *trafikförsäkring* nicht hinkommen und sollte dann eine sogenannte Halb- oder Ganzversicherung ohne Kilometerbegrenzung abschließen.

Eine Halbversicherung *(halvförsäkring)* deckt über die *trafikförsäkring* hinaus in der Regel zusätzlich folgende Schäden ab: Brand, Glasschäden, Diebstahl, Rettungs- und Rechtsschutzversicherung, manchmal auch Maschinenschäden. Eine Ganzversicherung *(helförsäkring)* deckt alles obige sowie gewisse Schäden am Fahrzeug ab. Der Umfang der jeweiligen Versicherungen kann - wie üblich - von Anbieter zu Anbieter differieren.

Schadensfreiheitsrabatt

Um Ihren im Heimatland über die Jahre bereits erworbenen Schadensfreiheitsrabatt zu behalten, teilen Sie dem Versicherungsunternehmen Ihrer Wahl mit, dass Sie diesen übernehmen möchten; andernfalls wird man Sie als Fahranfänger einstufen.

Einige große Versicherungsgesellschaften (Auto und mehr)

▶ WWW.LANSFORSAKRINGAR.SE
▶ WWW.DINA.SE
▶ WWW.TRYGGHANSA.SE
▶ WWW.FOLKSAM.SE
▶ WWW.IF.SE

Verbraucherberatung (u.a. Versicherungsvergleiche)
▶ *WWW.KONSUMENTERNASFORSAKRINGSBYRA.SE*

Preisvergleiche, u.a. Versicherungen
▶ *WWW.COMPRICER.SE*

Allgemeine Informationen zu Autoversicherungen
▶ *WWW.BILFORSAKRINGAR.COM*

Gültigkeit ausländischer Führerscheine

Führerscheine aus der EU/EES sind und bleiben in Schweden gültig, sofern sie im Heimatland gültig sind und der Inhaber des Führerscheins nicht auch einen schwedischen Führerschein hat.

Alkohol am Steuer

Trunkenheit am Steuer wird in Schweden drastisch geahndet, man sollte daher unter allen Umständen vermeiden, nach Alkoholgenuss Auto, Motorrad oder Schnee-Scooter zu fahren. Bei Feststellung von Trunkenheit am Steuer wird so gut wie in allen Fällen der Führerschein (zwischen 1 und 36 Monate) eingezogen.

Als **Trunkenheit am Steuer** gilt: 0,2 Promille im Blut oder 0,1 Milligramm/Liter in der Ausatmungsluft.

Als **grobe Trunkenheit am Steuer** gilt: 1,0 Promille im Blut oder 0,5 Milligramm/Liter in der Ausatmungsluft.

Bei einer Alkoholkonzentration von 0,5 - 0,99 Promille werden Geldstrafen fällig, weiterhin wird der Führerschein für 10 Monate eingezogen. Eine Alkoholkonzentration ab 1,0 Promille wird mit Gefängnisaufenthalt von mindestens 1 Monat sowie mit Einzug des Führerscheins für mindestens 12 Monate bestraft. Beträgt die Einbehaltung des Führerscheins mehr als 12 Monate, muss eine neue Führerscheinprüfung abgelegt werden.

Wintersicherung des Wagens

Die Winter in Schweden sind kalt bis sehr kalt. Das bekommt auch Ihr Wagen zu spüren und darum sollten Sie ihn am besten so vorbereiten, wie auch Ihre schwedischen Nachbarn es tun:

- Durch Anbringen eines Motorwärmers, damit Ihr Wagen morgens leicht anspringt
- Durch Mitnehmen eines Coupé-Wärmers, ein kleines Heizluftgebläse, das Ihren Wagen von innen wärmt und für klare Scheiben sorgt.
- Mit *vinterdäck* (Winterreifen), vorgeschrieben vom vom 1.12. - 31.3. oder *dubbdäck* (Spikes-Reifen), erlaubt vom 1.10. - 30.4.
- Mit *spolarvätska* (Scheibenwischflüssigkeit mit Frostschutzmittel) für die Scheibenwischanlage
- Gegebenenfalls durch Hinzufügen von *K-sprit* (Karburator-Sprit) in den Tank. *K-Sprit* verhindert bei älteren Vergaser-Autos eine Eisbildung am Mundstück des Vergasers - sowie auch eventuelle Eisbildungen im Tank, wenn das Auto längere Zeit wenig Benzin im Tank hatte und die Luft im Tank bei Temperaturveränderungen Wasser ausflockt, das bei Kälte zu Eis werden kann.
- Durch das Schmieren aller Gummileisten an allen Türen, Kofferraum- und Dachluken Ihres Fahrzeugs (entsprechende Schmierstifte gibt es an schwedischen Tankstellen)
- Durch strapazierfähigen Unterbodenschutz Ihres Fahrzeugs
- Durch Mitnahme von Eisfrei-Spray für die Schlösser, notfalls genügt ein Feuerzeug
- Durch Schaufel, Salz, Seil, Holzbrett, Spitzhacke und warme Decken im Kofferraum (falls Sie in Schnee oder Eis stecken bleiben)

Kauf eines gebrauchten Fahrzeugs in Schweden

Während Neuwagen auf dem europäischen Kontinent in der Regel billiger sind, kann man bei Gebrauchtwagen - auch und vor allem bei Oldtimern und amerikanischen Straßenkreuzern - in Schweden noch echte Schnäppchen machen. Die nachfolgenden Informationen beschränken sich auf die Vorgehensweise beim Kauf von Privatbesitzern.

Gebrauchtwagenkauf von Privat
Mit schwedischer *personnummer*: Wenn Sie bereits eine schwedische *personnummer* haben, gestaltet sich der Kauf eines gebrauchten Fahrzeugs von privat sehr einfach. Wenn Sie das Fahrzeug Ihrer Wahl gefunden und sich mit dem Vorbesitzer über den Preis geeinigt haben (Preisnachlässe sind

üblich), notieren Sie auf dem Teil 2 des *registreringsbevis* (KFZ-Schein) des Vorbesitzers Ihre *personnummer* sowie Ihre Wohnadresse und unterschreiben. Der Vorbesitzer kreuzt auf dem gleichen Dokument die Option ›*ägarbyte*‹ (Eigentümerwechsel) an, notiert darauf das Verkaufsdatum und unterschreibt ebenfalls. Dieser von beiden unterschriebene Teil des *registreringsbevis* muss nun umgehend an die *transportstyrelsen* geschickt werden.

Transportstyrelsen
70181 Örebro

Der Rest geschieht sozusagen von selbst: Die *transportstyrelsen* schickt Ihnen eine Bestätigung über den Eigentümerwechsel sowie die künftigen Steuerrechnungen und Steuermarken zu. Das ist alles. Als neuer Eigentümer müssen Sie ab Kaufdatum eine Autoversicherung *(trafikförsäkring)* für das erworbene Fahrzeug abschließen. Alle Versicherungen können Sie online abschließen.

Ohne schwedische *personnummer:* Der Kauf- und Ummeldungsvorgang ist im Wesentlichen der gleiche wie oben. Der einzige Unterschied: Senden Sie zusammen mit dem vom Vorbesitzer und Ihnen ausgefüllten und unterschriebenen Teil 2 des *registreringsbevis* auch einen formlosen schriftlichen Antrag auf eine sogenannte ›*samordningsnummer*‹ an an die *transportstyrelsen* sowie eine Kopie Ihres Ausweises. Aus dem Antrag auf *samordningsnummer* muss Ihre schwedische Adresse hervorgehen.

Internet-Adressen für den Kauf von Gebraucht- und Neufahrzeugen:

▶ WWW.BLOCKET.SE
▶ WWW.KVARNDAMMEN.SE (AUTO-AUKTIONEN)
▶ WWW.ANNONSBORSEN.SE
▶ WWW.BILWEBB.SE
▶ WWW.BYTBIL.SE

Gute Zeitungen mit Annoncen von Gebraucht- und Neufahrzeugen, erhältlich in Supermärkten und an einigen Kiosken (pressbyrå): Motorbörsen, Fyndbörsen, Veteranbilar, Bilsport Classic, Klassiker, Nostalgia

Alles fürs Auto: ▶ WWW.BILTEMA.SE

Autowerkstätten

Es gibt überall, manchmal sogar mitten im Wald, zahlreiche kleine Autowerkstätten *(bilverkstad, bilreparatur)* im ganzen Land sowie Autowerkstätten aller großen Automarken. Bei der Tankstellen-Kette *OKQ8* kann man preiswert eine Hebebühne mieten, um Reparaturen selbst auszuführen.

Tankstellen

Während es in den Städten kein Problem ist, eine Tankstelle zu finden, sieht es auf dem Lande ganz anders aus: Hier sind Tankstellen dünn gesät; man ist daher gut beraten, die Tankanzeige im Auge zu behalten, einen Reserve-Kanister bei sich zu haben und bei sich bietender Gelegenheit den Tank zu füllen. Persönlichen Service an schwedischen Tankstellen gibt es so gut wie gar nicht mehr - man bedient sich selbst und zahlt entweder bar (mit Kronen-Scheinen) oder per Kreditkarte, beides am Tankautomaten. Die Bedienerführung der Tankautomaten ist jedoch häufig ausschließlich auf Schwedisch, darauf sollte man vorbereitet sein.

Da aktuell nichts stärker schwankt als der Preis von Rohöl und Benzin, soll hier auf diesbezügliche Preisauskünfte verzichtet werden. Festzuhalten ist, dass Treibstoffe, im Gegensatz zu früher, derzeit in Schweden preiswerter sind als in Deutschland. (Stand Sept. 2008)

Die billigsten Tankstellen in Schweden, sonntäglicher Newsletterversand mit den jeweils aktuell billigsten Preisen
► WWW.BILLIGAREBENSIN.COM

Äthanol-Tankstellen in Schweden und Europa: ► WWW.ETANOL.NU/TANKA.PHP

Pannenhilfe

Wenn Sie unterwegs größere Probleme mit Ihrem Wagen bekommen sollten, kann Ihnen *Assistance-Kåren* helfen, der einzige landesweite Pannendienst Schwedens: Bergung des Wagens, Reparaturen, Starthilfe, Schlüsseldienst für Autos, Verleih von Mietwagen, aber auch Auto- oder Boottransporte werden angeboten.

Unter der Rufnummer 020- 912 912 ist *Assistance-Kåren* Tag und Nacht zu erreichen: ► WWW.ASSISTANCEKAREN.SE

Kapitel 15
Telefon, Internet, Strom, Versicherungen

Fester Telefon- und Internetanschluss in Schweden

Telefonleitung legen lassen
In der Regel ist in den meisten schwedischen Häusern und Wohnungen ein Telefonanschluss bzw. eine Telefondose *(telefonjack)* bereits vorhanden, eventuell mit Ausnahme von Sommerhäusern und Ferienwohnungen. Falls noch gar kein Telefonanschluss vorhanden ist, können Sie diesen z.b. bei *Telia Sonera* bestellen, der schwedischen Entsprechung der Deutschen Telekom, bisher klassisch zuständig fürs Legen und für die Reparatur von Telefonleitungen. Link zu *Telia:* ▸*WWW.TELIA.SE*

Seit einiger Zeit kann man die Installation eines ganz neuen Telefonanschlusses jedoch auch bei zahlreichen anderen Telefonie-Anbietern bestellen. Die Namen dieser Unternehmen finden Sie z.b., wenn Sie im Internet Preisvergleichsseiten für Telefonabonnements durchforsten (Links siehe unten). Sämtliche schwedischen Telefonie-Anbieter beauftragen das Unternehmen *Skanova* mit dem Legen eines neuen Anschlusses. *Telia* hat jedoch bei weitem die längste Erfahrung damit.

Festnetz-Telefonabonnement bestellen
Wenn Sie in Ihrem neuen Haus/Ihrer neuen Wohnung klassisch über das Festnetz telefonieren möchten, benötigen Sie ein sogenanntes ›telefonabonnemang‹. Der bekannteste und größte Telefonie-Anbieter ist *Telia Sonera*; der Grundpreis für ein Abonnement beträgt zur Zeit 125 SEK/Monat. Gemäß *svenskt kvalitetsindex*, der regelmäßig Umfragen und Analysen zu Erwartungen und Zufriedenheit von Verbrauchern durchführt, hatte *Telia* im Jahre 2008 von allen Telefonie- und Internetanbietern die zufriedensten Kunden. Seit einigen Jahren ist es in Schweden auch möglich, ein Telefonabonnement bei konkurrierenden Telefonie-Anbietern zu bestellen. Für die Anmeldung des Telefons benötigen Sie Ihre schwedische *personnummer*. Falls Sie diese noch nicht haben, können Sie bei *Telia* gegen Zahlung einer Kaution in Höhe von derzeit 3.000 SEK (Stand November 2008) dennoch telefonisch oder schriftlich ein Tele-

fonabonnement bestellen. Hat man eine *personnummer*, kann man bei allen Anbietern sämtliche Telefonie-Leistungen auch online beantragen.

Preisvergleiche Telefonabonnements Festnetzanschlüsse *(fast telefoni)*
▶ *WWW.FINANSPORTALEN.SE/TELEFON.HTM*
▶ *WWW.TELEPRISKOLLEN.SE*

Flatrate Festnetzanschluss
Etliche Telefonie-Unternehmen bieten eine monatliche Flatrate für Telefongespräche ins Festnetz innerhalb Schwedens an. Für einen festen monatlichen Betrag von ca. 60-70 SEK kann man unbegrenzt *(dygnet runt)* ins schwedische Festnetz telefonieren, hinzu kommen pro Gespräch nur die sogenannten Öffnungs-Gebühren (derzeit bei *Tele 2* und *Telia* 69 Öre pro Gespräch, Stand November 2008).

Anrufe ins Ausland
Gegen eine monatliche Zusatzgebühr von im Schnitt 20 SEK/Monat können Sie bei verschiedenen Telefonie-Anbietern zusammen mit dem Abonnement einen Spezialtarif für Auslandsgespräche bestellen. So bietet *Telia* unter der Zusatzwahl ›utland‹ z.b. für ein Gespräch nach Deutschland, Österreich und in die Schweiz den Tarif von 20 Öre/Minute an, *Tele2* berechnet 14 Öre/Minute für ein Gespräch nach Deutschland sowie 17 Öre/Minute für Telefonate nach Österreich und in die Schweiz an. Die Preise gelten für Gespräche ins Festnetz der Länder. (Stand Januar 2009)

Kombinationsangebote: Telefon, Internet, Digital-TV
Immer mehr Telekommunikationsunternehmen bieten nunmehr Komplettlösungen für den privaten Haushalt an: Für eine vergleichsweise niedrige monatliche Gebühr kann man z.b. bei *Telia* oder *Comhem* (Breitband-)Telefonie, Internet, Digital-TV in einem einzigen Paket bestellen und spart deutlich im Vergleich zur Bestellung von Einzelleistungen.

▶ *WWW.TELIA.SE*
▶ *WWW.COMHEM.SE*

IP-Telefonie
IP-Telefonie ist die preiswerteste Art zu telefonieren. Der bekannteste Anbieter ist sicherlich Skype; mittlerweile gibt es jedoch zahlreiche wei-

tere Anbieter von IP-Lösungen in Schweden. Nachstehend Links für Preisvergleiche und Anbieternamen:

▶ WWW.TELEPRISKOLLEN.SE
▶ WWW.SKYPE.COM

Mobiltelefonie

Festverträge
Wie überall, konkurrieren auch in Schweden etliche Anbieter mobiler Telefonlösungen mit verlockenden Billig-Angeboten um die Gunst des Kunden.
Die größten und bekanntesten Anbieter sind *Telia*, *Tre* und *Tele2-Comviq*. Wohnt und/oder arbeitet man ländlich abgelegen, ist die Mobil-Deckung noch vor dem Preis das wichtigste Kriterium bei der Auswahl des Mobil-Operateurs. Auf den Homepages der verschiedenen Anbieter kann man nachsehen, wie es jeweils um die Deckung *(täckning)* in den verschiedenen Landesteilen bestellt ist.

Telia	▶ WWW.TELIA.SE
Tre	▶ WWW.TRE.SE
Tele 2	▶ WWW.TELE2.SE
Vergleiche	▶ WWW.TELEPRISKOLLEN.SE

Prepaid: Startpakete und Gesprächsguthaben Mobiltelefonie
In Supermärkten, an Tankstellen und in Zeitungskiosken *(pressbyrå)* können Sie einfach und ohne Registrierung sogenannte Startpakete verschiedener Anbieter für die Prepaid-Telefonie kaufen.
Auch hier gilt: Die Abdeckung des Mobilnetzes ist wichtiger als der Preis. Neue Prepaid-Karten mit Guthaben zwischen 100-500 SEK erhalten Sie dort ebenfalls, oftmals in Form eines einfachen Kassenbons mit aufgedrucktem Ziffercode, den Sie zum ›Tanken‹ Ihres Mobiltelefons über die Tastatur eingeben.

Prepaid-Karte online aufladen
Auf nachfolgender Homepage können Sie Startpakete und Gesprächsguthaben für Ihr schwedisches Mobiltelefon online (ohne *personnummer*) bestellen und mit Kreditkarte bezahlen: ▶ WWW.GOYADA.SE

Günstige Auslandsgespräche mit schwedischem Handy via Anrufdienst

Für eine monatliche Gebühr von 19 SEK können Sie mit dem Telefondienst *Voyo* preiswerte Gespräche vom schwedischen Handy ins Ausland führen, z.b. nach Deutschland, Österreich und in die Schweiz für 15 Öre/Minute.

Rufen Sie (nach Bestellung des Dienstes) zunächst die *Voyo*-Nummer an, warten Sie auf den Ton und geben dann die gewünschte Rufnummer ein. ►*WWW.VOYO.SE*

Internet

Die Anwendung des Internet ist in Schweden schon lange selbstverständlich und weit verbreitet. Gemäß Internetbay nutzen Schweden das Internet europaweit am häufigsten. Acht von zehn Schweden gehen zuhause online, davon haben 85% Internet in Form von Breitband (ADSL oder DSL, Stand September 2008).

Sollten Sie anfangs in Ihrem neuen schwedischen Zuhause noch nicht über einen Internetanschluss verfügen, können Sie an einem der Computer der Bibliothek Ihrer Kommune kostenlos oder gegen einen geringen Obolus im Internet surfen und Ihre Mails abrufen. Man sieht es gern, wenn Sie die Computernutzung vorab buchen.

Wenn Sie bereits ein Telefonabonnement (und eine *personnummer*) haben, ist die telefonische oder Online-Bestellung bei einem der zahlreichen Internet-Operateure unproblematisch. ADSL bis zu 28 Mbit/Sekunde und Turbo-ADSL bis 40 Mbit/Sekunde können Sie ganz einfach über Ihre Telefondose bekommen.

Echtes DSL bis 100 Mbit/Sekunde steht bis jetzt praktisch nur in Städten zur Verfügung. Wichtiges Kriterium bei der Auswahl des Anbieters ist neben dem Preis vor allem auch die Erreichbarkeit eines tatkräftigen Kundendienstes, der Anfragen schnell beantwortet und im Bedarfsfall mit Rat und Tat zur Seite steht. *Telia* genießt in dieser Beziehung (wieder) einen guten Ruf.

Auf den bedienerfreundlichen Homepages der verschiedenen Anbieter können Sie durch Eingabe Ihrer Telefonnummer überprüfen, ob und mit welcher Geschwindigkeit Sie zuhause ADSL anwenden können. Dort können Sie auch unter Angabe Ihrer *personnummer* und Ihrer Telefonnummer eine Online-Bestellung aufgeben. Bei einigen Anbietern können Sie auch gleich Digital-TV mit bestellen, z.B. bei Telia und Comhem.

Preisvergleichs-Seiten Breitband-Internet (ADSL, Turbo-DSL und über Kabel-TV)
► *WWW.FINANSPORTALEN.SE/BREDBAND.HTM*
► *HTTP://BREDBAND.COMPRICER.SE*

Einige größere Internetanbieter
► *WWW.TELIA.SE*
► *WWW.TELE2.SE*
► *WWW.BREDBANDSBOLAGET.SE*
► *WWW.UVTC.COM/SWEDEN*
► *WWW.COMHEM.SE*

Sobald Sie Breitband-Internet haben, können Sie die Schnelligkeit Ihres Breitbandanschlusses unkompliziert und schnell hier überprüfen:
► *WWW.BREDBANDSKOLLEN.SE*

Mobiles Internet
Festvertrag: Die Anbieter mobiler Internetlösungen auf Basis des schwedischen Turbo 3G-Netzes liefern sich einen erbitterten Preiskampf und unterbieten einander mit immer neuen Billigangeboten - gut für den Verbraucher! Für monatliche Gebühren ab ca. 199 SEK (Stand Sept. 2008) kann man mit einer maximalen Geschwindigkeit bis zu 7,2 Mbit/Sekunde mobil im Internet surfen. Bei Festverträgen mit den Anbietern gibt es das zugehörige USB-Modem oftmals gratis dazu. Die Firma *Tre* reklamiert für sich die beste Deckung im ganzen Land (98,5%).

Mit Prepaidkarte: Darüberhinaus gibt es die Möglichkeit des Prepaid-Surfens *(kontant mobilt bredband)*, z.B. ›*Veckosurf*‹ von *Telia* oder ›*3 Bredband Kontant*‹ von *Tre* oder ›*Mobilt bredband kontant*‹ von *Bredbandsbolaget/Telenor*. Das Startpaket ohne Modem kostet ab ca. 99 SEK, mit zugehörigem USB-Modem je nach Anbieter ab ca. 800 SEK. Dazu kauft man Prepaid-Wertschecks nach Belieben - für einen Tag, eine Woche oder einen Monat. Die Prepaid-Karte kann man ganz einfach via Kreditkarte auch online aufladen.

Gerade beim mobilen Surfen ist natürlich die Deckung und der Zugang zum 3G-Netz das wichtigste Kriterium für die Auswahl des Anbieters. Die beste landesweite Deckung haben nach eigener Aussage *Telia*, *Tre* und *Ice.net*. Sie können die Startpakete für mobiles Surfen (inklusive

USB-Modem) bei den großen Elektro-Handelsketten wie z.b. *Expert* oder *Elgiganten* (auch ohne *personnummer*) direkt vor Ort kaufen - bzw. telefonisch oder per Internet unter Angabe Ihrer Personnummer und Adresse bei den folgenden Internet-Lieferanten bestellen

Telia	▶ WWW.TELIA.SE
Tre	▶ WWW.TRE.SE
Ice	▶ WWW.ICE.NET
Tele 2	▶ WWW.TELE2.SE

Preisvergleichsseiten Mobiles Surfen:
▶ *WWW.FINANSPORTALEN.SE/TRADLOST.HTM*
▶ *WWW.TELEPRISKOLLEN.SE*

Hotspots für kabelloses Gratis-Surfen in Schweden
▶ *WWW.WIFIKARTAN.SE*

Strombezug

In den letzten Jahren ist der Strom in Schweden zwar teurer geworden; er ist aber noch immer billiger als im deutschsprachigen Raum. Zum Beispiel betrug der billigste Strompreis in Schweden für einen Verbrauch von 2.000 kwh/Jahr Ende August 2008 inklusive Steuern und Abgaben nur 242€/Jahr *(rörligt elpris, Skellefteå Kraft)*. Als Strombezieher können Sie mit Ihrem Stromlieferanten unterschiedliche Verträge abschließen: *tillsvidare* (Vertrag bis auf weiteres = teuerste Lösung), *rörligt* (beweglich, an die Strompreis-Entwicklung angelehnt) und *fast pris* (Festpreisvertrag für 1-3 Jahre). Wenn Sie keine Wahl treffen, erhalten Sie automatisch einen teuren *tillsvidare*-Stromvertrag. Die Empfehlung lautet: Solange die Strompreise hoch sind, wählt man einen beweglichen *(rörligt)* Stromlieferungsvertrag. Sobald die Strompreise wieder fallen, kann man unkompliziert in einen ein- oder mehrjährigen Festvertrag zum günstigen Tarif umsteigen. Die Suche nach dem günstigsten Stromanbieter unterstützen folgende Seiten:

▶ *WWW.FINANSPORTALEN.SE/EL.HTM*
▶ *WWW.ENERGIMARKNADSINSPEKTIONEN.SE/ELPRISKOLLEN*
▶ *WWW.ELSKLING.SE*
▶ *WWW.KUNDKRAFT.SE*

Versicherungen

Die großen schwedischen Versicherungsunternehmen bieten Versicherungslösungen für jeden Bedarf an. Die für jeden neu Hinzugezogenen wichtigste Versicherung ist sicher zunächst eine *hemförsäkring* (für Wohnungen) oder eine *villahemförsäkring* (für Häuser). Erfreulicherweise decken diese beiden Versicherungen neben dem klassischen Eigentumsschutz (z.B. Diebstahl, Brand, Leckage, Sturm usw.) auch Haftpflicht, Rechtsschutz, Überfallschutz, Reiseversicherungsschutz in einem einzigen Paket ab. Mehr Informationen finden Sie im Kapitel ›Haus- und Wohnungssuche in Schweden‹.

Zum Thema Autoversicherung finden Sie im Kapitel 14 ›Private Autoeinfuhr nach Schweden‹ alle erforderlichen Informationen.

Für den, der im Krankheitsfalle nicht lange auf Behandlung warten will und die z.T. enormen Warteschlangen umgehen möchte, empfiehlt sich der Abschluss einer privaten Krankenversicherung *(privat sjukförsäkring)*. Näheres dazu im Kapitel 20 (Gesundheitswesen).

Zur Aufstockung der zukünftigen Rente bieten die Versicherer, wie bereits mehrfach dargestellt, unterschiedliche Modelle für private Rentenversicherungen an.

Nachfolgend Links zu einigen der größten und bekanntesten schwedischen Versicherungsunternehmen:

Länsförsäkringar: ▶ WWW.LANSFORSAKRINGAR.SE
Dina försäkringar*: ▶ WWW.DINA.SE
Trygg Hansa: ▶ WWW.TRYGGHANSA.SE
Folksam: ▶ WWW.FOLKSAM.SE
IF: ▶ WWW.IF.SE
Skandia: ▶ WWW.SKANDIA.SE

Versicherungsvergleiche: ▶ WWW.INSPLANET.COM

* Zusammenschluss von 50 lokal operierenden Versicherungsunternehmen im ganzen Land

Kapitel 16
Einkaufen in Schweden

Teuer, teuer?

Es ist noch gar nicht so lange her, dass die Supermarktketten *ICA* und *Konsum* (heute *Coop*) die gesamte Lebensmittelversorgung Schwedens nahezu geschlossen unter sich aufteilten. Mangels nennenswerter Konkurrenz und aufgrund eines bis in die neunziger Jahre recht starken Kronenkurses waren die Lebensmittelpreise - im europäischen Vergleich - ziemlich hoch. Die meisten Schwedenurlauber deckten sich daher, zum Leidwesen der schwedischen Händler, bereits vor Urlaubsantritt mit Lebensmitteln ein und packten ihre Autos bis zum Dach mit dem Gesamtbedarf für die nächsten Wochen voll. Erfreulicherweise sind solche Hamsterkäufe aus Preisgründen nun nicht mehr zwingend notwendig - bzw. nur für den sinnvoll, der auch während seines Schwedenaufenthaltes nicht auf dringend benötigte, heimische Spezialitäten verzichten will. Denn gewisse Lebensmittel sind in Schweden nicht oder nur sehr schwer zu finden; sie sind weiter unten alphabetisch aufgelistet.

Konkurrenz belebt das Geschäft

Durch Schwedens Eintritt in die EU im Jahre 1995 und vor allem durch die allmähliche Etablierung von Lebensmitteldiscountern wie z.B. Willy's, Netto und Lidl hat sich das lange Zeit recht starre Preisgefüge erheblich zugunsten der Verbraucher geändert. Die Preise bei schwedischen Lebensmitteldiscountern unterscheiden sich nicht mehr so sehr von denen ihrer kontinentaleuropäischen Konkurrenz. Einiges ist gar billiger, so dass nicht wenige Schwedenurlauber auf Hamsterkäufe und -transporte in umgekehrter Richtung umgestiegen sind und nunmehr Lebensmittel aus Schweden nach Hause mitnehmen.

Die Auswahl in den Lebensmittelgeschäften ist gegenüber früheren Jahren viel grösser geworden - und man kann jetzt erfreulicherweise in Schweden viele Dinge zum Teil genauso günstig, manchmal sogar günstiger einkaufen als auf dem Kontinent. Zu den preiswerteren Dingen gehören z.B. Kleidung, Schuhe, Taschen. Aber auch Musik und Bücher, bei schwedischen Lieferanten im Internet bestellt, gehören zu den Preisfavoriten.

Einkaufscenter und -galerien

Ein gemeinsamer Einkauf in einem der vielen großen Einkaufscenter, die oft ländlich gelegen sind, ist für viele schwedische Familien ein beliebtes Wochenendvergnügen. In den Kaufcentern sind alle bekannten Handelsketten unter einem Dach vereint, wie z.b. H&M, Lindex, Kapp Ahl, Bodyshop, McDonalds, Siba, Akademibokhandeln etc. Oftmals findet man dort auch ein IKEA-Warenhaus.

Das Monopol auf Alkohol

Das Monopol des schwedischen Staates auf den Verkauf von Alkohol blieb allerdings von obiger Entwicklung unberührt. Nach wie vor kann man in Schweden Alkohol nur zu vergleichsweise gesalzenen Preisen ausschließlich im eigens dafür bestimmten Geschäft, dem *systembolaget* kaufen. Nur niedrigprozentiger Cidre oder Leichtbier bis zu 3,5% sind auch beim Lebensmittelhändler, an Tankstellen und Zeitungskiosken erhältlich. In diesem Fall lohnt sich also das Mitnehmen von zuhause. Die Einfuhrbestimmungen und Einfuhrobergrenzen für die Privateinfuhr von Alkohol aus einem EU-Land wurden sukzessive gelockert und schließlich ganz aufgehoben: Ab einem Alter von 20 Jahren darf man aus einem EU-Land laut Auskunft des schwedischen *tullverkets* nunmehr unbegrenzte Mengen Alkohol nach Schweden einführen, solange diese für den Eigenverbrauch bestimmt sind und man diese selbst nach Schweden transportiert (also keine Bestell-/Lieferware).

Homepage des schwedischen Zollwerkes: ▶ WWW.TULLVERKET.SE

Sag mir, wo die Bäcker sind... und die Metzger

Zum Erstaunen und zur Betrübnis etlicher Touristen und Einwanderer sind Bäckereien, Konditoreien und Metzgereien in Schweden, außer in den Großstädten, absolute Raritäten. Frisches Brot oder auch Brötchen vom Bäcker, Torten vom Konditor am Nachmittag und gut abgehangenes Fleisch frisch vom Metzger - solche Leckereien muss man in Schweden größtenteils vom Speisezettel streichen, denn es gibt sie - außer in größeren Städten - selten irgendwo. Brötchen kauft man in Schweden im Supermarkt (auch Aufback-Brötchen), desgleichen Torten aus der Tiefkühltruhe und das meist nicht abgehangene Fleisch liegt beim Lebensmittelhändler in Zellophan verpackt gleich neben der ebenfalls verpackten Wurst. (Gewisse Wurst- und Käsespezialitäten bekommt man jedoch an den Frischetheken in den Supermärkten.) Hier hilft Besinnung auf die gute alte Zeit: Nicht wenige Neuschweden entdecken die Kunst des Selberbackens neu, z.b. mit Hilfe einer Brotbackmaschine (die bekannten fertig abgemessenen Backmischungen für die Brotbackmaschine sollte man allerdings von zuhause mitbringen). Auch Großmutters Kuchen- und Tortenrezepte kommen zu ganz neuen Ehren. Und als neuschwedischer Landbewohner haben Sie - auch wenn Sie nicht selbst jagen oder fischen - bei gutem Kontakt zu Ihren Nachbarn durchaus die Aussicht auf ein preiswertes Stück saftigen Elchbraten oder auf frischen Fisch. Denn Jagen und Fischen sind auf dem Lande in Schweden auch heutzutage noch sehr beliebte Möglichkeiten, die Speisekammer aufzufüllen; es gibt daher fast immer irgendeinen Nachbarn, der bereit ist, von seinen Vorräten preiswert etwas abzugeben.

Einfach süß: Brot, Fisch, Wurst und mehr

Die Schweden mögen es aus Tradition süß: Viele Sorten Brot, eingelegter Fisch oder Wurst/Würstchen sind gezuckert und damit im Geschmack für Ausländer sehr ungewöhnlich. Man muss sich ein wenig durchprobieren, um zu den ungezuckerten Varianten zu finden. Mittlerweile gibt es jedoch eine immer größere Auswahl ungesüßten Brotes, meistens aus Deutschland, Finnland oder Dänemark importiert. Wer gezuckerten, eingelegten Fisch nicht mag, kann (und muss) sich seinen Fisch selbst einlegen. Bei der Wurst wird es schon schwieriger. Hier muss man auf diverse Sorten Schinken oder gegebenenfalls auf *falukorv* ausweichen, der schwedischen Entsprechung zur Fleischwurst (die gleichwohl nicht so viel Fleisch enthält). Kräftige, ungesüßte Brat-, Grill- oder Bockwürstchen kann man nunmehr in den Geschäften finden; diese sind ebenfalls meist aus Deutschland importiert.

In schwedischen Lebensmittelgeschäften nicht vorhanden oder schwer (Tipp: eventuell bei Lidl) zu finden:	
Apfelmus mit Stückchen	Rübenkraut
Bratwurst	Sahnesteif
Fertige Brotbackmischungen speziell für die Brotbackmaschine	Salami, scharf oder herzhaft
Brötchen am Sonntag	Sauerkraut
Carokaffee	Schinkenspeck
Fencheltee	Senf, der wirklich scharf ist
H-Milch	Tortenguss
Kaffeepads	Vanillepudding
Kandiszucker	Vollkornbrot oder Schwarzbrot, ungesüßt und kräftig
Knödel aller Art (es gibt die sogenannten *kroppkakor*, gewöhnungsbedürftig)	Weihnachts-Leckereien
Krustenbrot	Weihnachtsstollen
Maggi	Wurst im Glas
Müsliriegel	Würstchen, die knackig sind
Nutella	Zwieback
Pflaumenmus	Zwiebelmettwurst
Quark	

Verbraucherberatung und Tests

Verbraucherberatung:
▶ *WWW.KONSUMENTVERKET.SE*

Verbraucherberatung und Tests:
▶ *WWW.RADRON.SE*

Test-Fakten (Waren- und Dienstleistungstests):
▶ *WWW.TESTFAKTA.SE*

Svenskt kvalitetsindex: Verbraucherbefragungen und -studien (Strom, Bank, Telekom, Versicherungen, kommunaler Service, Einzelhandel, Hypotheken): ▶ *WWW.KVALITETSINDEX.SE*

Einkaufslinks

Diverses

Information über Bauernmärkte in zahlreichen Städten
▶ HTTP://WWW.BONDENSEGEN.COM

Landesweit vertretener Discounter mit großem Billigsortiment
▶ WWW.OVERSKOTTSBOLAGET.SE

Preisvergleichs-Portal Lebensmittelpreise (Stockholm, Göteborg, Malmö)
▶ WWW.MATVARUPRISER.SE

Deutsches Brot und deutsche Wurst per Internet aus Stockholm bestellen
▶ HTTP://WWW.BROTHAUS.SE/

Deutsche Delikatessen in Schweden
▶ WWW.DEUTSCHEDELIKATESSEN.SE

Bio-Gemüse (Grüne Kiste)
▶ HTTP://EKOLADAN.SE/DEFAULT.ASPX
▶ HTTP://ARSTIDERNA.COM/

Lokal produzierte Spezialitäten von schwedischen Bauernhöfen
▶ WWW.GARDENDIREKT.SE

Preisvergleichs-Seiten

▶ WWW.PRISJAKT.NU
▶ WWW.PRICERUNNER.SE
▶ WWW.KELKOO.SE
▶ WWW.FINANSPORTALEN.SE
▶ WWW.BILLIGAST.SE

Versicherungen

- ▶ WWW.INSPLANET.COM — Versicherungsvergleiche
- ▶ WWW.LANSFORSAKRINGAR.SE — Länsförsäkringar
- ▶ WWW.DINA.SE — 50 lokale Versicherungsunternehmen
- ▶ WWW.TRYGGHANSA.SE — Trygg Hansa
- ▶ WWW.FOLKSAM.SE — Folksam
- ▶ WWW.IF.SE — IF

Post

- ▶ WWW.POSTEN.SE — Portopreise für Briefe und Pakete ermitteln

Bücher

- ▶ WWW.BOKBORSEN.COM — Gebrauchte Bücher, Filme, Musik, PC-Spiele
- ▶ WWW.ADLIBRIS.SE — Preiswerter Online-Buchhandel
- ▶ WWW.BOKUS.COM — Preiswerter Online-Buchhandel
- ▶ WWW.INTERNETBOKHANDELN.SE — Preiswerter Online-Buchhandel
- ▶ WWW.KULTURBUTIK.SE — Bücher, Musik und Filme
- ▶ WWW.ZVAB.COM — Größtes Zentralverzeichnis antiquarischer Bücher im Netz
- ▶ WWW.ANTIKVARIAT.NET — Schwedisches Antiquariat
- ▶ WWW.BOOKBUTLER.COM — Deutsches Preisvergleichsportal für Bücher weltweit

Musik/Filme

- ▶ WWW.CDON.COM — Musik und DVD-Filme
- ▶ WWW.MEGASTORE.SE — Musik, DVD-Filme, Bücher, PC-Spiele, Computer und mehr
- ▶ WWW.GINZA.SE — Musik, DVD-Filme, Bücher, PC-Spiele, Spielkonsolen und mehr
- ▶ WWW.LOVEFILM.SE — Verleih von DVD-Filmen per Post
- ▶ WWW.CINEBUTLER.COM — Deutsches Preisvergleichsportal für DVD-Filme weltweit

Bekleidung

▶ WWW.SHOPPINGBUTIKER.DE   Linkportal zu Online-Boutiquen (Kleidung, Schuhe, Schmuck und mehr)

Kinderkleidung

▶ WWW.LINUSLOTTA.COM

Damenkleidung

▶ WWW.NELLY.SE
▶ WWW.ELLOS.SE
▶ WWW.HALENS.SE
▶ WWW.LAREDOUTE.SE
▶ WWW.EFASHION.SE
▶ WWW.CELLBES.SE

Einkaufs-Tipps aller Art

▶ WWW.FINANSPORTALEN.SE/SHOPPING.HTM

Private Kleinanzeigenportale

▶ WWW.BLOCKET.SE
▶ WWW.ALLAANNONSER.SE

Schwedische Auktionsportale

▶ WWW.TRADERA.SE   Schwedisches Ebay
▶ WWW.MRSVENSSON.SE
▶ WWW.SVENSKAAUKTIONER.SE

TV, Computer, Telefone, Kameras und mehr

▶ WWW.NETONNET.SE
▶ WWW.KOMPLETT.SE
▶ WWW.ELGIGANTEN.SE

▶ WWW.MEDIAMARKT.SE
▶ WWW.ONOFF.SE
▶ WWW.EXPERT.SE

Computerbedarf und mehr

▶ WWW.KJELL.COM

Druckertinte, Fotopapier, Computerzubehör

▶ WWW.INKCLUB.COM
▶ WWW.112INK.SE

Technik-, Haushalts-, Büro- und Computerbedarf, auch Werkzeug

▶ WWW.CLASOHLSON.SE
▶ WWW.JULA.SE

Haushaltsgeräte, Waschmaschinen etc. online bestellen

▶ WWW.TRETTI.SE

Staubsaugerbeutel aller Art online bestellen

▶ WWW.DAMMSUGARPASAR.COM

Kontaktlinsen und Brillen
Kontaktlinsen und Brillen werden in Schweden aus Preisgründen oft online gekauft:

▶ WWW.LENSWAY.SE   Brillen und Kontaktlinsen online kaufen
▶ WWW.SPECSAVERS.SE   Brillen und Kontaktlinsen online kaufen
▶ WWW.FAVOPTIC.COM   Brillen online kaufen

Apotheken-Heimlieferung

▶ WWW.APOTEKET.SE

Naturheilmittel, Naturkosmetik, Vitamine und mehr

▶ *WWW.HALSOKOSTGROSSISTEN.SE*

Snus und kein Ende

Bis zum Zeitpunkt der Drucklegung dieses Buches ist es dem Königreich Schweden gelungen, tapfer und erfolgreich gegen anderslautende EU-Bestimmungen zu kämpfen und sich das Recht auf Vertrieb und Genuss des landesweit ungemein beliebten Schnupftabaks *(snus)* zu erhalten. Wer unter Touristen und Einwanderern sich jemals gefragt haben mag, warum (vornehmlich) schwedische Männer mitunter so aussehen, als hätte man ihnen kürzlich auf die Oberlippe gehauen, sollte wissen, dass ein kleines Zellulose-Kissen mit Schnupftabak - oder auch loser Schnupftabak für Hardcore-Anwender - der Grund dafür ist. *Snus*, so heißt es in Schweden, sei besser als Zigaretten rauchen und gar eine Möglichkeit, sich das Rauchen abzugewöhnen. Man inhaliert ja schließlich nicht! Zahlreiche in Schweden veröffentlichte Studien sprechen mal dafür, mal dagegen. Tatsache ist, dass der *snus* zum schwedischen Alltag gehört wie das Knäckebrot. Im Gegensatz zum Konsum von Knäckebrot gibt es allerdings Schattenseiten bei der Entsorgung des *snus*, die hier nicht verschwiegen werden sollen:

Auf dem Lande spuckt man ihn, unabhängig von Situation oder Begleitern oftmals einfach aus, nicht selten kraftvoll und lautstark. Schwedische Männer mit Gefühl für Diskretion gehen vielleicht zur Seite und entfernen das feucht-krümelige Genussmittel auf weniger unangenehme Weise.

Kapitel 17
Kindergarten, Schule und Gymnasium

Kindergarten und Vorschule (1.-6. Lebensjahr)

Die Kinderbetreuung in Schweden ist gut ausgebaut und ermöglicht somit die Berufstätigkeit beider Elternteile. Gemäß der offiziellen Statistik der schwedischen Aufsichtsbehörde für das Vorschul- und Schulwesen *(skolverket)* gingen im Herbst 2007 80% aller Kinder von 1 bis 5 Jahren in den Kindergarten, die Vorschule oder eine Familientagesstätte. Kinder ab 1 Jahr haben in Schweden einen gesicherten Anspruch auf einen Platz in Kindergarten, Familientagesstätte oder Vorschule, und zwar auch dann (für 15 Stunden wöchentlich), wenn die Eltern wegen Arbeitslosigkeit zuhause sind. Für Kinder bis 5 Jahre ist also die Vorschule *(förskoleverksamhet)* zuständig, die in Vorschule *(förskola)*, Familientagesstätte *(familiedaghem)* und offene Vorschule *(öppen förskola)* gegliedert ist und von Kommunen oder privaten Betreibern angeboten wird.

Monatliche Gebühren für Kindergarten und Kindertagesstätten
Die monatlichen Gebühren für die Betreuung in Kindergärten und Kindertagesstätten dürfen 1.260 SEK für das erste Kind nicht überschreiten; 840 SEK sind für das zweite Kind und 420 für das dritte Kind zu zahlen (Stand Oktober 2008). Die Kindergarten- und Vorschulkinder werden in der überwiegenden Mehrzahl der Einrichtungen nach Möglichkeit von akademisch ausgebildeten Erziehern betreut.

Vorschulklasse zur Vorbereitung auf die Schule (6. - 7. Lebensjahr)
Sechsjährige können in Schweden im Anschluss an Kindergarten und Vorschule eine sogenannte Vorschulklasse zur Vorbereitung auf die eigentliche Schule besuchen, die in Schweden im Alter von 7 Jahren beginnt. Die Vorschulklasse wird von Kommunen oder freien Trägern angeboten, umfasst mindestens 525 Stunden pro Jahr und ist gebührenfrei.

Schulkinderbetreuung ab 7. Lebensjahr
Für Kinder ab 7 ist die Schulkinderbetreuung *(skolbarnomsorg)* im Rahmen der sogenannten *fritidshem* (Kinderhort) und *öppen fritidsverksam-*

het (Freizeiteinrichtung für 10-12-jährige) gedacht. Die monatlichen Gebühren für die Schulkinder-Betreuung dürfen nicht mehr als 1-2% des Bruttoeinkommens der Eltern betragen. Für das erste Kind sind maximal 840 SEK monatlich zu zahlen, für das zweite Kind 420 SEK (Stand Oktober 2008).

Deutsche Schulen: In Stockholm und Göteborg

In Stockholm und in Göteborg gibt es deutsche Schulen, an denen bilingualer Unterricht auf Deutsch und auf Schwedisch abgehalten wird. Die Deutsche Schule in Göteborg ist eine Grundschule mit den Klassen von 1-9, an der schulgeldpflichtigen Deutschen Schule in Stockholm (Klasse 1-13) können die Schüler deutsche Schulabschlüsse (Hauptschulabschluss, Realschulabschluss und Abitur) machen und/oder auch den schwedischen gymnasialen Abschluss. Die Deutsche Schule in Göteborg hat auch eine Vorschulklasse für Sechsjährige und einen Hort, die Deutsche Schule in Stockholm einen Kindergarten und eine Kindertagesstätte für Kinder von der 1.-3. Klasse. Die Plätze an beiden Schulen sind (auch bei schwedischen Eltern und Schülern) äußerst begehrt, die Nachfrage übertrifft das Angebot um ein Vielfaches.

Deutsche Schule in Göteborg (Klasse 1-9): ▶ *HTTP://WWW.TYSKASKOLAN.NU*

Deutsche Schule in Stockholm (Klasse 1-13): ▶ *HTTP://HOME.TYSKASKOLAN.SE*

Waldorfschulen und -gymnasien in Schweden: ▶ *WWW.WALDORF.SE*

Grundschule in Schweden (1.-9. Klasse)

Aufteilung der Grundschule

Eine Schulpflicht besteht in Schweden für alle Kinder zwischen 7 und 16 Jahren. Die schwedische Grundschule geht von der ersten bis zur neunten Klasse und ist eine Gesamtschule. Das heißt jedoch in den meisten Fällen nicht, dass die Kinder vom 7. bis zum 16. Lebensjahr im gleichen Schulgebäude unterrichtet werden. Denn die Grundschule ist ihrerseits in drei ›Stadien‹ aufgeteilt: das *lågstadiet* von Klasse 1-3, das *mellanstadiet* von Klasse 4-6 und das *högstadiet* von Klasse 7-9. Die Klassen 1-6 werden in vielen Fällen in ein und derselben Schule unterrichtet; für den Besuch der Klassen 7-9 müssen die Kinder dann meistens eine andere Schule der Kommune besuchen. Grundschule bezeichnet also nur die Schulform und nicht etwa ein Schulgebäude, das man langfristig gemeinsam besucht.

Öffentliche und freie (private) Schulen

Die Wahl der Schule ist den Eltern freigestellt. Neben den kommunalen Schulen haben sich im ganzen Land zahlreiche Freischulen *(friskolor)* etabliert; ihre Anzahl hat sich in den letzten 12 Jahren verdoppelt. Im Schuljahr 2007/2008 gab es landesweit 635 freie Grundschulen, die sich auf 180 Kommunen verteilen, von diesen Schulen sind 10,2% konfessionell ausgerichtet und 6,1% sind Waldorfschulen. Freie Grundschulen dürfen, im Gegensatz zu freien Gymnasien, keine Gebühren für den Schulbesuch berechnen. Auf der Homepage der schwedischen Schulaufsichtsbehörde ist eine Datenbank mit allen freien Schulen in Schweden, nach Län geordnet, zu finden.

Datenbank des *skolverkets* - Freie Schulen in ganz Schweden
▶ HTTP://WWW3.SKOLVERKET.SE/FRISKOLA03/FRISKOLA.ASPX

Ausstattung

Schwedische Schulen zeichnen sich unter anderem durch ihre hervorragende Ausstattung aus: freundliche Klassenräume, ergonomische Sitzbänke, moderne Computersäle mit zahlreichen PCs, freie Lehr- und Schreibmittel, durchdachte Raumgestaltung, Bibliothek, Schulrestaurant und gemütliche Rückzugsbereiche für die Schüler. Auch gibt es an jeder Schule eine Schulkrankenschwester sowie einen Kurator, an den sich Schüler mit schulischen oder persönlichen Problemen wenden können. An vielen Schulen gibt es auch Schulpsychologen, Spezialpädagogen und Schulärzte.

Unterricht

Der Unterricht an der schwedischen Grundschule dauert bis in den Nachmittag. Die Lehrmittel, Hefte und Stifte sind frei, die Schulbücher werden in der Schule aufbewahrt und ein Schulranzen ist daher nicht erforderlich, allenfalls ein Turnbeutel oder ein Rucksack für Sport- und Badekleidung. Mittags wird allen Kindern ein warmes Essen angeboten. Da meistens keine oder nur sehr wenige Hausaufgaben aufgegeben werden, erübrigt sich eine nachmittägliche Hausaufgabenbetreuung.

Der Unterricht selbst, insbesondere in den Klassen 1-6, ist kinderfreundlich und stellt vor allem das entspannte, spielerische Lernen in gemütlicher Atmosphäre in den Vordergrund. Lehrerinnen und Lehrer sind weniger Respektspersonen als vielmehr Freunde und Vertraute der Kinder; die auf dem Kontinent so verbreitete Angst des Schülers vor dem Lehrer ist in Schweden gänzlich unbekannt, desgleichen Herabsetzung, Kritik und Sarkasmus seitens des Lehrpersonals.

Die Lehrer orientieren sich in ihrer Unterrichtsgestaltung am Lernvermögen der schwächsten Schüler einer Klasse, da man davon ausgeht, dass die anderen Schüler sicher gut selbst zurechtkommen. Sitzenbleiben ist nicht möglich. In der Grundschule in Schweden gibt es bisher drei Schulnoten: *godkänd (G)*, *väl godkänd (VG)* und *mycket väl godkänd (MVG)*, was in etwa den Noten ›befriedigend‹, ›gut‹ und ›sehr gut‹ entspricht. Eine differenziertere Notenskala wird derzeit diskutiert, soll aber frühestens im Jahre 2012 in den Grundschulen eingeführt werden.

Anwesenheit, Fleiß, Hausaufgaben, Teilnahme am Unterricht bzw. Störung des Unterrichts sollen gemäß Empfehlung der Schulaufsichtsbehörde nicht bei der Benotung berücksichtigt werden. Erreicht ein Grundschüler die Lernziele nicht, erfolgt keine Notengebung, sondern eine individuelle schriftliche Beurteilung über den Kenntnisstand des Schülers.

Einblick ins Klassenzimmer

Wenn Sie aus Interesse am Schulunterricht Ihrer Kinder teilnehmen und sich fragen, wann denn der Unterricht eigentlich beginnt, da die Schüler umherlaufen, etliche den Klassenraum ab und zu verlassen, mit ihren Handys spielen und so gar keine Struktur im Unterrichtsablauf zu erkennen ist: Entspannen Sie sich - Sie befinden sich bereits mitten im Unterricht!

Prüfungen

In den Klassen 3, 5 und 9 nehmen alle Grundschüler an der sogenannten *nationella prov* (nationale Prüfung) teil. In der Klasse 3 werden die Kenntnisse in Schwedisch und Mathematik überprüft, in den Klassen 5 und 9 kommt zu diesen Fächern noch Englisch hinzu. Ab Frühjahr 2009 soll (zunächst versuchsweise) eine nationale Prüfung in einem naturwissenschaftlichen Fach eingeführt werden.

Das Bestehen der nationalen Prüfung (Mindestnote *godkänd*) gegen Ende der 9. Klasse ist ausschlaggebend für die Möglichkeit eines Besuchs des Gymnasiums.

Zeugnisse

Um die Schüler nicht zu früh durch ›Zeugnis-Stress‹ zu belasten, erfolgt eine regelrechte Notengebung erst ab der 8. Klasse. Diese späte erstmalige Benotung ruft allerdings alle Jahre wieder bei vielen Schülern Panik hervor: Ab Klasse 8/9 setzt nämlich erstmalig ein für sie ganz ungewohnter Lernstress ein. Wer aufs Gymnasium möchte - und das möchten/müssen mangels anderer Ausbildungsmöglichkeiten praktisch alle - muss aber die 9. Klasse mit ausreichend guten Noten in den Fächern Schwedisch, Mathematik und Englisch abschließen. Um Schüler und Eltern bereits vorher regelmäßig über den Kenntnisstand des Schülers zu informieren, hat man daher nun bereits ab Klasse 1 schriftliche Beurteilungen eingeführt, die den Eltern beim halbjährlichen *utvecklingssamtal* (Lehrergespräch) übergeben werden. Diese Beurteilungen spiegeln den Kenntnisstand des Schülers im Verhältnis zu den Zielen der jeweiligen Lehr- und Kurspläne wider; es handelt sich dabei jedoch nicht um Notengebung.

Im Frühling 2008 erfüllten nach Angaben der Schulaufsichtsbehörde nur 88,8% der schwedischen Grundschüler die Voraussetzungen für den Übergang zum Gymnasium. Daher wird seitens Regierung und Schulaufsichtsbehörde derzeit eine detailliertere (5-gradige) Benotung diskutiert, die ab 2010/2011 erst für das Gymnasium, dann ab 2012 auch für die Grundschule eingeführt werden soll. Auch denkt man darüber nach, diese differenziertere Benotung bereits ab Klasse 6 einzuführen.

Gymnasium (10.-12. Klasse)

Gymnasium - Bildung und Berufsausbildung

Das dreijährige schwedische Gymnasium ist nicht mit kontinental-europäischen Gymnasien, sondern eher mit einer berufsvorbereitenden Schule zu vergleichen. In Schweden gab es bis 2008 seit vielen Jahren praktisch keine Lehrlingsausbildungen mehr; diese Ausbildungen wurden an die Gymnasien verlegt und mit gymnasialen Studien verwoben. Ganze 99% aller schwedischen Grundschüler gingen daher bisher weiter aufs Gymnasium, um zunächst eine grundlegende Ausbildung beginnen zu können.

Ausbildungsprogramme

Vorab ist eines von 17 nationalen Programmen zu wählen, das den eigenen Interessen am besten entspricht. Folgende Programme werden angeboten: Kinder- und Freizeitprogramm, Bauprogramm, Elektrikerprogramm, Energieprogramm, Ästhetisches Programm, Fahrzeugprogramm, Handels- und Verwaltungsprogramm, Handwerksprogramm, Hotel- und Restaurantprogramm, Industrieprogramm, Lebensmittelprogramm, Medienprogramm, Naturprogramm (Tiere, Land, Wald, Wasser), Naturwissenschaftliches Programm, Pflegeprogramm, Gesellschaftswissenschaftliches Programm, Technisches Programm.

Schüler, die aus unterschiedlichsten Gründen nicht in der Lage sind, an einer der oben genannten Programmausbildungen teilzunehmen (z.B. wegen Lernschwierigkeiten oder ungenügenden Abschlussnoten der Grundschule), können zunächst das sogenannte ›Individuelle Programm‹ wählen, um dann später mit einem der obigen Programme zu beginnen.

Alle 17 Programme bieten eine breite Basis-Ausbildung durch Erwerb beruflicher und schulischer Kenntnisse und führen zur allgemeinen Hochschulreife *(grundläggande behörighet)* für das Studium an Universitäten und Hochschulen. Wird das Programm von der heimischen Kommune nicht angeboten, hat man das Recht auf den Schulbesuch in einer anderen Kommune.

Alle müssen mit!

ALLE Klassenkameraden müssen eingeladen werden, wenn ein Schulkind schriftliche Einladungen zu seiner Geburtstagsfeier in der Klasse verteilt. Wenn es nur einige wenige Klassenkameraden auswählt, kann es Ärger mit der Schule geben - für das Kind und für die Eltern. Wegen Verstoßes gegen das Prinzip der Gleichbehandlung.

Seit 2008: Neue gymnasiale Lehrlingsausbildung

In einer aktuellen Versuchsphase, die zunächst von Juli 2008 bis Juni 2010 dauern wird, erprobt man nun eine neue gymnasiale Lehrlingsausbildung *(gymnasial lärlingsutbildning)*.

Mindestens die Hälfte dieser Ausbildung (die im Gegensatz zu den meisten gymnasialen Ausbildungen in Schweden nicht zur Hochschulreife führt) muss in Betrieben erfolgen. Die Nachfrage nach diesen Ausbildungen ist groß und man darf auf den Ausgang dieses Versuchsprojektes gespannt sein. Während dieser Probe-Phase stehen 100 Lehrlingsplätze im ganzen Land zur Verfügung.

Informationen zur Lehrlingsausbildung
▶ WWW.HANTVERKSLARLING.SE

Ab Herbst 2009: Neue gymnasiale Spitzen-Ausbildung

Nachdem jegliche Eliteförderung (außer in Sport und Musik) in Schweden bislang tabu war, zeichnet sich nunmehr auch hier ein erster Trend zur individuellen Förderung besonders begabter Schüler ab: Ab Herbst 2009 werden - im Rahmen eines Versuchsprojekts - zunächst 10 sogenannte gymnasiale Spitzenausbildungen *(spetsutbildningar)* eingeführt: Schüler, die an dieser Ausbildung teilnehmen, erhalten eine vertiefte, schnellere und anspruchsvollere Ausbildung in Mathematik, naturwissenschaftlichen, gesellschaftswissenschaftlichen und geisteswissenschaftlichen Fächern. Der Studientakt ist höher als an normalen Gymnasien und die Schüler können im letzten Teil der Ausbildung parallel an der Universität studieren.

Schüler aus dem ganzen Land können sich für diese Ausbildungen anmelden (gute Noten und das Bestehen der Aufnahmeprüfung vorausgesetzt). Insgesamt sollen in der Versuchsphase 20 dieser Ausbildungen angeboten werden.

Informationen beim *skolverket* unter ›*försöksverksamhet med gymnasial spetsutbildning*‹: ► WWW.SKOLVERKET.SE

Beratung für angehende Gymnasiasten

Angehende Gymnasiasten können sich zur besseren Entscheidungsfindung, für Informationen zu den verschiedenen Programmen und für allgemeine Beratung an den sogenannten *syo-konsulenten* (Studien- und Berufsberater) des in Frage kommenden Gymnasiums wenden. Umfassende Information zu gymnasialen Studien sowie alle Gymnasien landesweit findet man auf folgenden Internetseiten:

► WWW.UTBILDNINGSINFO.SE
► WWW.GYMNASIEGUIDEN.SE
► WWW.SYOGUIDEN.COM

Waldorfschulen und -gymnasien in Schweden:
► WWW.WALDORF.SE

Informationen für ausländische Jugendliche, die nach Schulgang in der Heimat ihre Gymnasialzeit in Schweden abschließen möchten
► WWW.SKOLVERKET.SE/SB/D/465/A/1240

Freie Gymnasien
Neben den kommunalen Gymnasien haben sich in den letzten Jahren auch zahlreiche freie Gymnasien *(fria gymnasium)* etabliert. Im Gegensatz zu freien Grundschulen können diese Schulen Gebühren für den Schulbesuch verlangen - aber bei weitem nicht alle tun das. Im Schuljahr 2007/2008 gingen insgesamt 391.000 Schüler in Schweden aufs Gymnasium, 14.000 mehr als im Schuljahr zuvor. Von diesen 14.000 entschieden sich 11.000 für ein freies Gymnasium. In Schweden gibt es insgesamt 900 Gymnasien, davon sind 40% freie Gymnasien (Stand Oktober 2008). Sechs von zehn freien Gymnasien befinden sich im Einzugsbereich der Großstädte.

Datenbank des Skolverkets - Freie Schulen in ganz Schweden
► HTTP://WWW3.SKOLVERKET.SE/FRISKOLA03/FRISKOLA.ASPX

Profil-Gymnasien (Fußball, Handball, Design, Rockmusik uvm)
Im bevölkerungsarmen Schweden werben die Gymnasien intensiv um neue Schüler und locken mit attraktiven Schwerpunkten und Zusatzangeboten. So gibt es Fußballgymnasien, Handballgymnasien, Golfgymnasien, Pferdegymnasien, Designgymnasien, Rockmusikgymnasien, Natur- und Waldgymnasien - um nur einige zu nennen. An manchen Gymnasien bekommen Schüler laut Medien bei Eintritt gar einen Laptop geschenkt.

Gymnasien für Schüler mit Einschränkungen
Auf der anderen Seite gibt es Gymnasien für Schüler mit Aspberger Syndrom und leichten Formen von Autismus, Gymnasien für Schüler mit Dyskalkulie oder Dyslexie sowie Gymnasien für Taube und Gehörgeschädigte (zu letzterem siehe auch Kapitel ›Behindert in Schweden‹).

Exklusive Internate *(riksinternatskolor)*
Auch in Schweden gibt es (einige wenige) Internate, die dem entsprechen, was man z.B. auf dem europäischen Kontinent mit dem Begriff Internat verbindet: Anspruchsvolle, individuelle Betreuung und Förderung der Schüler, ein Klima von Sicherheit und Geborgenheit, niveauvolles Freizeitangebot, gemeinsames Wohnen, Förderung von Teamgeist und sozialem Verantwortungsempfinden, das Vermitteln von Werten und nicht zuletzt natürlich die Zahlung eines mitunter recht hohen

Schulgeldes. Wer solche Einrichtungen für seine Kinder sucht, kann hier nachschauen:

Lundsbergs Skola:
▶ WWW.LUNDSBERGSSKOLA.SE

Sigtuna Skolan - Humanistiska Läroverket:
▶ WWW.SSHL.SE/EXTRAMENUS/INTERNAT.HTML

Grennaskolan:
▶ WWW.GRENNASKOLAN.SE

Gymnasium: Programm- und Ortswahl
Bei Eintritt in das Gymnasium sind die Schüler im Durchschnitt 16 Jahre alt und wählen eines von 17 nationalen Ausbildungsprogrammen. Alle Ausbildungsprogramme führen zur allgemeinen Hochschulreife und vermitteln auch eine grundlegende Berufsausbildung, nur wenige sind rein studienvorbereitend. Wird das gewünschte Ausbildungsprogramm vom Gymnasium der eigenen Kommune nicht angeboten, hat man das Recht zur Wahl eines anderen Gymnasiums im Einzugsbereich einer anderen Kommune. Da die Schüler dann eventuell weit vom Heimatort zur Schule gehen und sich gegebenenfalls am Schulort privat einquartieren müssen, können sie bei der zentralen Studienmittelbehörde *CSN* einen sogenannten *inackorderingsbidrag* für die zusätzlich anfallenden Unterbringungskosten beantragen. Zahlreiche Gymnasien verfügen auch über angeschlossene Internate für Schüler, die von weit her kommen. Diese Internate haben jedoch kein Appeal von Exklusivität, sondern sind einfach notwendige, praktisch eingerichtete Beherbergungsmöglichkeiten.

Abitur und *studentexamen*
Ein Abitur gibt es an schwedischen Gymnasien nicht; die Abiturprüfung *(studentexamen)* wurde bereits 1968 abgeschafft. Die Benotung der Gymnasiasten erfolgt stattdessen auf Basis der insgesamt erreichten Punktzahl aller im Verlauf des Programms absolvierten Kurse und Fächer. Gleichwohl ist in Schweden der Begriff ›studentexamen‹ erhalten geblieben und bezeichnet heutzutage einfach nur den letzten Schultag im Gymnasium, den alle frisch gebackenen ›Studenten‹ ausgelassen und fein gekleidet gemeinsam feiern.

Anerkennung ausländischer Abiturabschlüsse

Für die Beurteilung und Anerkennung von ausländischen Abiturabschlüssen ist in Schweden das *verket för högskoleservice* zuständig *(VHS)*. Ausführliche Informationen unter: ▶*WWW.VHS.SE*

Studien-Beihilfe für Gymnasiasten *(studiebidrag und extra-tillägg)*

Alle Gymnasiasten erhalten automatisch vom 16. bis max. 20. Lebensjahr den sogenannten elternunabhängigen ›*studiebidrag*‹, der zehn Monate des Jahres von *CSN* ausbezahlt wird. Dieser *studiebidrag* ist exakt so hoch wie das bisher erhaltene Kindergeld (1.050 SEK/Monat, Stand November 2008), dessen Zahlung an die Eltern dann zeitgleich eingestellt wird. Bei Bedarf wird auch ein Extra-Zuschlag *(extra tilläg)* zwischen 285 und 855 SEK gezahlt, für dessen Gewährung das Einkommen der Eltern zugrunde gelegt wird. (Siehe auch Kapitel ›Soziale und ausbildungsbezogene Leistungen‹) *CSN:* ▶*WWW.CSN.SE*

Ungewöhnliche Tischsitten

Es ist, vor allem auf dem Lande, nicht ungewöhnlich, dass Kinder, die bei Freunden zum Spielen sind, dort nicht zur Teilnahme an den Mahlzeiten aufgefordert werden, sondern stattdessen warten und gegebenenfalls auch zuschauen müssen, bis die Familie des Freundes aufgegessen hat. Auch diese Sitte ist ein Relikt früherer Armut - als man nichts zu verschenken hatte.

Ab 1.7.2009: Neue nachgymnasiale Berufshochschule geplant

Ab 1.7.2009 soll es die neue Institution der Berufshochschule *(yrkeshögskolan)* in Schweden geben, die sämtliche berufsbezogenen nachgymnasialen (keine akademischen) Ausbildungen bündelt. Ein entsprechender Vorschlag wurde von der Regierung eingereicht, Ende Februar/Anfang März 2009 soll im schwedischen Reichstag darüber entschieden werden.

Folgende Ausbildungen sollen zukünftig zentral von der *yrkeshögskolan* angeboten werden:

- *KY*-Ausbildungen (*kvalificerad yrkesutbildning* = Arbeitsmarkts-Ausbildungen)
- Bestimmte komplettierende Ausbildungen
- Zusatzausbildungen
- Lehrlingsausbildungen für Erwachsene in einigen Handwerksberufen

Die Ausbildung an der Berufshochschule führt nach einem Vollzeitstudium von mindestens 40 Wochen zum Berufshochschulexamen. Es soll den Lernenden ebenfalls ermöglicht werden, ein sogenanntes qualifiziertes Berufshochschulexamen abzulegen, das einem Vollzeitstudium von mindestens 80 Wochen entspricht.

Sämtliche Ausbildungen an der Berufshochschule werden zum Bezug von Studienmitteln berechtigen. Eventuelle Studiengebühren müssen in einem angemessenen Verhältnis zu den tatsächlichen Kosten der Ausbildung stehen.

Die Ausbildungen werden zukünftig von der Berufshochschul-Behörde *(myndigheten för yrkeshögskolan)* verwaltet, die sich derzeit in Gründung befindet (Stand Dezember 2008). Die bisher zuständige *KY*-Behörde soll dann zeitgleich abgewickelt werden.

Kapitel 18
Studium

Allgemeines

Dieses Kapitel behandelt die grundlegenden Fragestellungen zur Aufnahme eines Studiums in Schweden; aus Platzgründen können detaillierte Erläuterungen zu Master- und anderen weiterführenden Studiengängen in Schweden hier leider nicht erschöpfend vorgenommen werden (das ergäbe ein eigenes Buch). Sie finden hier jedoch Tipps sowie Links zu sämtlichen relevanten Informationsquellen.

In Schweden gibt es neben 14 staatlichen Universitäten 22 staatliche und 3 private Hochschulen - sowie 9 weitere Hochschulen (die allerdings nur eine grundlegende Hochschulausbildung anbieten) und 12 Ausbildungsinstitute für Psychotherapeuten. Die Adressen finden Sie auf der Homepage des *högskoleverkets* (siehe unten). Das Studium ist für Schweden und andere EU-Bürger gratis, es fallen also keinerlei Studiengebühren an (Stand Okt. 2008). Es besteht jedoch eine Pflichtmitgliedschaft *(kårobligatoriet)* in den Studentenvereinigungen der jeweiligen Fakultäten; der Mitgliedsbeitrag beträgt bis zu ca. 300 SEK pro Semester *(termin)*. Die Mitgliedskarte *(terminskort)* der Studentenvereinigung muss bei Studienantritt sowie vor Prüfungen und Klausuren vorgezeigt werden. Sie berechtigt die Studenten fernerhin zum Eintritt in Clubs und Lokale sowie zur Teilnahme an Festen der Studentenvereinigungen und ermöglicht auch zahlreiche Rabatte, z.B. beim Erwerb von Studienliteratur oder bei Reisebuchungen.

Klicken Sie auf ›*den svenska högskolan*‹ und dann auf ›*adresser*‹
► WWW.HSV.SE

Information, Beratung, Zeugnisanerkennung

Alle schwedischen Universitäten und Hochschulen haben *studievägledare* (Studienberater), an die sich schwedische und ausländische Studenten zwecks Entscheidungsfindung, Studienmöglichkeiten und Beratung wenden können. Unter nachfolgenden Links finden Sie umfassende Informationen über Studien in Schweden. Die Zeugnisanerkennung ausländischer Abiturzeugnisse nimmt das *verket för högskoleservice (VHS)* vor, ausländische Studienabschlüsse bewertet das *högskoleverket (HSV)*.

Wichtige Links für (ausländische) Studenten in Schweden

▶ *WWW.ANABIN.DE*   Anabin, Informationssystem zur Anerkennung ausländischer Bildungsabschlüsse/Uni-Adressen

▶ *WWW.ENIC-NARIC.NET*   Europäisches akademisches Informationszentrum, Infos zu Bildungssystemen und Abschluss-Anerkennungen

▶ *WWW.STUDERA.NU/STUDERA/644.HTML*   Adressen aller schwedischen Hochschulen/Unis

▶ *WWW.SYOGUIDEN.COM*   Alles über Studieren und Arbeiten in Schweden

▶ *WWW.STUDERA.NU*   Alles zu Hochschulstudien, inklusive Hochschul-Suche

▶ *WWW.VHS.SE*   *Verket för högskoleservice*, Anerkennung ausländischer Abiturzeugnisse

▶ *WWW.HSV.SE*   Hochschulwerk, Anerkennung ausländischer Universitätsabschlüsse

▶ *WWW.CSN.SE*   *CSN*, Behörde für Studienmittel

▶ *WWW.FORSAKRINGSKASSAN.SE*   *Försäkringskassa*, zahlt z.B. Wohngeld

▶ *WWW.HOGSKOLEKVALITET.SE*   Info-Seite zum Hochschulvergleich

Semester und Anmeldetermine

Das Frühjahrssemester *(vårtermin,* abgekürzt *vt)* dauert von ca. Mitte Januar bis Juni, das Herbstsemester *(hösttermin,* abgekürzt *ht)* ungefähr von Ende August bis Anfang/Mitte Januar. Letzter Anmeldetag für das Herbstsemester ist der 15. April jeden Jahres, letzter Anmeldetag für das Frühjahrssemester ist der 15. Oktober jeden Jahres.

Informationen zum Studium in Schweden
▶ *WWW.STUDERA.NU*
▶ *WWW.SYOGUIDEN.COM*
▶ *WWW.STUDIERENINSCHWEDEN.DE*
▶ *WWW.STUDYINSWEDEN.SE*

Studienberechtigung

Studienberechtigt ist man grundsätzlich bei Vorliegen der allgemeinen Hochschulreife *(grundläggande behörighet)*; für zahlreiche Universitätsprogramme und -kurse benötigt man jedoch zusätzlich den Nachweis bestimmter gymnasialer Leistungskurse in gewissen Fächern *(särskild behörighet)*. Ab 2010 wird für angehende Studenten mit schwedischer Gymnasialausbildung die sogenannte ›områdesbehörighet‹ eingeführt: d.h. ab 2010 sind bei der Anmeldung zum Studium neben der allgemeinen Hochschulreife bestimmte, für das jeweilige Studium erforderliche Bereichskurse *(områdeskurser)* nachzuweisen, die man während der Gymnasial- oder im Rahmen einer kompletten gymnasialen *Komvux*-Ausbildung absolviert hat.

Die zu erfüllenden Voraussetzungen für die verschiedenen Hochschulprogramme und -kurse gehen aus den Broschüren und Internetinformationen der jeweiligen Universitäten und Hochschulen hervor. Auch auf der Internetseite ▶ WWW.STUDERA.NU kann man über die Suchfunktion sämtliche Programme/Kurse/Hochschulen und dann die jeweiligen Zugangsvoraussetzungen für die gewünschten Studiengänge finden.

2010: Verschärfung der Hochschulzugangsberechtigung für schwedische Gymnasiasten

Ab Herbst 2010 werden die Zugangsvoraussetzungen zur Hochschule für schwedische Gymnasiasten bzw. Studien-Aspiranten verschärft: Sie können dann nicht mehr, wie bisher, die Noten einzelner Fächer durch die nachträgliche Belegung entsprechender *Komvux*-Einzelkurse aufbessern, sondern müssen ein vollständiges Gymnasialzeugnis oder ein Zeugnis über eine komplette gymnasiale *Komvux*-Ausbildung vorweisen, um sich zum Studium anmelden zu können. Weiterhin erhalten sie zukünftig Extra-Leistungspunkte *(meritpoäng)*, die ihre Studienaussichten verbessern, wenn sie im Gymnasium folgende Fächer mit der Mindestnote *godkänd* belegt hatten: Moderne Sprachen, Englisch, Mathematik (auf verschiedenen Leistungsniveaus) sowie die sogenannten ›områdeskurser‹ (Bereichskurse), die für den jeweiligen zukünftigen Studiengang relevant sind.

Für ausländische Studenten ist diese Verschärfung nicht relevant; die einzige Änderung für sie besteht darin, dass sie ab 2010 einer neuen speziellen Auswahlgruppe nur für ausländische Studenten zugeteilt werden und man sie nicht mehr - wie bisher - auf unterschiedliche Auswahlgruppen verteilt.

Ausländische Hochschulreife und Studium

Ausländische Nachweise der Allgemeinen Hochschulreife werden vom schwedischen *verket för högskoleservice (VHS)* beurteilt und anerkannt; darum sollte man sich allerdings rechtzeitig bemühen. Ausländische Studenten müssen weiterhin ausreichend gute Kenntnisse in Schwedisch und Englisch nachweisen und z.B. den TOEFL-Test für Englisch und den TISUS-Test für Schwedisch erfolgreich bestanden haben. Der TOEFL-Test kostet ca. 1.400 SEK und kann auch per Internet absolviert werden Der TISUS-Test ist ebenfalls kostenpflichtig (2.000 SEK) und kann sowohl in Schweden als auch im Ausland durchgeführt werden.

Verket för högskolservice
► WWW.VHS.SE

Institutionen för nordiska språk, Informationen zum TISUS-Test
► WWW.NORDISKA.SU.SE

ETS, Informationen zum TOEFL-Test
► WWW.ETS.ORG/TOEFL

Netzwerk für internationale Studenten und Dozenten in Schweden
► WWW.SWEDENINTOUCH.SE

Erhöhung der Chancen auf einen Studienplatz durch Ablegen der *högskoleprov*

In etlichen Studiengängen ist das Angebot an Studienplätzen begrenzt, zum Teil, weil es nur wenige Plätze gibt, zum anderen weil der Zugang zum Wunsch-Studiengang durch die Anforderung an einen hohen Notendurchschnitt des Bewerbers erschwert ist. In den meisten Uni-Programmen und Kursen werden die Studienbewerber aus mehreren Auswahlgruppen rekrutiert, unter anderem auch aus der Auswahlgruppe *hp (högskoleprov)*. Zu jedem Semester werden laut *högskoleverket* mehr als ein Drittel aller Studienplätze an Bewerber mit abgelegter *högskoleprov* (externe Hochschulprüfung) vergeben. Durch Teilnahme an der *högskoleprov* kann man also seine Chancen auf einen Studienplatz nicht unbeträchtlich erhöhen, da man außer Hochschulreife-Zeugnissen auch noch die Resultate der *högskoleprov* vorweisen kann und somit gleich in zwei Bewerber-Auswahlgruppen vertreten ist.

Die *högskoleprov* findet zweimal jährlich zu festen Terminen an verschiedenen Orten in ganz Schweden, aber auch an schwedischen Schulen in ganz Europa statt. Die Anmeldegebühr beträgt 350 SEK (Stand Oktober 2008). Man kann die *högskoleprov* jährlich zwei Mal und dann jedes Jahr wieder zwei Mal ablegen - solange, bis man mit seinem Resultat zufrieden ist. Maximal können 2,0 Punkte erreicht werden. Das Resultat der zuletzt abgelegten *högskoleprov* bleibt 5 Jahre gültig. Es gibt übrigens weder Altersgrenzen noch Einschränkungen hinsichtlich der Staatsbürgerschaft der Teilnehmenden.

In der *högskoleprov* werden (hauptsächlich im multiple choice-Verfahren) folgende Kenntnisse nach Teilbereichen überprüft:

DTK	Verständnis von Karten, Diagrammen und Tabellen
LÄS	Verständnis schwedischer Texte
NOG	Mathematik und logik-bezogene Problemstellungen
ELF	Verständnis englischer Texte
ORD	Wort- und Begriffsverständnis (schwedisch)

Auf den nachfolgenden Seiten können interaktive Übungen zur *högskoleprov* sowie ältere Prüfungen zu Übungs- und Vorbereitungszwecken heruntergeladen werden:

► WWW.STUDERA.NU/STUDERA/339.HTML
► WWW.STUDERA.NU/STUDERA/340.HTML

Anmeldung zur *högskoleprov*: Auf der Seite ►WWW.STUDERA.NU kann man sich zur *högskoleprov* anmelden. Letzter Anmeldetag im Frühjahr ist der 15. Februar, für die *högskoleprov* im Herbst der 15. September.

Distanzstudium

Distanzstudien sind - auch aufgrund der großen Entfernungen - recht populär in Schweden; ein Viertel aller Studenten studiert auf diese Weise.

(Stand Oktober 2008). Man kann via Computer studieren oder auch an übertragenen Vorlesungen in den sogenannten *lärcentra* (Lehrzentren) in den verschiedenen Städten teilnehmen. Es können hauptsächlich Kurse, aber auch ganze Programme per Distanz studiert werden (z.B. das Lehrerprogramm und das Krankenschwestern-Programm). Distanzstudien berechtigen ebenfalls zum Bezug von Studienmitteln. Es gelten die gleichen Einschreibefristen wie für Präsenz-Studiengänge.

Alle Distanz-Studiengänge in Schweden: ▶ HTTP://STUDERA.NETUNIVERSITY.SE

Studera.nu - alles zu Studien in Schweden allgemein: ▶ WWW.STUDERA.NU

Kostenfreie Lehrzentren für Distanz-Studenten (Video-Konferenzen, Gruppenarbeiten, Prüfungen, Computer, Übertragung von Vorlesungen an anderen Orten): ▶ WWW.LARCENTRA.SE

Das Hochschul-Punktesystem

Seit dem 1.7.2007 haben Universitäten und Hochschulen in Schweden im Rahmen der Umsetzung des Bologna-Prozesses ihr Punktesystem an das European Credit Transfer and Accumulation System (ECTS) angeglichen. Für ein Vollzeitstudium von 40 Wochen werden dem Studenten nunmehr 60 *högskolepoäng*/ECTS-Punkte (statt wie früher 40 *högskolepoäng*) angerechnet. Ein schwedisches Vollzeit-Studienjahr umfasst 40 Wochen, ein Semester *(termin)* also 20 Wochen.

Studienabschlüsse

Die schwedischen Studiengänge sind seit dem 1.7.2007 eingeteilt in drei unterschiedliche Niveaus (übergangsweise gelten auch noch die alten Regelungen):

Grundniveau *(grundnivå)*
Das Grundniveau umfasst die ersten drei Studienjahre. Nach zwei Jahren bzw. nach Erreichen von 120 *högskolepoäng* kann man ein Hochschulexamen *(högskolexamen)* ablegen, nach 3 Jahren (180 *högskolepoäng*) ein sogenanntes *kandidatexamen*.

Fortgeschrittenes Niveau *(avancerad nivå)*
Baut auf den drei ersten Studienjahren bzw. dem Grundniveau auf. Das Studium eines Programms auf fortgeschrittenem Niveau setzt das *kandidatexamen* voraus; für das Studium von Kursen wird zwar die Grundausbildung, aber kein Examen vorausgesetzt. Nach einem Jahr Studium (60 *högskolepoäng*) auf fortgeschrittenem Niveau kann man das Magisterexamen ablegen, nach zwei Jahren Studium (120 *högskolepoäng*) das Masterexamen.

Forschungs-Niveau *(forskningsnivå)*
Das Studium auf Forschungs-Niveau umfasst normalerweise 4 Jahre und setzt eines der Examina aus dem höheren Niveau (siehe oben) voraus. Nach 2 Jahren Studium auf Forschungsniveau (120 *högskolepoäng*) kann man das *licentiatexamen* ablegen, nach vier Jahren (240 *högskolepoäng*) das sogenannte *doktorsexamen*, also die Promotion.

Vorlesungen auf Englisch / Studienliteratur in Englisch

An den Universitäten und Hochschulen werden etliche Vorlesungen auch auf Englisch abgehalten. Entsprechende Informationen kann man den Informations-Katalogen oder Homepages der jeweiligen Institute entnehmen.

Ein Großteil der Studienliteratur für die meisten Studiengänge in Schweden ist in englischer Sprache abgefasst, daher sind gute englische Sprachkenntnisse für alle Studenten ein Muss.

Gebrauchte Studienliteratur
▶ WWW.KURSLITTERATUR.SE

Gebrauchte (Studien-)Bücher
▶ WWW.BOKBORSEN.SE

Neue und gebrauchte Studienliteratur
▶ WWW.LYCKNIS.SE

Neue und gebrauchte Studienliteratur, siehe unter ›*studenttjänster*‹
▶ WWW.STUDENT.SE

Preiswerter Online-Buchhandel, u.a. Studienliteratur
▶ *WWW.ADLIBRIS.COM/SE/STUDENT.ASPX*

Gebrauchte Studienliteratur
▶ *WWW.STUBOK.NET*

Gratis-Studienliteratur zum Download (Wirtschaft, Ingenieure, IT)
▶ *HTTP://STUDENTIA.SE*

Studienmittel

Studenten können in Schweden, völlig unabhängig vom Einkommen der Eltern, für Voll- oder Teilzeitstudien bis zu einer Studiendauer von 6 Jahren Studienmittel von der zuständigen Behörde *CSN* erhalten. Studienmittel werden in Schweden bis zum Alter von 54 Jahren gezahlt, ab einem Alter von 45 Jahren verkürzt sich jedoch die Zeit, für die Studienmittel gewährt werden. Die Höhe und Gewährung der Studienmittel ist an den Studienumfang (Vollzeit- oder Teilzeitstudium) bzw. an die Studienleistung geknüpft (Erreichen einer Mindestanzahl von Hochschulpunkten pro Semester). Pro 4 Wochen Vollzeitstudium zahlt *CSN* 7.492 SEK (Stand Oktober 2008), ein Vollzeitstudium umfasst 40 Wochen pro Jahr.

Die Studienmittel bestehen aus einem Beihilfe- und einem Darlehensteil, der Beihilfe-Anteil braucht nicht zurückgezahlt werden. Bei der Summe von 7.492 SEK für 4 Wochen sind zum Beispiel 2.572 SEK Beihilfe und 4.920 SEK Darlehen. Die Erst-Auszahlung von Studienmitteln ist abhängig von der Registrierung des Studenten bei Kurs- oder Programmantritt sowie von zusätzlicher Einsendung des sogenannten *studieförsäkran* per Post oder online an *CSN*. Im *studieförsäkran* versichert man, dass man die Studien, für die Studienmittel beantragt wurden, auch wirklich antreten wird.

Studienmittel für ausländische Studenten aus EU-Ländern/Schweiz
Ausländische Studenten aus EU-Ländern oder der Schweiz können ebenfalls schwedische Studienmittel erhalten, wenn sie das schwedische Aufenthaltsrecht haben und entweder bereits zwei Jahre in Schweden gelebt und gearbeitet oder zwei Jahre mit einem schwedischen Partner in Schweden zusammengelebt haben. *CSN:* ▶ *WWW.CSN.SE*

Freibeträge

Ein Student, der ein normales Vollzeitstudium in Schweden absolviert (40 Wochen), darf pro Kalenderhalbjahr 53.500 SEK verdienen, ohne dass seine Studienmittel reduziert werden (Stand Januar 2009). Einkünfte, die über diesen Betrag hinausgehen, werden auf die Studienmittel angerechnet. Auf der Homepage von *CSN* kann man ausrechnen, wie hoch die Freibeträge, basierend auf Umfang des Studiums (Voll- oder Teilzeit) und auf der Anzahl der Studienwochen jeweils ausfallen. Die amtierende Regierung plant, noch vor der nächsten Wahl (2010) sowohl die Höhe der Freibeträge als auch der Studienmittel anzuheben.

Zusatz-Beihilfen und Zusatz-Darlehen

Studenten mit Kindern können Zusatz-Beihilfe *(tillägsbidrag)* erhalten, Studenten mit Mehrausgaben durch z.b. doppelte Haushaltsführung oder Zusatzkosten für studienbedingte Reisen können ein Mehrkosten-Darlehen *(merkostnadslån)* beantragen. Studenten, die mindestens 25 Jahre alt sind und vor Aufnahme des Studiums bereits berufstätig waren, können für 120 Wochen ein Zusatzdarlehen *(tillägslån)* in Höhe von 423 SEK pro Woche bekommen (Stand Januar 2009). Letzteres gilt, wenn durch die zuvor ausgeübte Berufstätigkeit gewisse Mindesteinkommensgrenzen erreicht wurden, die von *CSN* jährlich neu festgelegt werden. Beantragung von Studienmitteln und zusätzlichen Beihilfen/Darlehen: ▶WWW.CSN.SE

Stipendien

Studenten in Schweden haben die Möglichkeit, bei Stiftungen, Hochschulen und zahlreichen anderen Organisationen Stipendien verschiedenster Art zu beantragen, sei es für Studien, Forschungszwecke, Musik, Kultur, soziale Zwecke und mehr. Tips und Informationen dazu sowie auch Antragsformulare gibt es beim grössten schwedischen Suchportal für Stipendien: ▶WWW.STIPENDIER.SE

Wohngeld *(bostadsbidrag)*

Studenten zwischen 18 - 29 Jahren können von der *försäkringskassa* Wohngeld erhalten, dessen Höhe vom eigenen Einkommen vor Steuern, der Höhe der Miete und der Grösse der Wohnung abhängt. Zum Einkommen zählen auch dabei 80% der Studienbeihilfe (aber nicht des Studiendarlehens). Studentische Eltern, die älter als 29 Jahre sind, können ebenfalls Wohngeld beantragen, das bei fortdauernd geringem Einkommen maximal bis zum 18. Lebensjahr ihrer Kinder gezahlt wird.

Wohngeld-Information für Studenten, *försäkringskassan*
▶ *WWW.FORSAKRINGSKASSAN.SE/PRIVATPERS/STUDERANDE/BOBIDRAG*

Wohnsituation für Studenten in Schweden

Wenn Sie ein Studium in Schweden erwägen und nicht im Rahmen eines Austauschprogrammes ins Land kommen (wo die Wohnsituation in der Regel im Vorfeld geklärt ist): Stellen Sie sich so früh wie möglich in die Wohnungsvermittlungs-Schlangen *(bostadskö)* aller in Frage kommenden größeren Studienorte, am besten bereits ein paar Jahre vorher. Studenten mit Kindern haben es leichter: Sie erhalten Vortritt *(förtur)* bei der Suche nach Studentenwohnungen.

Die Wohnsituation für Studenten in den Groß- und Universitätsstädten kann nur als katastrophal bezeichnet werden. Die Wartezeit für ein Studentenzimmer bzw. eine Studentenwohnung in Stockholm beträgt z.B. bei *Stiftelsen Stockholms Studentbostäder* je nach Lage zwischen 200 und 1.800 Tagen, in Göteborg zwischen ein paar Monaten bis zu 3-4 Jahren, in Uppsala zwischen 1-3 Jahren. So manches Studium ist also vermutlich bereits absolviert (während man wechselnd bei Freunden oder in Kurzzeitwohnungen gelebt hat), bis man in der Warteschlange endlich nach vorne gerückt ist. Schwedische Studenten wissen um diese Verhältnisse und stellen sich laut *Stiftelsen Stockholms Studentbostäder* z.B. bereits mit 16 Jahren in die Stockholmer Warteschlange für Studentenwohnungen, damit sie mit 19/20 Jahren ein Zimmer bekommen. Oder sie nutzen ihre privaten Kontakte, um das (jahrzehntealte) Wohndilemma irgendwie zu lösen. Ausländische Studenten sind mit diesen Zuständen meist nicht vertraut; und zu Semesterbeginn spielen sich daher in den Universitätsstädten in den internationalen Studentenbüros der Universitäten oft herzergreifende Szenen ab. Der Anblick aufgelöster, weinender ausländischer Studenten, denen mangels Dach über dem Kopf nur die Optionen Parkbank, Jugendherberge, Hotel oder im besten Fall das Sofa eines wohlmeinenden Kommilitonen bleiben, ist dort keine Seltenheit.

Wohnungsgarantie *(bostadsgaranti)* für Studenten

Studiert man an Hochschulen in kleineren Orten in Schweden, sieht die Situation besser aus. Viele dieser Hochschulen werben mit einer Wohnungsgarantie *(bostadsgaranti)* für Studenten, so dass zu Semesterbeginn in der Regel keine oder nur vorübergehende Wohnungsprobleme auftreten. Hochschulen mit *bostadsgaranti* sind beispielsweise: Hochschulen in Kristianstad, Halmstad, Dalarna, Kalmar, Borlänge, Gävle, Blekinge Tekniska Högskola, Mälardalens Högskola, Örebro universitet. Um die Garantie in Anspruch nehmen zu können, sollte man parallel zur Registrierung als wohnungssuchender Student sicherheitshalber eine Kopie seines Immatrikulationsbescheides mitschicken oder mitbringen.

Wartezeiten für Studentenwohnungen/-zimmer in den größeren Universitätsstädten

(Durchschnitt, Stand Oktober 2008)

Stockholm:	200-1.800 Tage
Uppsala:	1-3 Jahre
Lund:	Zimmer: 4-10 Monate und länger, Wohnungen 12 Monate und länger
Göteborg:	ein paar Monate bis 3-4 Jahre
Malmö:	4-6 Monate bei Vermittlung durch *MKB* (siehe unten)
Linköping:	ca. 200 Tage zu Semesterbeginn, sonst im Schnitt 100 Tage

Studenten-Wohnungsvermittlungen in den größeren Städten

ÜBERSICHT STUDENTEN-WOHNUNGSVERMITTLUNGEN	
Stockholm	*Stiftelsen Stockholms Studentbostäder* ▶ WWW.SSSB.SE
	University accomodation Center ▶ WWW.UAC.SE
	Svenska Bostäder, u.a. Vermittlung von Studentenwohnungen ▶ WWW.SVENSKABOSTADER.SE
	Kista Studentenwohnungen ▶ WWW.KISTASTUDENTBOSTADER.SE
	Studentenwohnheim *Bromma* ▶ WWW.STUDENTHEMMETTEMPUS.SE
	AP Fastigheter: Studentenzimmer Stockholm ▶ WWW.APFASTIGHETER.SE

Göteborg	*SGS studentbostäder* ▶ *WWW.SGSSTUDENTBOSTADER.SE* *Chalmers studentbostäder* ▶ *WWW.CHALMERSSTUDENTBOSTADER.SE* Göteborgs grösste Wohnungsvermittlung, u.a. Studentenwohnungen ▶ *WWW.BOPLATSGBG.SE*
Lund	*AF Bostäder* ▶ *WWW.AFB.SE*
Linköping	*Studentbostäder Linköping* ▶ *WWW.STUDENTBOSTADER.SE*
Malmö	Homepage Hochschule Malmö, klicken Sie auf ›*student*‹, dann auf ›*studera och bo i Malmö*‹, dann auf ›*studentbostäder*‹ ▶ *WWW.MAH.SE* *MKB* - Malmö's größtes Wohnungsvermittlungsunternehmen ▶ *WWW.MKBFASTIGHET.SE*
Umeå	▶ *WWW.BOSTADEN.UMEA.SE* ▶ *WWW.BALTICGRUPPENBOSTAD.SE*

ALLGEMEINE WOHNUNGS-SUCHPORTALE (GRÖSSERE STÄDTE)

▶ *WWW.SOKSTUDENTBOSTAD.SE*
▶ *WWW.JAGVILLHABOSTAD.NU*
▶ *WWW.BLOCKET.SE*
▶ *WWW.BOPUNKTEN.SE*

WOHNUNGSBAUGESELLSCHAFTEN

SABO (Zusammenschluss aller gemeinnützigen Wohnungsbaugesellschaften Schwedens) - Gehen Sie auf ›*medlem*‹, dann auf ›*medlemsföretagen*‹, dann auf ›*sök företag*‹, klicken Sie daraufhin das gewünschte *län* an und/oder geben die gewünschte Stadt ein: Schon erscheint eine Liste mit den Namen und Adressen aller dort befindlichen Wohnungsbaugesellschaften: ▶ *WWW.SABO.SE*

LINKS ZU KURZZEIT- UND UNTERVERMIETUNGEN (ZIMMER UND WOHNUNGEN)

▶ *WWW.STUDENTLYA.SE*
▶ *WWW.ANDRAHAND.SE*
▶ *WWW.BOSTADDIREKT.COM*
▶ *WWW.HYRALYA.SE*
▶ *WWW.HYRARUM.SE*

Kapitel 19

Erwachsenenbildung

Allgemeines

In Schweden hat man das Konzept des lebenslangen Lernens auf beeindruckend vielfältige und flexible Weise in die Tat umgesetzt. Wer sich weiter- oder neu ausbilden möchte, kann unter einer immensen Auswahl von Ausbildungsmöglichkeiten wählen, von denen viele auch zum Bezug von Studienmitteln bis zum Alter von 54 Jahren berechtigen. EU-, EES- und Schweizer Bürger sind bei Vorliegen der Aufenthaltsberechtigung und nach zwei Jahren Aufenthalt/Arbeit in Schweden oder 2-jähriger Lebensgemeinschaft mit einem schwedischen Mitbürger ebenfalls zum Bezug von Studienmitteln berechtigt. Sollte eine Weiterbildung im Rahmen der Berufstätigkeit in Schweden notwendig werden, kann man Studienmittel auch schon früher erhalten.

Erwachsenenbildungsinstitute (oder ihre Filialen) mit einem umfassenden Kursangebot gibt es in den meisten Städten und kleineren Orten, aber auch der Weg zur Universität oder Hochschule ist dem Lernbegierigen keineswegs versperrt.

Der Erwerb der allgemeinen Hochschulreife ist auf vielen Wegen möglich, im Land der weiten Wege zum Beispiel auch über die Distanz; zahlreiche Universitäts-Studiengänge werden auf diese Weise angeboten. Man lernt dann entweder computergestützt zuhause und trifft Dozenten und Kommilitonen auf von den Universitäten eigens dafür eingerichteten Plattformen im Internet - oder man nimmt in einem der über das ganze Land verteilten Lehrzentren *(lärcentra)* an einer übertragenen Vorlesung teil.

Links zu (Distanz-) Kursen und -studien

NETVUX: Informations- und Suchdienst für Kurse im ganzen Land
▶ *WWW.NETVUX.SE*

Alle Distanz-Studiengänge in Schweden
▶ *HTTP://STUDERA.NETUNIVERSITY.SE*

Studera.nu - alles zum Studieren, Suche von (Distanz-)Studiengängen
► WWW.STUDERA.NU

Kostenfreie Lehrzentren für Distanz-Studenten (Video-Konferenzen, Gruppenarbeiten, Prüfungen, Computer, Übertragung von Vorlesungen an anderen Orten)
► WWW.LARCENTRA.SE

CSN - zentrale Studienmittelbehörde: ► WWW.CSN.SE

KY-Ausbildungen

Im Rahmen einer sogenannten *KY-Utbildning (kvalificerad yrkesutbildning* = qualifizierte Berufsausbildung) kann man ca. 800 verschiedene, arbeitsmarktangepasste (Berufs-) Ausbildungen absolvieren. Diese Ausbildungen berechtigen zum Bezug von Studienmitteln; die Absolventen haben sehr gute Chancen auf dem Arbeitsmarkt. Neun von zehn Absolventen wurden laut Auskunft der Behörde für *KY*-Ausbildungen nach Abschluss der *KY*-Ausbildung angestellt oder haben eine eigene Firma gegründet.

Verzeichnis aller *KY*-Ausbildungen inkl. aller zugehörigen Informationen
► WWW.KYGUIDEN.SE

Ab 1.7.2009: Neue nachgymnasiale Berufshochschule geplant

Ab 1.7.2009 soll es die neue Institution der Berufshochschule *(yrkeshögskolan)* in Schweden geben, die sämtliche berufsbezogenen nachgymnasialen (keine akademischen) Ausbildungen, auch im Rahmen der Erwachsenenbildung, bündelt. Ein entsprechender Vorschlag wurde von der Regierung eingereicht, Ende Februar/Anfang März 2009 soll im schwedischen Reichstag darüber entschieden werden. Details dazu finden Sie im Kapitel ›Kindergarten, Schule und Gymnasium‹.

Weiterbildungs- und Ausbildungsportale für Erwachsene

Lernia, Job- und Weiterbildungs-Portal, u.a. *KY*-Ausbildungen u. Arbeitsmarkt-Ausbildungen des Arbeitsamtes
► WWW.LERNIA.SE

Gymnasiale, *komvux*, Zusatz- und *KY*-Ausbildungen
▶ *WWW.YRKESSKOLOR.SE*

Portal für Ausbildungen/Zusatzausbildungen
▶ *WWW.UTBILDNING.SE*

Erwachsenenbildungsinstitute

Komvux

In jeder schwedischen Gemeinde *(kommun)* finden Sie die Erwachsenenbildungseinrichtung *komvux (kommunal vuxenutbildning)*. Die Informationen dazu finden Sie auf den jeweiligen Homepages der Kommunen unter den Stichworten *utbildning* (Ausbildung) oder *vuxenutbildning* (Erwachsenenbildung).
Bei *komvux* kann man, ausreichende Schwedischkenntnisse vorausgesetzt, z.B. den schwedischen Grundschulabschluss oder den Gymnasialabschluss nachholen, Computer-, Tourismus-, Wirtschafts- und viele andere Kurse belegen sowie Zusatzausbildungen oder *KY*-Ausbildungen machen. Weiterhin ist *komvux* der Ansprechpartner für Einwanderer, die einen *SFI*-Kurs belegen möchten *(svenska för invandrare)*, näheres dazu im Kapitel ›Schwedisch Lernen‹.

Weitere Erwachsenenbildungsinstitute

ABF (Arbetarnas Bildningsförbund)
▶ *WWW.ABF.SE*

Studieförbundet Vuxenskolan
▶ *WWW.SV.SE*

Medborgarskolan
▶ *WWW.MEDBORGARSKOLAN.SE*

Folkhögskolan - schwedische Volkshochschule
▶ *WWW.FOLKHOGSKOLA.NU*

Folkuniversitetet
▶ *WWW.FOLKUNIVERSITETET.SE*

Kapitel 20
Gesundheitswesen

Krankenversichert durch Anmeldung beim *skatteverket*

Durch Ihre Anmeldung beim *skatteverket* sind Sie und Ihre Familie automatisch in Schweden krankenversichert. Das schwedische Gesundheitswesen ist steuerfinanziert und wird daher zentral vom *skatteverket* und regional von den *landstingen* (Provinziallandtagen) sowie von den jeweiligen kommunalen Zweigstellen der *försäkringskassa* (Sozialversicherungskasse) verwaltet. Die vom Finanzamt eingenommenen Sozialversicherungsbeiträge werden dann von der *försäkringskassa* bei Bedarf bzw. bei Vorliegen der entsprechenden Voraussetzungen in Form von sozialen Leistungen wieder ausgezahlt (z.b. Kindergeld, Wohngeld, Krankengeld, Elterngeld etc.). Bei der *försäkringskassa* handelt es sich also nicht um eine Krankenkasse, sondern schlichtweg um eine Verwaltungs- und Auszahlungsstelle für soziale Leistungen, die eng mit dem skatteverket zusammenarbeitet.

Regelrechte Krankenkassen wie in anderen europäischen Ländern gibt es zum Zeitpunkt der Drucklegung dieses Buches in Schweden noch nicht. Aufgrund der zum Teil enorm langen Wartezeiten im schwedischen Gesundheitssystem bieten jedoch mehrere Versicherer seit einigen Jahren private Krankenzusatzversicherungen an, die es den Versicherten ermöglichen sollen, die langen Warteschlangen zu umgehen und tatsächlich recht umgehende Behandlungen bei Bedarf zu bekommen (Links am Ende dieses Kapitels). Die amtierende Regierung Reinfeldt denkt jedoch darüber nach, ein beitragsfinanziertes Krankenversicherungssystem einzuführen, da die Kosten für die steuerfinanzierte Gesundheitsversorgung der Bürger, auch aufgrund des demografischen Wandels, aus dem Ruder zu laufen drohen.

Die (Un-)Zugänglichkeit des Gesundheitswesens

Wenn man die Qualität eines Gesundheitswesens an seiner Zugänglichkeit für die Patienten misst, steht Schweden nicht gut da. Gemäß einer europaweiten Untersuchung zur Patientenzufriedenheit, die Health

Consumer Powerhouse (HCP) durchführte, waren im Jahre 2007 im europaweiten Vergleich das schwedische und das irische Gesundheitssystem für Patienten am schlechtesten zugänglich, obwohl die Einrichtungen in Schweden technisch und medizinisch auf hohem Niveau liegen. Es gilt das Prinzip Warteliste/Schlangestehen. Auch im Notfall kann es geschehen, dass in mehreren Krankenhäusern der Umgebung keine Betten zur Verfügung stehen und die Ambulanz von einem Hospital zum anderen fährt, um den Patienten irgendwo unterzubringen. Ganz besonders spitzt sich die Lage im Sommer zu, auch auf den Entbindungsstationen. Mütter kurz vor der Entbindung müssen dann gegebenenfalls in weit entfernte Krankenhäuser gefahren werden, manche wurden zur Entbindung wegen Bettenmangels auch schon mit dem Krankenhaushubschrauber nach Finnland geflogen. Während man auf dem europäischen Kontinent und auch sonst in aller Welt nach wie vor unverdrossen die Vorzüge und Qualitäten des schwedischen Gesundheitssystems preist, schauen dagegen die Einwohner Schwedens nicht selten neiderfüllt auf jene Länder, in denen ein Patient tatsächlich dann Hilfe bekommt, wenn er sie braucht. Denn in Schweden gilt es, trotz *vårdgaranti* (Untersuchungs- und Behandlungsbeginngarantie, siehe unten), vergleichsweise lange zu warten: auf einen Arztbesuch, eine Behandlung, eine Operation. Monate- bis jahrelanges Warten auf eine Operation, bis vor wenigen Jahren noch die Regel in vielen Landesteilen Schwedens, kommt auch heutzutage noch vor. Im Internet kann man nachsehen, wie viele Wochen oder Monate man in den verschiedenen Regionen bzw. *landstings* auf Untersuchungen und Behandlungen warten muss.

Wartezeiten im öffentlichen Gesundheitssystem: ▶ WWW.VANTETIDER.SE

Tagesausflug ins Krankenhaus

Wenn Sie schon immer mal den dicken Roman lesen wollten, der seit der Konfirmation bei Ihnen verstaubt - nehmen Sie ihn mit zur Akutaufnahme ins schwedische Krankenhaus. Und vor allem ausreichend Proviant! Ist man nicht vom Tode bedroht, vergehen in der Regel 8-12 Stunden, bis man das Krankenhaus wieder verlässt. Stunden, in denen man vor allem wartet, sich langweilt und hungert...

Kaum niedergelassene Ärzte mit eigenen Praxen

In Schweden gab es bis 2008 nur verschwindend wenige Ärzte mit einer eigenen Praxis; die Sprechstunden sind oft über lange Zeiträume hinaus ausgebucht und neue Patienten wurden/werden daher häufig nicht mehr angenommen. Im Jahre 2008 wurde das Niederlassungsrecht seitens der amtierenden Regierung liberalisiert und es bleibt zu hoffen, dass zahlreiche Ärzte/Hausärzte sich mit eigener Praxis etablieren werden. Auch das Privatisierungsverbot für Krankenhäuser (die bisher nicht gewinnbringend wirtschaften durften) wurde aufgehoben.

Naturheilkunde - Fehlanzeige

Im schönen Schweden, das so reich an Natur und Naturschätzen aller Art ist, setzt man in puncto Behandlung und Medikation nahezu ausschließlich auf die Schulmedizin. In öffentlichen Gesundheitseinrichtungen aller Art werden praktisch keine naturheilkundlichen Behandlungen bzw. Mittel angeboten. Schwedische Schulmediziner und Politiker stehen bis heute den Anwendungsmöglichkeiten und Behandlungserfolgen der Naturheilkunde kritisch bis ablehnend gegenüber. Ein wachsender Teil der schwedischen Bevölkerung beginnt jedoch, sich für naturheilkundliche Therapien zu interessieren. Wer naturheilkundliche Behandlung wünscht, hat jedoch nur die Möglichkeit, sich an privat praktizierende Naturtherapeuten, Naprapaten (manuell arbeitende Körpertherapeuten), Homöopathen, Akupunkteure etc. zu wenden. Adressen findet man in den gelben Seiten (Telefonbuch oder Internet). Den jeweiligen Ausbildungshintergrund von Anbietern naturheilkundlicher Behandlungen sollte man jedoch so genau wie möglich überprüfen; manchmal steckt hinter der klangvollen Berufsbezeichnung nicht mehr als ein Kurz-Kurs oder ein Distanz-Kurs ohne jegliche Praxis.

Gelbe Seiten: Suchen Sie nach ›*alternativ-, komplementärmedicin - behandling*‹
► HTTP://GULASIDORNA.ENIRO.SE

Klicken Sie auf ›*terapeuter*‹, dann auf ›*sök*‹, dann auf die gewünschte Behandlungsform
► WWW.ALTERNATIVMEDICIN.SE

Kleine Ärzteliste naturheilkundlich orientierter Ärzte (bei/in Stockholm, Skåne, V.Götaland)
► HTTP://WWW.INTEGRATIV-MEDICIN.SE/NIM.MOTTAGNINGSVERKSAMHET.HTM

Schnellere Behandlung in der privaten *vårdcentral*/im Ärztehaus

Von den ca. 600 privaten Gesundheitseinrichtungen (Ärztehäuser, Gemeinschaftspraxen, Kliniken etc.) sind sehr viele ebenfalls an das *landsting* des jeweiligen *län* angeschlossen; der Patient bezahlt in diesem Fall die gleichen Gebühren wie beim Besuch kommunaler Einrichtungen. Häufig ist es möglich, in den privaten Einrichtungen schneller einen Termin - oftmals innerhalb von 24 Stunden - und auch sich daraus eventuell ergebende (Folge-) Behandlungen zu bekommen.

Zum Auffinden einer privaten Gesundheitseinrichtung in Ihrer Nähe können Sie auf den schwedischen Gelben Seiten in der Suchzeile ›*läkare - gruppläkarmottagningar, läkarhus*‹ eingeben, dann erscheinen zahlreiche Einträge.

Schwedische Gelbe Seiten
► *HTTP://GULASIDORNA.ENIRO.SE*

Private Gesundheitseinrichtungen, *vårdcentralen,* Ärztehäuser mit landesweiten Filialen
► *WWW.CAPIOCITYKLINIKEN.SE*
► *WWW.CAREMA.SE*
► *WWW.PRAKTIKERTJANST.SE*
► *WWW.CAPIOLAKARGRUPPEN.SE*

Kommunale *vårdcentral*

Die Krankenschwester - Wächterin der *vårdcentral*
Viele Neu-Schweden staunen nicht schlecht, wenn sie im Krankheitsfalle zunächst etliche Male nur den Anrufbeantworter der kommunalen *vårdcentral* erreichen, und wenn sie Glück und vor allem Geduld haben, dann endlich auch die Krankenschwester an der Rezeption. Neu für viele ist auch, dass es die Krankenschwester ist, die im Telefonat darüber befindet, ob man zum Arzt vorgelassen wird oder nicht. Schwedische Krankenschwestern sind hochschulausgebildet, dürfen Rezepte ausschreiben, Medikamente verabreichen, Spritzen geben und auch eine erste diagnostische Beurteilung des Patienten vornehmen. Nicht selten bekommt man zunächst den Rat, ein Paracetamol zu schlucken, sich hin-

zulegen und abzuwarten. Gelangt die Rezeptionsschwester im Laufe des Telefongesprächs zu der Auffassung, dass die Erkrankung des Anrufers akut behandlungsbedürftig ist, wird sie einen Termin für eine Untersuchung beim Arzt herausgeben. Termine werden seitens der *vårdcentral* fast immer pünktlich eingehalten. Sollte es absolut nicht zu vermeiden sein, darf man auch am gleichen Tag kommen. Einen Arzt kann man in der kommunalen *vårdcentral* übrigens nie anrufen; man muss statt dessen die Rezeptionsschwester um einen Telefontermin bitten, an dem der Arzt zurückruft. Bis zum Rückruf können ein paar Tage, je nach Region auch Wochen vergehen.

> **Telefontrick**
>
> Wer persönlich bei der vårdcentral einen Termin machen möchte und bereits in der Rezeption steht, ist gut beraten, ein Handy dabeizuhaben. Denn die Krankenschwester lässt sich nicht erweichen: Termine werden nur telefonisch vergeben! Die Lösung: Gehen Sie vor die Tür und rufen Sie an....

Behandlung nach Rangordnung der Krankheit
Patienten, die nicht lebensgefährlich erkrankt sind, werden deutlich nachgeordnet behandelt. Der Grund dafür sind zum einen massive Einsparungen im Gesundheitssystem, die bereits seit den 70er Jahren, aber besonders seit den krisengeschüttelten 90er Jahren in Schweden fortlaufend vorgenommen wurden. Zum anderen richtet man sich bei der Untersuchung und Behandlung Kranker seit vielen Jahren nach folgender Rangordnungsliste - vereinbart vom schwedischen Reichstag, der Reichsrevision und der socialstyrelsen - die vorgibt, mit welcher Priorität welche Patientengruppen behandelt werden sollen.

Rangordnung der zu behandelnden Patientengruppen
An nachstehende Rangordnung der zu behandelnden Patientengruppen hält man sich in allen Bereichen des öffentlichen Gesundheitssystems:

Priorität 1: Behandlung lebensbedrohlicher akuter Erkrankungen/Unfälle, Behandlung von Krankheiten, die ohne Behandlung zu Invalidität oder vorzeitigem Tod führen, Behandlung schwerwiegender chronischer Krankheiten, Palliative Behandlung/Behandlung Todgeweihter, Behandlung von nicht mehr entscheidungs-/handlungsfähigen Patienten.

Priorität 2: Prävention und Rehabilitierungs-Maßnahmen
Priorität 3: Behandlung weniger schwerwiegender akuter und chronischer Krankheiten
Priorität 4: Behandlung, die weder Krankheit noch Schäden betrifft

(Quelle: *Riksrevisionen*, Schweden 2004, *socialstyrelsen*, 2007)

Die *vårdgaranti* (Zeitgrenzen für Untersuchungs- und Behandlungsbeginn)

Aufgrund der oftmals enorm langen Wartezeiten im schwedischen Gesundheitswesen wurde im November 2005 die sogenannte ›*vårdgaranti*‹ (Untersuchungs- und Behandlungsbeginngarantie) eingeführt, die eine schnellere Untersuchung und Behandlung der Patienten garantieren soll. Die *vårdgaranti* sagt jedoch nichts darüber aus, ob eine bzw. welche Untersuchung/Behandlung zum Tragen kommt, sondern legt nur die Zeitgrenzen fest, innerhalb derer Untersuchung und Behandlungsbeginn - nach vorheriger Beurteilung und Beschluss durch das medizinische Personal - erfolgen sollen.

Die Zielsetzung dieser *vårdgaranti* lässt sich in den Zahlen 0-7-90-90 zusammenfassen und sieht folgende Zeitgrenzen für Untersuchung und Behandlungsbeginn vor:

0 = Bereits am Erkrankungstage (also am Tag 0) können Sie durch Anruf bei der *vårdcentral* (Polyklinik) Ihrer Kommune einen Besuchstermin beim Arzt vereinbaren.
7 = Innerhalb von 7 Tagen soll Ihr Arztbesuch stattfinden.
90 = Innerhalb von maximal 90 Tagen soll dann Ihre Erst-Untersuchung beim Spezialisten (z.B. HNO-Arzt oder Kardiologe) stattfinden, falls Ihr Arzt das für erforderlich hält und Ihnen eine Überweisung ausstellt.
90 = Innerhalb von maximal weiteren 90 Tagen soll dann der Behandlungsbeginn beim Spezialisten erfolgen und weitere Termine werden dann gegebenenfalls vereinbart.

Bis zum tatsächlichen Behandlungsbeginn beim Spezialisten können also mehr als 6 Monate vergehen. Gemäß einer Untersuchung von *sveriges kommuner och landsting* mussten im Jahre 2008 bis einschließlich Oktober im Durchschnitt 27% aller Patienten länger als 90 Tage auf einen Erstbesuch beim Spezialisten bzw. 29% aller Patienten auf eine Operation warten.

Trotz obiger gesetzlicher Vorgaben können jedoch etliche *landstings* die angestrebte Zielsetzung der *vårdgaranti* nicht einhalten und müssen daher Patienten zur Behandlung an andere *landstings* verweisen. Aufgrund der langen Wartezeiten entscheiden sich auch immer mehr Schweden zur Behandlung im Ausland, auf die sie nunmehr ein gesetzliches Anrecht haben, wenn die Wartezeiten im eigenen *landsting* unvertretbar lang sind. Die amtierende Regierung Reinfeldt hat nunmehr zur Absicht, die einzelnen *landstings* zukünftig nach Leistung zu bezahlen bzw. sie für die Einhaltung der *vårdgaranti* zu belohnen und will ab 2009 eine Milliarde SEK zur Verteilung an die erfolgreichsten *landstings* bereithalten.

Neu ab 1.1.2009: Das Gesetz zur Wahlfreiheit im Gesundheitssystem (LOV = Lag Om Valfrihet)

Am 1.1.2009 trat das sogenannte Gesetz zur Wahlfreiheit im Gesundheitswesen *(LOV, Lag Om Valfriheten)* inkraft, das zum einen Patienten nunmehr die freie Wahl zwischen kommunalen und privaten Gesundheits-Dienstleistern ermöglicht und zum anderen landesweit die Etablierung von privaten Anbietern und ideellen Organisationen im Gesundheitswesen gestattet.

Selbsthilfe, Eigenmedikation, Langzeitrezepte

In Schweden hat man sich seit langem an die oben genannten Umstände gewöhnt, verzichtet bei alltäglichen Erkrankungen in vielen Fällen auf einen Arztbesuch und greift direkt zur Selbsthilfe bzw. zur Eigenmedikation. Auch schreiben schwedische Ärzte in zahlreichen Fällen gleich elektronische Langzeitrezepte für Medikamente aus, die an die Apotheke geschickt werden und dort mehrfach im Jahr ohne weiteren Arztbesuch eingelöst werden können. Damit hat man dann seinen Jahresbedarf am benötigten Medikament gedeckt. Das gilt insbesondere für die Medikation bei chronischen Krankheiten.

Behandlung in einem anderen *landsting* oder im EU-Ausland

Immer mehr Schweden nehmen wegen der langen Wartezeiten auf gewisse Behandlungen und Operationen daher die nunmehr gesetzlich geregelte Möglichkeit in Anspruch, entweder zur Behandlung/Operation ein anderes aufzusuchen - oder sich nach vorheriger Genehmigung durch die *försäkringskassan* im EU-Ausland ärztlich behandeln oder operieren zu lassen. Das ist gestattet, wenn für die angestrebte Behandlung die Wartezeit in Schweden zu lang ist und wenn eine gleichartige Behandlung normalerweise auch in Schweden angeboten wird. Eine neue EU-Rechtssprechung in diesem Fall sieht jedoch vor, dass die Einwohner Schwedens eine Behandlung im Ausland auch ohne vorherige Genehmigung durch die *försäkringskassan* vornehmen lassen dürfen und im Nachhinein erstattet bekommen sollen. In Schweden wird darüber (Stand Ende 2008) noch diskutiert.

Vorgehen im Krankheitsfalle

Bei akuter Erkrankung

Alternative 1 - private *vårdcentral*/Ärztehaus: Wenden Sie sich an eine private *vårdcentral*, falls in der Nähe Ihres Wohnortes vorhanden. In der Regel ist dort die Vergabe kurzfristiger Termine eher möglich. Die Patientengebühren sind meistens die gleichen wie bei kommunalen *vårdcentralen* (zwischen 100-200 SEK pro Besuch, doch 900 SEK/Jahr max.).

Alternative 2 - kommunale *vårdcentral*: Rufen Sie die *vårdcentral* Ihrer Kommune an (die Telefonnummer finden Sie im blauen Abschnitt Ihres lokalen Telefonbuches oder im Internet auf ▶ HTTP://GULASIDORNA.ENIRO.SE)

Wenn die Krankenschwester am Telefon Ihre Erkrankung als akut einstuft, können Sie eventuell noch am gleichen Tag einen Akuttermin dort bekommen. Die Regel ist jedoch, dass man Ihnen einen späteren Arzttermin in der *vårdcentral* gibt, der nach Möglichkeit innerhalb der nächsten 7 Tage stattfindet. Es kommt vor, dass *vårdcentralen* auch eine offene Sprechstunde haben.

Beim Besuch der *vårdcentral* werden Sie nach Ihrer *personnummer* oder nach Ihrem Ausweis gefragt und bezahlen jedes Mal - je nach Landesregion - eine Patientengebühr zwischen 100 und 200 SEK, doch maximal einen Gesamtbetrag von 900 SEK/Jahr. Alle weiteren Besuche sind dann frei. Kinder und Jugendliche bis zum 20. Geburtstag (Ausnahme Stockholm: 18. Geburtstag) bezahlen keine Patientengebühr.

Bei Notfällen

Rufen Sie die Ambulanz an (112) oder lassen Sie sich zur Notaufnahme *(akutmottagning)* des nächstgelegenen Krankenhauses *(sjukhus)* Ihrer Region fahren. In der *akutmottagning* sind je nach Region zwischen 200 und 300 SEK an Patientengebühr fällig. Dort werden Ihre Personalien aufgenommen und Sie werden nach und nach durch das Krankenhaus geleitet und von verschiedenen Krankenschwestern und Ärzten untersucht. Der Aufenthalt in der Notaufnahme kann unter Umständen zwischen 8 und 12 Stunden dauern, wenn Ihr Zustand nicht als lebensbedrohlich beurteilt wird. Es empfiehlt sich daher, ausreichend Verpflegung und Lektüre für den Besuch bei der *akutmottagning* mitzunehmen.

Zahnarztbesuche bei akuten Zahnschmerzen
Rufen Sie den *folktandvård* (Volkszahnarzt) Ihrer Kommune an (die Telefonnummer finden Sie im blauen Abschnitt Ihres lokalen Telefonbuches oder im Internet auf ▶*WWW.ENIRO.SE*) und lassen Sie sich einen Akuttermin geben. Wenn Sie noch etwas warten können, bitten Sie um einen gewöhnlichen Untersuchungstermin. Die Patientengebühren bei den Zahnärzten differieren übrigens stark, da die Zahnärzte ihre Preise frei festsetzen dürfen. Sie können auch einen privat tätigen Zahnarzt anrufen. Adressen und Rufnummern von privat tätigen Zahnärzten in Ihrer Kommune/Region finden Sie im gelben Branchenteil Ihres lokalen Telefonbuches oder im Internet auf ▶*HTTP://GULASIDORNA.ENIRO.SE*

Zahnärztlicher Notdienst
Bei Zahnschmerzen an Abenden oder am Wochenende erfahren Sie die Telefonnummer des diensthabenden Notfallzahnarztes durch Anruf bei Ihrer nächsten *folktandvårds*-Klinik. Dort erhalten Sie außerhalb der Öffnungszeiten per Anrufbeantworter Informationen über die diensthabenden Notfallzahnärzte.

Tipp: Versuchen Sie nach Möglichkeit, sämtliche erforderlichen zahnärztlichen Untersuchungen, Behandlungen und Korrekturen noch in Ihrem Heimatland durchführen zu lassen, denn die zahnärztliche Untersuchung und Behandlung in Schweden ist zwar gut und professionell, aber teuer, da praktisch nicht subventioniert. Man zahlt trotz neu eingeführter Zahnarzt-Beihilfe bzw. Kostenbegrenzungsschutz das meiste aus eigener Tasche und das geht beträchtlich ins Geld. Nur für Kinder und Jugendliche bis zum Alter von 19 Jahren sind Zahnarztbesuch und -behandlung gratis. Nähere Informationen zur Zahnarztbeihilfe (*tandvårdsstöd*) und zum Kostenbegrenzungsschutz (*högkostnadsskydd*) finden Sie weiter unten.

Alphabetischer Überblick rund um den Krankheitsfall

Ein rascher Überblick über Medikamentenzuzahlung, Patientengebühren, Pflege-Leistungen und mehr in alphabetischer Ordnung

Attest im Krankheitsfall
Ein ärztliches Attest ist dem Arbeitgeber nach spätestens 7 Tagen vorzulegen. Nähere Informationen zu Arzt- und Krankenhausbesuchen finden Sie weiter unten.

Augenkontrolle
In Schweden führt ein Augenoptiker den Sehtest durch und empfiehlt die notwendige(n) Brille/Kontaktlinsen. Zu Brillen und Kontaktlinsen gibt es keine Beihilfen. Nur im Falle von Augenkrankheiten konsultiert man einen Augenarzt bzw. eine Augenklinik (lange Wartezeiten!)

Brillen/Kontaktlinsen
werden vom Optiker angepasst, der auch den Sehtest macht. Brillen und Kontaktlinsen werden nicht subventioniert, daher bestellt man sie in Schweden gern preiswert im Internet (siehe Kapitel ›Einkaufen‹).

Check-Ups
Vorbeugende allgemeine Untersuchungen für Erwachsene (Check Ups) werden in Schweden aufgrund des Ärztemangels im öffentlichen Gesundheitswesen nicht durchgeführt, sondern nur bei privaten Ärzten/Einrichtungen (gegen Bezahlung).

Krankengeld
Für Angestellte: Für maximal 364 Tage in einem Zeitraum von 15 Monaten erhalten Sie ca. 80% eines Jahreseinkommens von maximal 307.500 SEK, bei höherem Einkommen erhalten Sie nicht mehr. 1 Karenztag, 14 Tage Lohnfortzahlung durch den Arbeitgeber, danach durch die *försäkringskassan*. Die Höhe des Krankengeldes bemisst sich nach Ihrer noch vorhandenen Arbeitsfähigkeit; Sie können also je nach Krankheitszustand ein Viertel, die Hälfte oder Dreiviertel des Ihnen zustehenden Krankengeldes erhalten bzw. bei völliger Arbeitsunfähigkeit den vollen Betrag. Mehr Details dazu im Kapitel ›Soziale und ausbildungsbezogene Leistungen‹.

Für Selbständige, Arbeitslose, Eltern im Erziehungsurlaub und schwangere Bezieherinnen von vorgezogenem Elterngeld *(havandeskapspenning)* wegen physisch zu anstrengender Arbeit: Max. für 364 Tage in einem Zeitraum von 15 Monaten erhalten Sie nach Krankmeldung bei der *försäkringskassan* vom ersten Tag an Krankengeld. Ein ärztliches Attest ist der *försäkringskassan* nach spätestens 7 Tagen einzureichen. 1 Karenztag.

Krankenhaus, Gebühren u. Selbstbeteiligung
Ein Besuch beim Spezialisten im Krankenhaus kostet zwischen 200 - 300 SEK. Bei stationärer Aufnahme bezahlt der Patient 80 SEK Eigenabgabe pro Tag.

Krankenversicherung
Eine Krankenversicherung gibt es nicht. Das schwedische Gesundheitssystem ist steuerfinanziert. Wenn Sie in Schweden wohnhaft gemeldet sind und eine *personnummer* haben, sind Sie automatisch krankenversichert.

Medikamentenzuzahlung
Bei verordneten Medikamenten trägt der Patient alle Kosten bis zu einem Betrag von 900 SEK jährlich, ab 900 SEK trägt er einen prozentualen Anteil, ab 1.800 SEK erfolgt keine weitere Zuzahlung seitens des Patienten. Falls die Apotheke zu weit entfernt ist: Rezeptfreie Medikamente und mehr kann man bei der Apotheke online zur Lieferung nach Hause bestellen (Link siehe unten). Ist man im Besitz einer sogenannten E-Legitimation (eine elektronische Legitimation zum Nachweis der eigenen Identität im Internet, z.B. gegenüber Behörden, Banken, Unternehmen sowie auch zum elektronischen Unterschreiben von Verträgen etc.), kann man auch rezeptpflichtige Medikamente zur Lieferung nach Hause bestellen.

Patientengebühren
Bei jedem Arztbesuch oder Besuch beim Spezialisten im Krankenhaus fallen je nach *landsting* unterschiedliche Patientengebühren *(vårdavgifter)* an. Bei jedem Arztbesuch in der *vårdcentral* bezahlen Sie je nach Region 100-200 SEK Patientengebühr, bei jedem Spezialistenbesuch (meistens im Krankenhaus) zwischen 200-300 SEK Patientengebühr.

Pro angefangenem Behandlungsjahr bezahlen Sie jedoch maximal nur 900 SEK insgesamt, ab diesem Betrag sind alle weiteren Besuche bei Arzt und Spezialisten frei.

Pflege von Angehörigen

Wenn Sie auf Erwerbsarbeit verzichten, um eine nahestehende, schwerkranke Person zu pflegen, können Sie von der *försäkringskassan* eine Beihilfe zur Pflege Nahestehender bekommen *(närståendepenning)*. Nahestehende Personen sind in diesem Zusammenhang in erster Linie Angehörige, aber auch Freunde oder Nachbarn. Bedingungen: Der Krankheitszustand der nahestehenden Person muss sehr ernst bzw. lebensbedrohlich sein - und sowohl Sie als auch der Kranke sind in Schweden sozialversichert. Sie arbeiten in Schweden, der Kranke arbeitet oder wohnt in Schweden. Siehe auch Kapitel ›Soziale und ausbildungsbezogene Leistungen‹.

Pflege kranker Kinder

Für die häusliche Pflege kranker Kinder bis zu einem Alter von 12 Jahren stehen einem Elternpaar gemeinsam 60 Tage pro Jahr zu. Alleinerziehenden stehen dafür 60 Tage pro Jahr zu. Es können im Bedarfsfall weitere 60 Tage beantragt werden. Die *försäkringskassan* zahlt für die häusliche Pflege kranker Kinder zeitweiliges Elterngeld *(tillfällig föräldrarpenning)*. Die Höhe richtet sich danach, wie lange Sie Ihrer Arbeit fernbleiben müssen. Siehe auch Kapitel ›Soziale und ausbildungsbezogene Leistungen‹.

Pflege chronisch kranker Kinder

Als Eltern erhalten Sie für die häusliche, mindestens 6 Monate währende Pflege Ihres chronisch kranken oder funktionsbeeinträchtigten Kindes ab dessen Geburt bis zum Alter von 19 Jahren von der *försäkringskassan* einen speziellen, steuerpflichtigen Pflegebeitrag *(vårdbidrag)*. Diesen Pflegebeitrag können Sie auch für durch die Krankheit Ihres Kindes anfallende Mehrkosten für spezielle Pflegeartikel und Hilfsmittel etc. bekommen. Siehe auch Kapitel ›Soziale und ausbildungsbezogene Leistungen‹.

Private Krankenzusatzversicherung

Diese wird seit einiger Zeit von mehreren Versicherern angeboten (Links siehe unten). Eine solche Versicherung ermöglicht das Umgehen der Warteschlangen und sichert Untersuchung bei Bedarf zu.

Vorsorgeuntersuchungen in der Schwangerschaft

In den *mödravårdscentralen*, die häufig *vårdcentralen* oder auch Krankenhäusern angegliedert sind, werden Schwangere regelmäßig kostenlos von Hebammen untersucht. Der Erstbesuch erfolgt in der Regel in der 8.-10.

Schwangerschaftswoche und danach ca. ein Mal im Monat, ab der 32. Schwangerschaftswoche alle zwei Wochen. Kontrollen durch einen Gynäkologen erfolgen ein- bis zwei Mal im Laufe der Schwangerschaft; in einigen *landstings* wurde die ärztliche Kontrolle von Schwangeren ganz abgeschafft. Eine Ultraschalluntersuchung wird während der Schwangerschaft routinemäßig einmal durchgeführt, bei Verdacht auf Komplikationen auch häufiger.

Vorsorgeuntersuchungen für Kinder
Vorsorgeuntersuchungen für Kinder werden in den *barnavårdscentralen* in regelmäßigen Abständen bis zu einem Kindesalter von 5 Jahren kostenlos durchgeführt. Die *barnavårdscentralen* sind meistens den *vårdcentralen / mödravårdscentralen* direkt angegliedert.

Zahnarztgebühren
Zahnmedizinische Untersuchungen und Behandlungen werden in Schweden nicht subventioniert; alle Zahnärzte legen ihre Preise völlig frei fest.

Daher sind die Patientengebühren, die Untersuchungs- und Behandlungsgebühren hoch und aus eigener Tasche zu zahlen. Nur für Kinder und Jugendliche bis zum 19./20. Lebensjahr ist der Besuch beim Zahnarzt gratis. Für Erwachsene gibt es daher seit dem 1.7.2008 folgende jährliche Zahnarzt-Beihilfe *(tandvårdsstöd)*:

Tandvårdsstöd
Alter von 20-29 Jahren: 300 SEK/Jahr
Alter von 30-74 Jahren: 150 SEK/Jahr
Alter über 74 Jahre: 300 SEK/Jahr

Diese Beiträge können ein Jahr lang für das nächste Jahr aufgespart werden. Weiterhin wurde am 1.7.08 ein Kostenbegrenzungs-Schutz *(högkostnadsskydd)* für Zahnarztkosten eingeführt:

Högkostnadsskydd tandvård
Zahnarztkosten bis zu einer Höhe von 3.000 SEK bezahlt der Patient selbst. Bei Zahnarztkosten zwischen 3.001 und 15.000 SEK trägt der Staat 50% der Kosten, ab einer Höhe von 15.001 SEK übernimmt der Staat 85% der Zahnarztkosten.

Weiterführende Links

Deutschsprachige Informationen der *försäkringskassan*
► *WWW.FORSAKRINGSKASSAN.SE/SPRAK/TYS*

Private Gesundheitseinrichtungen/*vårdcentralen*, teils mit zahlreichen Filialen
► *WWW.CAPIOCITYKLINIKEN.SE*
► *WWW.CAREMA.SE*
► *WWW.PRAKTIKERTJANST.SE*
► *WWW.CAPIOLAKARGRUPPEN.SE*

Suchportal für private medizinische Einrichtungen und Ärzte
► *WWW.PRIVATVARD.INFO*   nur Stockholm
► *WWW.HALLASVERIGE.SE*   geben Sie bei *sökord* ein: ›läkare‹

Suche privater Gesundheitseinrichtungen
Geben Sie in der Suchzeile ein: ›läkare - gruppläkarmottagningar, läkarhus‹
► *HTTP://GULASIDORNA.ENIRO.SE*

Anbieter von privaten Krankenzusatzversicherungen
► *WWW.SKANDIA.SE*
► *WWW.LANSFORSAKRINGAR.SE*
► *WWW.TRYGGHANSA.SE*
► *WWW.FOLKSAM.SE*
► *WWW.IF.SE*

Informationen für Schwangere
► *WWW.NIOMANADER.SE*
► *WWW.GRAVID.SE*

Wartezeiten im Gesundheitswesen
► *WWW.VANTETIDER.SE*

Prioritäten im Gesundheitswesen
► *HTTP://WWW.SOCIALSTYRELSEN.SE/PUBLICERAT/2007/9613/2007-103-4.HTM*
► *HTTP://E.LIO.SE/PRIORITERINGSCENTRUM/*

Patientengebühren im Gesundheitswesen 2009, *sveriges kommuner och landsting*
► WWW.SKL.SE/ARTIKEL.ASP?A=42811&C=3498

Zahnarzt-Beilhilfe und Kostenbegrenzungs-Schutz, *sveriges kommuner och landsting*
► WWW.SKL.SE/ARTIKEL.ASP?C=6316&A=53795

Apotheke online
► WWW.APOTEKET.SE

Naturheilmittel, Naturkosmetik, Vitamine und mehr
► WWW.HALSOKOSTGROSSISTEN.SE

Kapitel 21

Als Rentner nach Schweden auswandern

Lebensabend in Schweden

Mit seiner wunderbaren Natur, der nahezu allgegenwärtigen Ruhe, dem unglaublichen Raumangebot und seiner berückenden Schönheit bietet Schweden viele gute Gründe, dort einen beschaulichen, entspannten und naturnahen Lebensabend zu verbringen. Wenn auch Sie davon träumen, Ihren Lebensabend in Schweden zu verbringen, finden Sie in diesem Kapitel die entsprechenden Informationen und Tipps dazu. Denn es gibt natürlich auch für Rentner im Vorfeld einer Auswanderung einiges zu bedenken.

Vorüberlegungen zur Wahl des Wohnortes

Wie alle Einwanderer, sollten auch Sie als Rentner nach Möglichkeit Ihre finanzielle und gesundheitliche Situation sowie Ihre sozialen Bedürfnisse bei der Wahl Ihres Wohnortes in Schweden zugrunde legen. Ihre monatliche Rente muss ausreichend hoch sein, damit Sie Ihren Lebensunterhalt inklusive Wohn- und Fahrtkosten bestreiten können. Wenn Sie an gesundheitlichen Einschränkungen leiden oder chronisch krank sind, sollten eine *vårdcentral*, eine Apotheke und ein Krankenhaus für Sie in erreichbarer Nähe sein, wie auch Geschäfte für den täglichen Bedarf. Außerhalb der Großstädte ist der Besitz eines Autos in Schweden praktisch unabdingbar; auch diese Kosten müssen einkalkuliert werden. Ist bei fortgeschrittenem Alter ein Umzug in ein schwedisches Seniorenheim geplant, muss man sich sehr früh in die Warteschlange stellen (siehe unten). Eine wichtige Frage ist auch, wie viel Abwechslung sozialer und kultureller Art Sie sich wünschen. Auf dem Lande in Schweden kann es sehr einsam sein - und es hat sich mittlerweile herumgesprochen, dass eine tiefergehende Kontaktaufnahme zu Schweden und Schwedinnen nicht eben zu den einfachsten Dingen in der neuen Wahlheimat gehört. Bis aus oberflächlichen Bekanntschaften wirkliche Freundschaften entstehen, können in Schweden viele Jahre vergehen. Daher mag es für den einen oder anderen auch wichtig sein, nicht allzu weit entfernt vom nächsten

Flughafen zu wohnen, damit kurze Besuche in der Heimat unkompliziert und schnell möglich sind. Nicht zuletzt schätzen auch Verwandte, Freunde und Bekannte eine kurze Anreise.

Karte mit allen schwedischen Flughäfen
▶ WWW.LFV.SE/EN/START-PAGE/AIRPORTS

Freie Wahl des Wohnsitzes innerhalb der EU
Seit 1992 steht es Rentnern aus EU-Mitgliedsstaaten und seit 2002 auch Schweizer Rentnern frei, ihren Wohnsitz unter Bezug ihrer vollen Rente in jedes andere Land der EU zu verlegen - sofern sie ihren Lebensunterhalt selbst bestreiten können und über ausreichenden Krankenversicherungsschutz verfügen.

Informationen über das EU-Aufenthaltsrecht für Rentner
▶ WWW.EU-INFO.DE/SOZIALVERSICHERUNG-EU/RENTE-EU/AUFENTHALTSRECHT-RENTNER
▶ WWW.ASO.CH
▶ WWW.BMEIA.GV.AT

Bedingungen für die Einwanderung von Rentnern aus EU-Mitgliedsstaaten und der Schweiz

Wenn Sie als Rentner nach Schweden einwandern möchten, müssen Sie mithilfe Ihres Rentenbescheids (den Sie dem Antrag auf Aufenthaltsrecht/Aufenthaltsgenehmigung in Kopie beifügen) nachweisen, dass Sie sich selbst versorgen können - und dass Sie krankenversichert sind.

Antrag auf Aufenthaltsrecht/Aufenthaltsgenehmigung
Link zum *migrationsverket* (Einwanderungsbehörde). Hier können Sie unter ›EU-EEA-Citizens‹ und dann unter ›Application forms‹ den Antrag auf Aufenthaltsrecht herunterladen (Registration of right of residence/*registrering av uppehållsrätt*). Schweizer Bürger benötigen eine Aufenthaltsgenehmigung (siehe auch Kapitel Einwanderung).
▶ WWW.MIGRATIONSVERKET.SE/ENGLISH.JSP

Mitnahme der Rente nach Schweden
Rentner aus EU-Mitgliedsstaaten und der Schweiz, die ihren Wohnsitz in ein anderes EU-Mitgliedsland verlegen, bekommen ihre volle Rente

vom Heimatland weiterhin ausgezahlt. Es empfiehlt sich jedoch, Ihren Rentenversicherungsträger circa 2-4 Monate im Voraus über Ihre Umzugspläne zu informieren, um Verzögerungen in der Rentenauszahlung zu vermeiden.

Informationen über Rentenzahlung ins EU-Ausland

EU Allgemein: ▶ WWW.EU-INFO.DE/SOZIALVERSICHERUNG-EU/RENTE-EU
Deutschland: ▶ WWW.DEUTSCHE-RENTENVERSICHERUNG.DE
Österreich: ▶ WWW.BMEIA.GV.AT und ▶ WWW.PENSIONSVERSICHERUNG.AT
Schweiz: ▶ WWW.ASO.CH

Kranken- und Pflegeversicherung in Schweden

Krankenversicherung

Auch bei Umzug in einen EU-Mitgliedsstaat nach der Pensionierung bleiben Rentner mit einer Rente (ausschließlich) aus Deutschland, Österreich oder der Schweiz weiterhin im Heimatland krankenversichert und entrichten Beiträge an die Krankenversicherung ihres Heimatlandes. Voraussetzung ist, dass Sie sich vor Umzug bei Ihrer Krankenkasse abmelden (bitte beachten: nur abmelden, nicht kündigen!). Sie erhalten dann von Ihrer Krankenkasse das Formular E 121, das Sie nach Umzug der *försäkringskassa* (Sozialversicherungskasse) Ihres Wohnortes in Schweden vorlegen.

Als Rentner haben Sie in Schweden den gleichen Anspruch auf ärztliche Behandlung und andere Leistungen des Gesundheitswesens wie Ihre schwedischen Mitbürger. Die *försäkringskassa* kommt für die entstandenen Kosten auf und rechnet dann die für Sie erbrachten medizinischen Leistungen mit dem Versicherungsträger Ihres Heimatlandes ab.

Es ist ratsam, sich bereits im Vorfeld zu erkundigen, welche medizinischen Leistungen in Schweden übernommen werden; eventuell ist der Abschluss einer privaten Zusatzversicherung zu erwägen.

Wichtig: Wenn Sie zu Besuch in Ihr ehemaliges Heimatland fahren und dort erkranken, benötigen Sie für ärztliche Behandlung die europäische Krankenversicherungskarte Ihrer Wahlheimat.

Krankenversicherung für Rentner im EU-Ausland
► *WWW.EU-INFO.DE/SOZIALVERSICHERUNG-EU/RENTE-EU/5974/*
► *WWW.EU-INFO.DE/SOZIALVERSICHERUNG-EU/5873/*
► *WWW.HAUPTVERBAND.AT*
► *WWW.SOZIALVERSICHERUNG.AT*
► *WWW.KVG.ORG*
► *WWW.BAG.ADMIN.CH*

Allgemeine Informationen der *försäkringskassa* (deutsch)
► *WWW.FORSAKRINGSKASSAN.SE/SPRAK/TYS/*

Pflegeversicherung
In den meisten EU-Mitgliedsländern, so auch in Schweden, ist eine Pflegeversicherung nach deutschem Muster unbekannt. Die Leistungen der Pflegeversicherung können auch nicht ins EU-Ausland mitgenommen bzw. dort in Anspruch genommen werden. Wenn Sie z.B. als deutscher Rentner dauerhaft in Schweden leben und dort pflegebedürftig werden, erhalten Sie dort also keine Leistungen, die sich aus Ihrer möglicherweise langjährigen Einzahlung in die Pflegeversicherung des Heimatlandes ableiten.

Informationen über Pflegeversicherungsleistungen im EU-Ausland
► *WWW.EU-INFO.DE/SOZIALVERSICHERUNG-EU/5874/6911*

Pflege durch Angehörige in Schweden
In Schweden haben Kinder keinerlei finanzielle Verpflichtung gegenüber ihren pflegebedürftigen Eltern. Sollten Sie in Schweden sehr stark pflegebedürftig werden, können Sie sich von Angehörigen oder Freunden betreuen lassen, die ebenfalls in Schweden leben, aber auch von Nachbarn. Die Pflegenden erhalten dann auf Antrag und bei Erfüllung der entsprechenden Bedingungen von der schwedischen *försäkringskassa* den sogenannten ›närståendepenning‹ aus Ausgleichszahlung für den Verzicht auf außerhäusliche Erwerbsarbeit. Bedingungen: Ihr Krankheitszustand muss sehr ernst bzw. lebensbedrohlich sein, der Pflegende normalerweise in Schweden arbeiten und sowohl Sie als auch der Pflegende müssen in Schweden sozialversichert sein. Die Pflege muss in Schweden erfolgen. Der *närståendepenning* wird für 60 Tage gezahlt (nur in extremen Ausnahmefällen bis zu 240 Tage), beträgt etwa 80% des Einkommens des

Pflegenden und kann zu 100%, zu 50% und zu 25% ausgezahlt werden, je nachdem, wie viel Zeit Ihr Angehöriger/Freund/Nachbar für Ihre Pflege erübrigen kann. Genauere Informationen enthält ein Informationsblatt, das man auf der Homepage der *försäkringskassan* herunterladen kann.

Link zur *försäkringskassa*, Informationsblatt ›närståendepenning‹
▶ *WWW.FK.SE/PDF-BROSCHYR/FAKTABLAD/NARSTAENDE.PDF*

Wohnen und Hilfe im Alter

Zahlreiche Rentner, die ihren Lebensabend in Schweden verbringen möchten, streben dort das Wohnen im eigenen Haus oder in der eigenen Wohnung an. Viele beziehen dauerhaft ihr langjähriges Ferienhaus und genießen das gemütliche und naturnahe Leben in ihrer neuen Wahlheimat. Was aber können Sie tun und welche Hilfe können Sie bekommen, wenn altersbedingte körperliche Einschränkungen oder Krankheiten die alltäglichen Verrichtungen erschweren oder längerfristig unmöglich machen? Nachstehend finden Sie Informationen über Haushaltshilfe und häusliche Pflege für Ältere sowie zu den verschiedenen schwedischen Wohnmöglichkeiten im Alter und bei Krankheit.

Häusliche Hilfe *(hemtjänst)*

Nur 4% aller älteren Schweden wohnen im Alter bei ihren Kindern (Stand Dezember 2008). 94% aller über 65-jährigen wohnen in normalen Wohnungen, Häusern oder Mehrfamilienhäusern. Nur 6% dieser Altersgruppe wohnen in Altersheimen *(särskild boende)*, die in Schweden Heime für extrem pflegebedürftige ältere Menschen sind.

Die weitaus meisten älteren und alten Menschen in Schweden legen Wert darauf, so lange wie möglich zuhause zu wohnen und bei Bedarf im Rahmen häuslicher Pflege und Hilfe durch den sogenannten ›hemtjänst‹ betreut zu werden. *Hemtjänst*-Angebote umfassen z.B. Einkauf, Haushaltshilfe, Putzen, aber auch Hilfe bei der Körperpflege. *Hemtjänst* kann kommunal oder auch von privaten Betreibern angeboten werden. Die Preise für *hemtjänst* variieren je nach Kommune/Anbieter zwischen circa 0-200 SEK/Stunde; es gilt jedoch eine maximale Obergrenze von insgesamt 1.640 SEK/Monat (*maxtaxa hemtjänst*, Stand November 2008).

Zum 1. Oktober 2007 erhielten 153.200 Personen in Schweden häusliche Hilfe, davon waren 23% älter als 80 Jahre. Von 153.200 Personen bekamen beispielsweise 35% Hilfe zwischen 1-9 Stunden/Monat, 20% erhielten 10-20 Stunden/Monat bewilligt und 0,5% wurden an 200 und mehr Stunden/Monat häuslich versorgt. (Quelle: *Socialstyrelsen*)

Häusliche Krankenpflege (hemsjukvård)

Die häusliche Krankenpflege *(hemsjukvård)* wird unter der Regie von Kommune oder *landsting*, aber auch von privaten Betreibern ausgeführt und umfasst unter anderem die Einsätze von Krankenschwestern, Pflegehelfern, Bewegungstherapeuten, Krankengymnasten und ggf. auch von Ärzten.

Private Anbieter von häuslicher Hilfe, Pflege und von Service-Häusern
- *WWW.ATTENDO.SE*
- *WWW.ALERISALDREOMSORG.SE*

Seniorenwohnungen (seniorbostäder, seniorboende, servicehus)

Seniorenwohnungen in Schweden sind speziell angepasste Wohnungen (z.T. im Rahmen von speziellen Wohnanlagen), die sich durch leichte Zugänglichkeit und durchdachte Gestaltung für Ältere auszeichnen. Häufig handelt es sich um Mietwohnungen, in manchen Fällen um *bostadsrätter* (Wohnungen mit erkauftem Wohnrecht). Man wohnt in seiner eigenen Wohnung und hat in einigen Kommunen auch Zugang zu gemeinsamen Räumlichkeiten, in denen man zusammen isst und sich unterhält - sowie die Möglichkeit, Servicepersonal in Anspruch zu nehmen. Bei zeitweise auftretender Pflegebedürftigkeit können nach Genehmigung durch die Kommune auch *hemtjänst* und *hemsjukvård* bestellt werden. Es ist ratsam, sich sehr früh um eine solche Seniorwohnung zu bemühen und man sollte sich nach Möglichkeit spätestens im Alter von 50 in die Warteschlange der Kommune stellen, in der man später eine Seniorenwohnung beziehen möchte.

Im Jahre 2008 gab es laut *sveriges kommuner och landsting* insgesamt nur 33.000 Seniorwohnungen in ganz Schweden (Stand Dezember 2008), weitere 5.000 sind derzeit geplant. Die Warteschlangen sind in allen Kommunen extrem lang, besonders jedoch in den Großstädten. In Solna bei Stockholm z.B. beträgt die Wartezeit für eine Seniorwohnung 35 Jahre; die Wohnungswarteschlange wurde deswegen kürzlich für neue Interessenten gesperrt. In Malmö beträgt die Wartezeit zwischen 3-10 Jahren, das Mindestalter des Ansuchenden ist 55 Jahre. In Stockholm wurden im Jahre 2007 von der zentralen Stockholmer Wohnungsvermittlung ganze 214 Seniorwohnungen vermittelt. Bei der Vermittlung einer Seniorenwohnung durch die Stockholmer Wohnungsvermittlung muss man 65 Jahre alt sein; in die Schlange stellen darf (und sollte!) man sich bereits lange vorher. Auf dem Lande sind die Warteschlangen zwar etwas kürzer, jedoch sind auch dort Seniorwohnungen heiß begehrt und man muss sich frühzeitig darum kümmern. Durch Kontakt zur Kommune kann man erfahren, wer wo welche *seniorbostäder* im Einzugsbereich der Kommune anbietet.

Private Anbieter von Servicehäusern/Seniorwohnungen mit zahlreichen Niederlassungen

► WWW.ATTENDO.SE
► WWW.ALERISALDREOMSORG.SE

Altersheime *(äldreboende,särskild boende,vårdboende)*
Reguläre Altersheime sind in Schweden hauptsächlich für die Aufnahme von (extrem) pflegebedürftigen alten Menschen bestimmt. Die Aufnahme ist nicht frei wählbar, sondern wird von einem speziellen Mitarbeiter der Kommune *(biståndshandläggare)* nach Prüfung der Umstände befürwortet oder auch nicht. Nach Möglichkeit soll, bei entsprechender Beurteilung durch den Sachbearbeiter, ein Platz in einem Pflegeheim innerhalb von 3 Monaten angewiesen werden. Zum 1. Oktober 2007 lebten landesweit 95.200 Personen (ab 65 Jahre) in Altenpflegeheimen, das sind 6% der Bevölkerung.

Es gehört sehr viel dazu, um die Bewilligung zur Aufnahme in ein schwedisches Altersheim für Pflegebedürftige zu erhalten. So stellt auch hohes und höchstes Alter, z.B. mit einhergehender Erblindung oder stark eingeschränkter Beweglichkeit, keinen ausreichenden Grund für die Aufnahme dar, ein Umstand, über den schwedische Medien regelmäßig berichten.

Neu ab 1.1.2009: Das Gesetz zur Wahlfreiheit im Gesundheitssystem (LOV = Lag Om Valfrihet)
Am 1.1.2009 trat das sogenannte Gesetz zur Wahlfreiheit im Gesundheitswesen *(LOV, Lag Om Valfriheten)* inkraft, das unter anderem Älteren und Behinderten ermöglichen soll, ambulante Pflege- und Hilfsdienste sowie stationäre Pflegeheime zukünftig selbst zwischen kommunalen

und anderen Anbietern auszuwählen, statt diese wie bisher zugeteilt zu bekommen. Nachdem solche Dienste und Wohnmöglichkeiten sich früher fast ausschliesslich in kommunaler Hand befanden, wird zukünftig landesweit die Etablierung privater Unternehmer und ideeller Organisationen im Gesundheits- und Pflegebereich gefördert, um die Wahlfreiheit von Älteren und Behinderten (und Patienten ganz allgemein) zu stärken.

Kapitel 22

Als Behinderte/r in Schweden

Schweden ist behindertenfreundlich

Schweden ist ein - im europäischen Vergleich - behindertenfreundliches Land. Gemäß Auskunft des *Hjälpmedel-Institutets* sind mindestens 1,8 Millionen Schweden von irgendeiner Funktionseinschränkung betroffen, davon 1,2 Millionen Menschen im arbeitsfähigen Alter zwischen 16 und 64 Jahren. Behinderte haben im schwedischen Alltag ihren selbstverständlichen Platz, werden als gewöhnliche Bürger respektiert und keineswegs bemitleidet. Die meisten öffentlichen Einrichtungen, kulturellen Stätten, Geschäfte, Restaurants, Raststätten, Kliniken und Schulen sind auf Behinderte eingerichtet, durch Rampen zugänglich und mit Behindertentoiletten versehen. Behindertentoiletten findet man sogar mitten im tiefsten Wald an eingerichteten Ausflugsstätten und Grillplätzen. In den Ortschaften und Städten sind zahlreiche Bürgersteige an Übergangsstellen abgesenkt.

Hilfsmittel und Helfer für Behinderte

Behinderten stehen in Schweden zahlreiche Hilfsmittel zur Verfügung, die ihren Alltag erleichtern. Die meisten Hilfsmittel kann man bei der *vårdcentral* der Kommune - oftmals gratis - ausleihen; die Regeln für den freien oder kostenpflichtigen Zugang zu Hilfsmitteln sind jedoch von *landsting* zu *landsting* unterschiedlich. Bei schwerer Funktionseinschränkung kann ein Behinderter das Recht auf einen sogenannten Persönlichen Assistenten *(personlig assistent)* erhalten, der ihm oder ihr bei den alltäglichen Verrichtungen zuhause hilft und auch bei Ausflügen zur Seite steht. Die Gestellung eines persönlichen Assistenten kann man bei der Abteilung *handikappomsorg/LSS* der Kommune beantragen.

Ausbildung und Spezialschulen für Behinderte

In den Grundschulen (1.-9. Klasse) und Gymnasien (10.-12. Klasse) haben behinderte Kinder und Jugendliche das gesetzlich verankerte Recht auf besondere Unterstützung, die sich an ihren individuellen Möglichkeiten orientiert, dem Unterricht zu folgen. Wie diese Unterstützung im Einzelnen aussieht, obliegt der Entscheidungshoheit der jeweiligen Kommune. Sollte eine individuelle Unterstützung im allgemeinen Grundschulunterricht nicht möglich sein, kann die Schule für das behinderte Kind einen individuell angepassten Unterrichtsplan anbieten, der z.b. weniger Schulstunden oder verschiedene Praktika, kombiniert mit Schulfächern umfasst. Schüler mit individuell angepasstem Unterrichtsplan erhalten zwar kein vollständiges Abgangszeugnis von der Grundschule, können aber trotzdem einen Platz am Gymnasium bekommen. Schüler, die wegen ihrer Behinderung nicht am Unterricht teilnehmen können oder oft krank sind, haben das Recht auf Unterricht zuhause oder im Krankenhaus. (Quelle: *Skolverket, Särskilda stödinsatser i grund- och gymnasieskolan*)

Die weitaus meisten behinderten Kinder und Jugendlichen in Schweden besuchen die allgemeinen Schulen und Gymnasien. Es gibt jedoch auch spezielle Vorschulen, Schulen und Gymnasien für taube und gehörgeschädigte Kinder und Jugendliche (siehe auch nachstehende Links) sowie auch Gymnasien für bewegungseingeschränkte Schüler in Umeå, Stockholm, Göteborg und Kristianstad. Diese Spezial-Gymnasien nehmen Schüler aus dem ganzen Land auf. Auf der Homepage des *skolverkets* finden Sie ein Faktenblatt über das schwedische Schulwesen auf Deutsch, das auch Informationen über schulische Fördermaßnahmen für behinderte Kinder und Jugendliche sowie Hinweise zu den Spezialschulen enthält.

Link zum *skolverket:*
▶ WWW.SKOLVERKET.SE/SB/D/375

Specialpedagogiska skolmyndigheten (Spezialpädagogische Schulbehörde), Spezialschulen für Kinder und Jugendliche mit unterschiedlichen Behinderungen
▶ WWW.SPSM.SE/SKOLOR

Vorschulen für gehör- und sprachgeschädigte Kinder/Jugendliche
▶ WWW.DHB.SE/?ID=84

Schulen für gehör- und sprachgeschädigte Kinder/Jugendliche
▶ WWW.DHB.SE/?ID=85

Gymnasien für gehör- und sprachgeschädigte Jugendliche
▶ WWW.DHB.SE/?ID=86

Studieren mit Behinderung

Schwedische Universitäten und Hochschulen haben in der Regel einen speziellen Ansprechpartner, an den behinderte Studenten sich wenden können *(samordnare för stöd till studenter med funktionshinder)*. Sie erhalten individuelle Unterstützung und technische Erleichterungen, um im Rahmen ihrer Möglichkeiten an Vorlesungen teilnehmen zu können. Dazu gehören an einigen Universitäten z.B. auch Vorlesungen, die für Gehörlose parallel in Zeichensprache gehalten werden.

Universitäten mit Vorlesungen in Zeichensprache: ▶ WWW.DHB.SE/?ID=88

Jobs für Behinderte

Die Firma *Samhall*, ein staatliches Unternehmen, hat sich auf die Vermittlung von Jobs an Behinderte mit unterschiedlichen Funktionseinschränkungen spezialisiert. Von *Samhalls* 22.000 Mitarbeitern sind 93% von einer Behinderung betroffen. *Samhall* gibt es an 250 Orten in Schweden. Angeboten werden Jobs im Produktions- und Servicebereich, das Unternehmen hat Kunden wie IKEA, Volvo, Lensway sowie auch z.B. die Kommunen Stockholm, Harnsösand und Västerås. Jährlich gehen ca. 1.000 Mitarbeiter von einer Anstellung bei *Samhall* in eine Festanstellung beim Kunden über.

Link zu *Samhall:* ▶ WWW.SAMHALL.SE

Links zu Behinderten-Verbänden, Hilfsmittel-Quellen und weitere Informationen

Handikappförbundens samarbetsorgan (Dachorganisation von 43 schwedischen Behinderten-Verbänden)
▶ WWW.HSO.SE

De handikappades riksförbund (Reichsverband der Behinderten)
▶ WWW.DHR.SE

Handikapp-ombudsmann (Ombudsmann für Behinderte)
► WWW.HO.SE

Riksförbundet rörelsehindrade barn och ungdomar (Reichsverband für bewegungseingeschränkte Kinder und Jugendliche)
► WWW.RBU.SE

Unga rörelsehindrade (Verband Junger Bewegungseingeschränkter)
► WWW.UNGARORELSEHINDRADE.SE

Hjälpmedelsinstitutet (Hilfsmittel-Institut)
► WWW.HI.SE

Talböcker- och punktskriftsbibliotek (Hörbücher und Braille-Bibliothek)
► WWW.TPB.SE/ENGLISH

Behindertenfreundliche touristische Ziele in Schweden und anderen Ländern
► WWW.TURISMFORALLA.SE

Svensk handikapptidskrift (Schwedische Behinderten-Zeitschrift)
WWW.SVENSKHANDIKAPPTIDSKRIFT.SE

Kapitel 23
Heiraten und Nachlassabwicklung

Heiraten in Schweden

Immer mehr ausländische Paare möchten sich gern in Schweden trauen lassen, z.b. während ihres Urlaubs oder auch nach Umzug/Einwanderung nach Schweden. Dies ist selbstverständlich möglich und nicht einmal besonders kompliziert. Nachfolgend Informationen zum Heiraten in Schweden sowie eine Auflistung der erforderlichen Dokumente und Schritte.

Allgemeine Informationen
In Schweden kann man bürgerlich oder kirchlich heiraten. Im Gegensatz zu z.b. Deutschland ist in Schweden eine ausschließlich kirchliche Trauung vollauf gültig. Heiratswillige Ausländer müssen nicht mit einem Wohnsitz in Schweden gemeldet sein.

Folgende schwedische Institutionen nehmen Trauungen vor:

- die Schwedische Kirche *(svenska kyrkan)*
- 40 weitere Glaubensgemeinschaften
- Amtsgerichte
- Gemeindeämter der Kommunen
- Schwedische Botschaften und Kirchengemeinden außerhalb Schwedens

Deutsche Informationen zur Gültigkeit einer im Ausland geschlossenen Ehe finden Sie unter folgenden Links:
▶ WWW.BERLIN.DE/STANDESAMT1/PARTNERSCHAFT/EHE_AUSLAND_GUELTIGKEIT.HTML

Deutsche Botschaft Stockholm, unter ›Sonstige Rechts- und Konsularangelegenheiten‹
▶ WWW.STOCKHOLM.DIPLO.DE

Brud & Bröllop - schwedische Hochzeitsseite mit vielen Informationen
▶ WWW.BRUDOBROLLOP.SE

Trauung durch die Schwedische Kirche

Für eine Trauung durch die Schwedische Kirche ist es wünschenswert, doch nicht zwingend erforderlich, dass einer der Partner Mitglied der schwedischen Kirche ist. Auch ausländische Brautpaare ohne jegliche Konfessionszugehörigkeit sind schon in der schwedischen Kirche getraut worden; dies hängt ganz vom Ermessen der jeweiligen *församling* (Kirchengemeinde) am Wunschort ab.

Man sollte mindestens 6 Monate vor dem gewünschten Trauungstermin mit dem Büro der jeweiligen Kirchengemeinde *(församling)* am Ort seiner Wahl Kontakt aufnehmen. Im Erstgespräch können das Datum, die gewünschte Musik, der Ablauf und die Kosten besprochen werden. Für Mitglieder der schwedischen Kirche ist eine Trauung kostenlos, für alle anderen fallen (bezahlbare) Gebühren an.

An den Flughäfen Arlanda (Stockholm) und Landvetter (Göteborg) kann man sich ebenfalls durch einen Pastor der schwedischen Kirche trauen lassen - und danach unmittelbar zur Hochzeitsreise aufbrechen.

Svenska kyrkan (Schwedische Kirche)
Um die Gemeinde zu finden, in der Sie heiraten möchten: Geben Sie unter ›*hitta en kyrka*‹ bei *postadress* den Namen des gewünschten Ortes ein.
▶ WWW.SVENSKAKYRKAN.SE

Notwendige Dokumente

Zur Trauung in Schweden werden folgende Dokumente und Ausweise benötigt:

- **Reisepass oder Personalausweis** des Heimatlandes
- **Geburts- oder Abstammungsurkunde**
- **Ehefähigkeitszeugnis** (erhältlich beim Standesamt Ihres Wohnortes im Heimatland)
- **Ein Dokument, aus dem die Regeln für die Eheschließung** in Ihrem Heimatland hervorgehen
- **Wohnsitz- bzw. Meldebescheinigung** des Heimatlandes (bei Touristen)
- *Personbevis* (Personenstandsurkunde) des *skatteverkets* (bei in Schweden wohnhaften Ausländern)
- **Bei früheren Ehen:** Nachweis der Scheidung, evtl. Sterbeurkunde des früheren Partners

- **Nachweis der *hindersprövning*** vom schwedischen *skatteverket* (siehe unten)

Beantragung der *hindersprövning* beim *skatteverket*
Die *hindersprövning* dient dazu, festzustellen, ob Hindernisse vorliegen, die nach schwedischem Recht einer Eheschließung entgegenstehen: In Schweden beträgt das Mindestalter für die Eheschließung 18 Jahre, die Brautleute dürfen weder verwandt noch verschwägert sein und eine bereits bestehende, nicht geschiedene Ehe bzw. registrierte Partnerschaft muss ausgeschlossen werden.

Auf der Homepage des *skatteverkets* können Sie (unter: ›*blanketter*‹) das Formular *(blankett)* Nr. SKV 7880 *(hindersprövning)* herunterladen. Das ausgefüllte Formular muss zusammen mit Passkopien der Brautleute (aus denen Geburtsort/-land, Staatsbürgerschaft, Geschlecht ggf. Familienstand hervorgehen) sowie gegebenenfalls Kopien von Scheidungsurteilen oder einer Sterbeurkunde des früheren Ehepartners an das *skatteverket* geschickt werden. In Schweden Wohnhafte fügen zusätzlich ein *personbevis* des *skatteverkets* bei.

Der Nachweis der erfolgten *hindersprövning* wird Ihnen vom *skatteverket* per Post zugestellt und ist bis 4 Monate nach Ausstellung gültig.

Skatteverket
► WWW.SKATTEVERKET.SE

Namenswechsel

Wollten Sie schon immer Ihren Nachnamen ändern? Das Patentamt macht's möglich: Mit nur 1.500 Kronen sind Sie dabei und tragen fortan Ihren Wunschnachnamen. Ihr Vorname gefällt Ihnen auch nicht? Kein Problem: Für lächerliche 800 Kronen heißen Sie ab sofort z.B. Ariel oder Nikita. Zu beantragen bei: ► WWW.PRV.SE

Nachlassabwicklung in Schweden - Deutsche Staatsbürger, wohnhaft und verstorben in Schweden

Hier können nur allgemeine Informationen zur Nachlass-Abwicklung in Schweden gegeben werden, die jedoch nicht als juristisch verbindlich aufzufassen sind.

In jedem Fall sollte zur Beratung ein Anwalt konsultiert werden, der auf deutsch-schwedisches Erbrecht spezialisiert (siehe Links weiter unten)

und natürlich mit den unterschiedlichen Formvorschriften für deutsche und schwedische Testamentsgestaltung vertraut ist.

Landesweit vertretenes Bestattungsinstitut: ►*WWW.FONUS.SE*

Einfache Staatsbürgerschaft: Wenn ein in Schweden wohnhafter Einwanderer deutscher Staatsangehörigkeit (und ohne schwedische Staatsangehörigkeit) in Schweden verstirbt, gilt bisher folgende Regel zum Erbrecht und zur Nachlassregelung: Im Todesfalle gelten das deutsche Erbrecht und das schwedische Nachlassrecht zur Abwicklung des Nachlasses *(bouppteckning)*.

Doppelte Staatsbürgerschaft: Da seit dem 28.8.2007 auch für Deutsche eine doppelte Staatsbürgerschaft möglich ist (wenn sie sich in einem EU-Staat oder in der Schweiz einbürgern lassen), sollten Bürger mit sowohl schwedischer als auch deutscher Staatsbürgerschaft genau prüfen, wie das Erb- und Nachlassrecht bei doppelter Staatsbürgerschaft in den jeweiligen Ländern gehandhabt wird und welche Schritte im einzelnen zu befolgen sind. Hier empfiehlt sich ganz besonders die Konsultation eines entsprechend spezialisierten Anwalts.

Erfassung des Nachlasses in Schweden *(bouppteckning)*

Das schwedische *skatteverket* schreibt folgende Vorgehensweise und Regeln für die Erfassung des Nachlasses *(bouppteckning)* vor:

- **Erforderliche Unterlagen zur Nachlass-Erfassung:** Spätestens innerhalb von drei Monaten nach dem Tod eines in Schweden wohnhaften Bürgers muss nach schwedischem Recht der Nachlass des Verstorbenen in Form eines Verzeichnisses *(bouppteckning)* erfasst sein und dann innerhalb eines weiteren Monats in 2-facher Ausfertigung an das *skatteverket* geschickt werden. (Man kann innerhalb der ersten drei Monate jedoch schriftlich um zeitlichen Aufschub - ›*anstånd*‹ - bitten.) Eine entsprechende Informations-Broschüre *(SKV 461 bouppteckning)* sowie ein Formular zum Eintragen des Nachlasses *(SKV 4600 bouppteckning)* kann auf der Homepage des *skatteverkets* heruntergeladen werden. Die Broschüre enthält u.a. eine Checkliste mit allen anzugebenden Informationen und beizufügenden Unterlagen. Broschüre und Formular werden auch automatisch vom *skatteverket* zugeschickt; allerdings kann sich die Zustellung problematisch gestalten, wenn die Erben bzw. Nachlassverwalter des Verstorbenen nicht in Schweden wohnen und erst ausfindig gemacht werden müssen.

- **Durchführung der Nachlass-Erfassung:** Die schriftliche Nachlasserfassung *(bouppteckning)* muss durch zwei kundige und vertrauenswürdige Personen (sogenannte ›*förrättningsmän*‹) erfolgen, die den Verstorbenen weder direkt noch indirekt beerben noch die Erben vertreten. Auskünfte über den Nachlass sind von der Person zu geben, die den Nachlass und seinen Umfang am besten kennt *(bouppgivare)*. Das kann zum Beispiel der Ehepartner des Verstorbenen sein.
- **Teilnehmer an der Nachlass-Erfassung:** Am sogenannten ›*förrättningsdag*‹ treffen sich *förrättningsmän* und *bouppgivare*, gehen den Nachlass gemeinsam durch und erstellen dabei ein Nachlassverzeichnis *(bouppteckning)*. Weiterhin werden zum *förrättningsdag* geladen:
  > Gesetzliche sowie testamentarisch bedachte Erben
  > Ehepartner oder registrierter Partner des Verstorbenen
  > Lebensgefährte
  > Kinder des Verstorbenen, gemeinsame Kinder des Verstorbenen und seines (Ehe-)Partners
  > Gegebenenfalls der Vormund des Verstorbenen, falls ein solcher beauftragt wurde
  > Gegebenenfalls ein Vertreter des allgemeinen Erbschafts-Fonds *(allmänna arvsfonden)*
- **Bei geringem Vermögen:** *Dödsboanmälan* statt *bouppteckning*: Falls der Nachlass keine Immobilien, Grundstücke oder Erbbaurechte umfasst und das vorhandene Vermögen des Verstorbenen etwa nur zur Begleichung der Bestattungskosten ausreicht, muss keine Nachlasserfassung *(bouppteckning)* erfolgen, sondern es genügt ein sogenanntes ›*dödsboanmälan*‹ (Nachlassanmeldung) an das *skatteverket*. Das *dödsboanmälan* wird vom Sozialamt der Kommune vorgenommen, in welcher der Verstorbene seinen Wohnsitz hatte. Dazu muss das Sozialamt über den Todesfall informiert werden.
- **Besteuerung des Nachlasses:** Es ist empfehlenswert, den Nachlass im Anschluss an die erfolgte *bouppteckning* möglichst bald

unter den Erben aufzuteilen bzw. Grundbucheinträge für geerbte Immobilien und Grundstücke zu beantragen sowie Vermögenswerte auf die Konten der jeweilig bedachten Erben zu überführen (Erbteilung/*arvsskifte*). Bei nicht erfolgter Aufteilung wird der Nachlass des Verstorbenen steuerrechtlich so behandelt, als hätte der Verstorbene das ganze Jahr, in welchem der Todesfall eintrat, noch gelebt. Dann muss der Nachlass des Verstorbenen von allen Erben bzw. deren Bevollmächtigtem in einer Steuererklärung beim *skatteverket* deklariert werden. Sämtliche Erben oder deren Bevollmächtigter oder gegebenenfalls ein beauftragter Testamentsvollstrecker oder Nachlassverwalter müssen die Deklaration unterzeichnen. Der Nachlass wird steuerrechtlich dann also behandelt wie die verstorbene Privatperson selbst. Um es lapidar auszudrücken: Sogar der Verstorbene muss für sein Vermögen, für vor dem Ableben erzielte Einkünfte und Immobilienbesitz in Schweden (in Extremfällen: jahrelang) noch Steuern zahlen - wenn nicht die Vermögenswerte noch zu Lebzeiten an Erben verteilt bzw. nach dem Todesfall rasch zwischen diesen aufgeteilt werden. Diese besonders für nicht in Schweden lebende Erben komplizierte Prozedur lässt sich am einfachsten durch rechtzeitige Aufteilung bzw. Überführung von Vermögen und/oder Immobilien (noch zu Lebzeiten) an die gewünschten Erben bzw. zügige Erbteilung nach dem Todesfall vermeiden.
- **Schwedische Erbschaftssteuer:** Seit dem 1.1.2005 ist die Erbschaftssteuer in Schweden abgeschafft.

Rechtlicher Beistand und Informationen in Fragen internationalen Erbrechts

Auf deutsch-schwedisches Erbrecht spezialisierter Anwalt, zugelassen als Rechtsanwalt in beiden Ländern, Verfasser zahlreicher Gesetzeskommentare und Bücher zum internationalen Erbrecht

Ulf Bergquist, Stockholm
▶ WWW.ADVOKATBERGQUIST.SE/DE

Auf der Homepage der Deutschen Botschaft in Stockholm finden Sie eine Liste mit weiteren deutschsprachigen Rechtsanwälten in Schweden.
▶ WWW.STOCKHOLM.DIPLO.DE

Anwaltssuche über den schwedischen Anwalts-Verbund
Gehen Sie auf ›*sök advokat*‹ und klicken Sie dann bei ›*verksamhetsinriktning*‹ auf ›*internationell privaträtt*‹ oder ›*arvs- och gavorätt*‹. Klicken Sie unter Land auf ›*sverige*‹ und unter ›*språk*‹ auf ›*tyska*‹.
► WWW.ADVOKATSAMFUNDET.SE

Suchservice für Anwälte, Steuerberater, Ärzte, Zahnärzte
► WWW.SUCHSERVICE-AUSLAND.DE

Verein ›Deutsche im Ausland‹, u.a. Beratung zu Rechtsfragen
► WWW.BERATUNGSVEREIN-AUSLAND.DE

Kapitel 24

Schwedische Mentalität

Begegnung mit Schweden

Auf gestresste Kontinentaleuropäer übt der zwischenmenschliche Umgang in Schweden einen großen Reiz aus: Schweden sind so gut wie immer freundlich, zurückhaltend, hilfsbereit, bescheiden und niemals aufdringlich. Aggressives Verhalten kommt nicht vor, Kritik ist unbekannt, böse oder gar lautstarke Worte sind niemals zu hören. Das Leben in Schweden fließt dabei ruhig und gemächlich, Stress scheint ein Fremdwort, Streit und Kampf unbekannte Phänomene. Welche Labsal, verglichen mit dem aufreibenden Leben in Kontinentaleuropa, wo Auseinandersetzungen, Stress und der Zwang zur ständigen Selbstbehauptung zum Alltag gehören. Die wunderbare Welt der Schweden wird denn auch für viele zur ersehnten Alternative: Hier will man leben, Mensch sein, seine Ruhe haben und gern ein möglichst gemütliches Dasein genießen, frei von Zwängen und Bevormundungen. Und es ist wirklich wahr: Das Leben in Schweden ist ruhig, niemand mischt sich je in die Privatangelegenheiten eines anderen ein - und Schweden sind tatsächlich sehr angenehm und unkompliziert im alltäglichen Umgang.

Nach dem Neuanfang

Wenn der Zauber des Neuanfangs dem gewöhnlichen Alltag Platz macht, beginnt die wirkliche Auseinandersetzung mit der schwedischen Mentalität und Lebensweise. Und die gestaltet sich für etliche schwieriger als gedacht, manche beißen sich daran die Zähne aus: Die anfangs so verlockende Gemächlichkeit nervt nach einer Weile, da sie automatisch auch mit ständigem Warten in allen denkbaren Lebenssituationen einhergeht. Das ländliche Idyll entpuppt sich womöglich als Einsamkeitsfalle, denn die mehrfach eingeladenen Dorfbewohner laden nie selbst ein. Das freundliche »Hej-Hej« des Nachbarn ersetzt auf die Dauer nicht wirklich ein Gespräch, aber zu viel mehr ist er nicht bereit. Auch die Arbeitskollegen trifft man nur im Job: Kein gemeinsames Bierchen nach der Arbeit - und auf dem Land auch kaum Orte, wo man es trinken könnte. Und benötigt man konkrete Auskünfte, schallt einem ein frohgemutes »*det ordnar sig*« (das klappt schon) entgegen. Alle anderen scheinen offenbar mit diesen und anderen Dingen gut und in Frieden zu leben.

Verloren in Bullerbü

Als Einwanderer hingegen fühlt man sich unter Umständen ziemlich verloren, weil die eigenen Beurteilungsmaßstäbe nicht mehr greifen, viele bisherige Wertvorstellungen hier nicht gelten - und häufig fühlt man sich auch frustriert, weil bisher bekannte Wege oft nicht zum jeweils gewünschten Ziel führen. Einladungen führen keineswegs automatisch zu Gegeneinladungen, besonders schnelles Arbeiten nicht zu Anerkennung, sondern eher zu Misstrauen und Ablehnung seitens der Kollegen, die Bemühung um effektive, rasche und methodische Erledigung von Alltagsdingen wird täglich vom langsamen schwedischen Lebenstempo ausgebremst. Auch Arztbesuche sind nicht länger selbstverständlich, die lernhungrigen Kinder beklagen sich womöglich erstmals über Unterforderung in der Schule, das Einkaufen wird dank Schlangestehen jedes Mal zum stundenlangen Vergnügen uvm.

> Bitten Sie Schweden nicht um ihre Meinung. Denn das würde Unbehagen hervorrufen. Im Lande des Jantelagen äußert man Ansichten und Meinungen allenfalls bei Freunden und Familie am Küchentisch. Draußen in der Welt hat man sich bedeckt zu halten, um nicht gegen das erste Gesetz des Jantelagen zu verstoßen: »Glaube nicht, dass Du jemand bist!« Doch wer eine Meinung hat, meint auch - nach schwedischem Verständnis - jemand zu sein. Verlangen Sie also nicht von Ihrem schwedischen Gesprächspartner, gegen ein so tiefverwurzeltes kulturelles Tabu zu verstoßen!

Worüber Einwanderer klagen

Viele Einwanderer in Schweden klagen nach einer Weile am meisten über folgende Dinge:

- Es ist schwer oder unmöglich, Kontakt zu Schweden bekommen
- Man lädt die Nachbarn ein, wird aber selbst nie eingeladen
- Man ist einsam und bleibt es womöglich auch
- Die Gespräche mit Schweden bleiben an der Oberfläche
- Arbeitskollegen treffen sich nicht privat
- Auf alles muss man lange warten

- Das Gesundheitssystem ist ziemlich unzugänglich
- Überall muss man Schlange stehen
- Im Job: Ständige Besprechungen - ohne Ergebnis
- Schnelles Arbeiten ist gar nicht so gern gesehen
- Kritik ist verpönt, Konflikte tabu
- Alle sind tunlichst einer Meinung
- Handwerker tauchen zum vereinbarten Termin nicht auf
- Die Schweden zeigen keine Gefühle

Wie ticken die Schweden?

Die schwedische Mentalität erschließt sich den meisten neu hinzugezogenen Menschen nur langsam und schwer, manchen trotz bester Bemühungen gar nicht. Im Gegensatz zu vielen anderen Ländern - deren Bewohner offen und freimütig darüber berichten, wie und nach welchen Gesetzen das soziale Leben bei ihnen funktioniert, was man tun oder lieber bleiben lassen sollte, welche Fettnäpfchen es gibt und worauf man in Alltag und Verhalten besonders Wert legt - thematisiert oder erklärt man in Schweden solche ungeschriebenen Regeln normalerweise nicht, sondern setzt sie einfach freundlich und wortlos in die Praxis um. Dem Hinzugezogenen bleibt daher oft nichts anderes übrig, als im Laufe der Jahre die geheimen Gesetzmäßigkeiten und Regeln des schwedischen Alltags und vor allem des Umgangs miteinander mehr oder weniger zu erraten.

Ganz anders, als man denkt

Viele (vor allem deutschsprachige) Einwanderer setzen unausgesprochen eine gewisse Ähnlichkeit in Mentalität und Wertvorstellungen mit ihren neuen schwedischen Nachbarn voraus und müssen nach einiger Zeit überrascht feststellen, dass diese Annahme in vielen Fällen gar nicht zutrifft. Oftmals sind bereits etliche Fettnäpfchen durchstapft, Nachbarn oder Kollegen brüskiert und eigene Enttäuschungen durchlitten, bis man - vielleicht - zu einem annähernden Verständnis der schwedischen Mentalität gelangt ist.

Zeit spielt keine Rolle

Weder Schnelligkeit noch Zeitersparnis, gleich welcher Art, stellen in Schweden - außer mitunter in den Großstädten - irgendeinen Wert dar, im Gegenteil. Eine verbreitete Einstellung lautet: Nur was lange dauert, kann wirklich gut sein! Man braucht eben so viel Zeit, bis man fertig ist - das Leben ist schließlich lang. Es liegt auf der Hand, dass mehr oder weniger kräftige Kollisionen mit den so anders gelagerten Vorstellungen vieler Einwanderer vorprogrammiert sind - die am großzügigen schwedischen Umgang mit der Zeit regelmäßig verzweifeln.

Der diskrete Charme der schwedischen Mentalität
Denn Schweden ist nicht nur ein anderes Land. In puncto Mentalität ist es nahezu ein anderer Kontinent. Dem Auftreten, Verhalten und alltäglichen Umgang miteinander liegen hierzulande völlig andere (ungeschriebene) Regeln und Wertvorstellungen zugrunde als vielen Außenstehenden bewusst ist. Was auf dem europäischen Kontinent als erstrebenswert oder zumindest akzeptiert gelten mag, ist in Schweden völlig verwerflich, z.B. jegliche Zurschaustellung von Können, Wissen, Status, Erfolg, Titeln, Besitz oder gar Reichtum. Aber auch öffentliche Gefühlsbezeugungen aller Art (außer die obligatorische Umarmung), jegliche Form der Aggressionsäußerung, Ungeduld und vor allem auch das Äußern von Kritik, sei sie auch noch so angebracht, sind in Schweden gänzlich tabu, um nur einige Beispiele zu nennen. Diskretion in jeder Hinsicht ist oberstes Gebot.

> Wie lautet die häufigste Antwort auf eine Frage in Schweden: »Jag vet inte!« (Ich weiß nicht.) Der Grund ist jedoch nicht in allumfassender Unwissenheit zu suchen, sondern - wieder einmal - in den Auswirkungen des allgegenwärtigen Jantelagen: Wer ohne Zweifel am eigenen Wissen (ausgedrückt durch: jag vet inte) einfach frohgemut antwortet, gilt in Schweden als eingebildeter Schlaumeier, der sich für klüger hält als die anderen. Sogar Professoren stellen sich daher gern dumm, wenn Studenten sie etwas fragen.

Bescheidenheit ist eine Zier
Vor diesem Hintergrund ist auch das ruhige, bescheidene, unaufdringliche und stets freundliche Auftreten der allermeisten Schweden zu verstehen, das im Zusammenleben, ob in der Nachbarschaft oder am Arbeitsplatz, von vielen (auch von der Autorin) als sehr angenehm empfunden wird. Es ist jedoch in erster Linie von landestypischen No-No's und starken kulturspezifischen Geboten und Normen bestimmt - und weniger von individuellen Persönlichkeitszügen oder gar angeborener Neigung zu permanenter Freundlichkeit. Ruhiges, bescheidenes und freundliches Auftreten ist in Schweden gültige und nicht in Frage zu stellende Ver-

haltensnorm - etwas anderes ist in der schwedischen Öffentlichkeit inakzeptabel, führt zu Ablehnung und langfristig zu Ausschluss. Ausnahmen - z.b. kräftig alkoholisierte Personen, die im Rausch ein großes Wort schwingen - kommen natürlich vor, doch Berauschten wird ihr Gebaren nachgesehen.

Einige Grundzüge der schwedischen Mentalität

Der wichtigste Schlüssel zur schwedischen Mentalität ist in der noch jungen bäuerlichen Vergangenheit des Landes zu suchen, deren Umgang mit Zeit und deren Regeln für das soziale Leben auch heute noch den Alltag in Schweden wesentlich beeinflussen. Noch die Großeltern der meisten heute lebenden erwachsenen Schweden waren entweder selbst Bauern oder in der Landwirtschaft angestellt. Im Zuge der vergleichsweise späten Urbanisierung Schwedens im 20. Jahrhundert waren es zum größten Teil neu hinzugezogene schwedische Landbewohner, die für das rasche Ansteigen der Einwohnerzahlen (bis auf das 10- und 20-fache) in den bis dahin kleinen Städten sorgten. Gedanklich und seelisch tief verwurzelt in einer Jahrtausende alten Bauernkultur, galt es für die Neuankömmlinge nun, die unbekannten Herausforderungen des urbanen Stadtlebens zu meistern. Neben Neugier und Bereitschaft für das Neue brachten sie auch die alten Gewohnheiten und Denkweisen ihres bis dahin ländlich geprägten Umfeldes mit. Und diese haben sich in einem erstaunlichen Ausmaß bis heute praktisch in ganz Schweden erhalten. Die äußere Entwicklung Schwedens von einem der ärmsten Länder zu einem der wohlhabendsten Länder Europas geschah wie im Zeitraffer innerhalb von nur wenigen Jahrzehnten; die ländlichen Denkweisen und Wertvorstellungen änderten sich hierzulande hingegen nicht gleichermaßen schnell und sind daher noch heute überall in Schweden anzutreffen.

Nachfolgend soll versucht werden, fünf wesentliche Grundzüge der schwedischen Mentalität etwas genauer zu beschreiben, die den sozialen Alltag in Schweden durch und durch prägen:

- *Jantelagen*
- Angst, aufzufallen oder sich zu blamieren
- Konfliktscheu
- Selbstgenügsamkeit
- Entspannter Umgang mit Zeit

Jantelagen - das Gleichheitsgebot für alle

Der Begriff *jantelagen*, der im wesentlichen das ungeschriebene Gesetz von Gleichheit und Konformität bezeichnet, entstammt ursprünglich einem 1933 erschienenen Roman ›*En flygtning krysser sitt spor*‹ des dänischen Schriftstellers Aksel Sandemose, in dem er das Leben einer bäuerlichen Gesellschaft im Dorf Jante beschreibt, die Mittelmaß und Konformität zu ihren unverrückbaren Leittugenden erklärt hat. Gleichheit aller ist dort das Ideal, Abweichungen werden mit Neid und Ausschluss aus der Gemeinschaft bestraft.

Jantelagen hat sich bis heute erhalten und ist das mentale Grundgesetz der skandinavischen Länder - bzw. der Schlüssel zum Verständnis der skandinavischen/schwedischen Mentalität.

Die zehn Gebote des *jantelagen* (nach Sandemose):

- Du sollst nicht glauben, dass du etwas bist.
- Du sollst nicht glauben, dass du genauso viel bist wie wir.
- Du sollst nicht glauben, dass du klüger bist als wir.
- Du sollst dir nicht einbilden, dass du besser bist als wir.
- Du sollst nicht glauben, dass du mehr weißt als wir.
- Du sollst nicht glauben, dass du mehr bist als wir.
- Du sollst nicht glauben, dass du zu etwas taugst.
- Du sollst nicht über uns lachen.
- Du sollst nicht glauben, dass sich irgendjemand um dich kümmert.
- Du sollst nicht glauben, dass du uns etwas beibringen kannst.

»Jag tror det!« (Ich glaube schon) - Welcher Einwanderer ist nicht schon an dieser zweithäufigsten schwedischen Antwort verzweifelt, wenn er um konkrete Auskünfte gebeten oder etwas nachgefragt hat? In Schweden will man sich ungern festlegen oder im Nachhinein für nicht zutreffende Auskünfte kritisiert werden. Mit »Jag tror det« kann man sich stets elegant aus der Affäre ziehen, denn man hat ja nichts Verbindliches gesagt.

Der Geist des *jantelagen* - aktuell wie eh und je

Der Geist des *jantelagen* bestimmt in Schweden (und in anderen skandinavischen Ländern ebenfalls) bis heute die Art des täglichen Umgangs miteinander, sei es zuhause, in der Nachbarschaft, am Arbeitsplatz, in Schule und Universität: Das eigene Licht unter den Scheffel stellen, nicht auffallen, sein wie die anderen, um keinen Preis eigene Leistungen oder Begabungen hervorheben, sich der Äußerung eigener Meinung und Ansicht enthalten, jeglichen Konflikt vermeiden und stets dem Urteil der Mehrheit zustimmen - in allen Bereichen beeinflusst das *jantelagen* das offensichtlich so harmonische schwedische Alltagsleben.

Bekenntnis zum Mittelmaß: *Lagom är bäst!*
Ein typisches schwedisches Wort bezeichnet das Bekenntnis zur goldenen Mitte in allen Bereichen des Lebens: *lagom*. Eigentlich unübersetzbar, bedeutet es ungefähr: ›gerade richtig, passend, angemessen, nicht zu viel und nicht zu wenig, nicht zu heiß und nicht zu kalt‹. Das rechte Mittelmaß eben, das man in Schweden in allen Lebenslagen anstrebt. Denn Übertreibungen und Extreme passen nicht zum Ideal des *jantelagen*, das Zurückhaltung und Mäßigung vorsieht. Eine beliebte Erklärung des Wortes lagom bezieht sich übrigens auf Tischsitten schwedischer Großhaushalte der Vorzeit: Während man aus einer gemeinsamen Schüssel bzw. einem gemeinsamen Becher aß und trank, sei darauf zu achten gewesen, dass Getränke und Speise für alle *(lag om)* reichten. Die Schwedische Akademie hingegen verwirft diese Erklärung als Mythos und bezeichnet *lagom* als eine altertümliche Beugeform des Wortes ›*lag*‹ (Gesetz), das sich jedoch nicht auf Recht und Gesetz bezieht, sondern auf das Gesetz der Gemeinsamkeit (›passend zur Gemeinsamkeit, gleich viel für alle‹).

Das allgegenwärtige ›*Jag vet inte*‹ (Ich weiß nicht)
Auch dies ist eine Auswirkung des *jantelagen*. Zu glauben, etwas genau zu wissen, wird in Schweden oft damit gleichgesetzt, ein Besserwisser zu sein und sich anzumaßen, mehr zu wissen als die anderen. Nicht von ungefähr hat man das Wort ›Besserwisser‹ unverändert aus dem Deutschen übernommen - zum einen, um Menschen zu bezeichnen, die sich stets allwissend geben, zum anderen ist dies eine deutliche Anspielung auf die besonders Deutschen oft zugeschriebene - und in Schweden als unsympathisch empfundene - Eigenart, immer alles ganz genau und nicht selten besser zu wissen.

Was man im Lande des *jantelagen* vermeidet
Wer klagt und sich beschwert, wer von sich erzählt oder gar angibt, wer Meinungen äußert oder Ansichten verkündet, nimmt sich selbst einfach zu wichtig - genau das aber ist eines der größtens Tabus, gegen die man

in Schweden verstoßen kann. Wer sich selbst wichtig nimmt, in welcher Form auch immer, wird sein jeweiliges schwedisches Gegenüber in den allermeisten Fällen brüskieren - und überhaupt im ganzen Land auf (allerdings nicht offen geäußerte) Ablehnung stoßen. Ein unsichtbarer Vorhang senkt sich, eine Glasmauer entsteht wie aus dem Nichts. Man wird es Ihnen nicht sagen, aber Sie werden mit der Zeit spüren, dass man Sie (freundlich) abgleiten lässt und sich zurückzieht.

Aus den oben genannten Geboten des *jantelagen* ergibt sich praktisch ganz von allein, dass in Schweden folgende Dinge im Umgang miteinander tabu sind - und man sie daher vermeidet:

- Auftreten, als sei man etwas Besonderes
- Selbstdarstellung in jeder Form
- Aufmerksamkeit auf sich ziehen
- Sich anderen aufdrängen
- Besserwisserei und Belehrung anderer
- ›Von oben herab‹ auftreten
- Zu große Beredsamkeit
- Anderen ins Wort fallen
- Mit Leistung, Status oder Besitz prahlen
- Akademische Titel nennen, ob eigene oder andere
- Eigene Erfolge berichten
- Zu feine Kleidung
- Dezidierte Ansichten und Meinungen äußern
- Kritik üben
- Aggression zeigen
- Sich in Auftreten und Verhalten von den anderen unterscheiden
- Offen anspruchsvoll sein
- Gefühle nach außen tragen
- Das Ansprechen von Fremden

Schwedische Don'ts und kontinentaleuropäische Dos

Es fällt ins Auge, dass viele schwedische Don'ts praktisch identisch sind mit üblichen kontinentaleuropäischen Dos. Die häufig vermutete Ähnlichkeit zwischen z.B. deutscher und schwedischer Mentalität erweist sich damit in vielen Bereichen als Chimäre. Verhalten im Alltag und Umgang miteinander könnten kaum unterschiedlicher sein als in Schweden und Deutschland. Für viele Einwanderer stellt sich daher nach einiger Zeit die Frage, ob und wie weit sie sich an diese ganz andere Art des sozialen Umgangs langfristig anpassen können. Nicht wenigen Einwanderern fällt die in Schweden allseits und immer gebotene Zurückhaltung auf die Dauer zu schwer und sie kehren ernüchtert ins Heimatland zurück.

> Der schwedische Wald - tiefes grünes Geheimnis, Sinnbild der Natur, Quelle romantischer Eingebung? Mitnichten... hierzulande denkt man praktisch! Der schwedische Blick ermisst den Wald vor allem in Holzmetern, schätzt ihn als Rohstoffquelle für die Papierindustrie und als vielversprechende Vorratskammer mit allerlei leckeren Tieren für die Gefriertruhe. Ist der Wald gut gepflegt, gibt's ein Extralob!

Die Angst, aufzufallen oder sich zu blamieren
Eine Auswirkung des *jantelagen* ist auch die tiefverwurzelte schwedische Furcht, von den anderen im Verhalten abzuweichen, aufzufallen, anders zu sein oder sich zu blamieren. ›Att göra bort sig‹ (sich blamieren oder irgendwie auffallen) gehört denn auch zu den verbreitetsten schwedischen Ängsten, die man durch unauffälliges, neutrales Verhalten, unverbindliche Äußerungen und ausgesprochene Zurückhaltung in Schach zu halten sucht.

Der Grad der Individualisierungsbereitschaft des Einzelnen ist in Schweden meist weitaus geringer als in vielen anderen europäischen Ländern. Als Individuum soll man sich hierzulande zurückhalten, nicht angeben und nicht auffallen. Fällt man jedoch auf, ob positiv oder negativ, wird man als Individuum, als ›Ich‹ sichtbar - für viele Schweden eine sehr angstbesetzte Vorstellung. Man vermeidet daher tunlichst, im Mittelpunkt zu stehen und hält sich bedeckt. Das kann soweit gehen, dass man sich - wie viele es tun - per Zeitungsanzeige jegliche Glückwünsche oder Geschenke zum Geburtstag verbittet, um nicht in die unangenehme Situation zu geraten, als Mittelpunkt der Feier alle Augen auf sich gerichtet zu wissen. In Bewerbungsgesprächen spielt man seine Qualitäten eher herunter und berichtet dem potentiellen neuen Arbeitgeber lieber über eigene Kenntnislücken und fehlende Berufserfahrung, als erbrachte Leistungen und Erfolge ›zu verkaufen‹ und sich als Kandidat erster Wahl zu präsentieren, wie es z.B. auf dem europäischen Kontinent üblich ist. Nicht hervorstechen, nicht angeben, nicht auffallen - das ist die Devise in allen Lebenslagen.

Ausländer, die von ihrer Kultur und Sozialisation her nicht derartig ausgeprägten Zwängen zu Selbst-Enthaltung und einheitlichem Auftreten unterworfen sind, wundern sich in Unkenntnis der Verhältnisse häufig über die sprichwörtliche, ständige schwedische Zurückhaltung in allen Lebenslagen, die von ihnen oft fälschlich als Schüchternheit interpretiert wird.

Auf der anderen Seite sind Ausländer aber nicht selten selbst Gegenstand (schweigenden) schwedischen Missfallens, da sie die (ungeschriebenen) Regeln des schwedischen Zusammenlebens nicht kennen und daher unbewusst laufend brechen. Dazu genügt allerdings auch schon das Anderssein an sich: Jeder, der nicht in Schweden aufgewachsen ist und damit nicht die zahlreichen (geheimen) Gebote des Zusammenlebens verinnerlicht hat, ist und benimmt sich anders - und fällt daher automatisch als abweichend auf. Da Gleichheit im Sinne von Ähnlichkeit Aller in Schweden so viel bedeutet, sind damit natürlich sowohl der Ausprägung von Individualität als auch der Anerkennung abweichender sozialer Verhaltensweisen nicht-skandinavischer Kulturen recht enge Grenzen gesetzt.

Die schwedische Konfliktscheu

Neben dem *jantelagen* sorgt auch die schwedische Konfliktscheu für das überaus friedliche Alltagsklima in Schweden. Konflikte und Meinungsverschiedenheiten scheut man hierzulande wie der sprichwörtliche Teufel das Weihwasser. Denn Konflikte lösen große Angst aus; Konsens und Übereinstimmung in allen Lebenslagen ist allseits angestrebtes Ziel. Eifrige Diskussionen gegensätzlicher Standpunkte wird man daher in Schweden genauso wenig erleben wie offen ausgetragene Meinungsverschiedenheiten. Auch Besprechungen *(möten)* werden einfach so oft wiederholt, bis sämtliche Teilnehmer die erforderlichen Beschlüsse mittragen. Das kann unter Umständen Jahre oder auch Jahrzehnte dauern.

Konflikte in Privat- und Arbeitsleben

Im privaten Bereich löst man Konflikte oder Meinungsverschiedenheiten häufig dadurch, dass man einander einfach ohne vorherige Ankündigung zukünftig aus dem Weg geht oder Beziehungen gar abbricht, im Arbeitsleben war bis jetzt (auch langfristige) Krankschreibung häufig ein probates Mittel, um sich Problemen oder unerwünschten Neuerungen am Arbeitsplatz zu entziehen. Auch Chefs sind oftmals nicht frei von Konfliktscheu: Arbeitnehmer, mit denen man nicht zufrieden ist, werden von einem konfliktscheuen Arbeitgeber nicht ermahnt oder entlassen, sondern gern unter Beibehaltung ihrer Bezüge (auch langfristig) beurlaubt und ein neuer Mitarbeiter für den gleichen Arbeitsplatz wird angestellt. Man zahlt dann lieber zwei Gehälter für ein und denselben Arbeitsplatz, als sich offen einem Konflikt mit dem Mitarbeiter zu stellen, mit dem man nicht zufrieden ist.

Konfliktvermeidung im Umgang mit Touristen und Einwanderern

Die schwedische Konfliktscheu äußert sich gegenüber Fremden und Einwanderern z.B. darin, auch dann ausweichende oder bejahende Antworten auf Fragen zu geben, wenn eigentlich nur ein klares Nein zuträfe. Man will nicht enttäuschen, keine Diskussionen heraufbeschwören und vor allem keine unangenehmen Zusatzfragen gestellt bekommen. Durch ein freundliches Ja lässt sich der Fragesteller häufig am schnellsten abwimmeln. In der *vårdcentral* macht sich diese Haltung z.B. bei der Behandlung von Touristen bemerkbar, die im Vergleich zu Einheimischen schneller behandelt werden, weil sie sich, anders als Einheimische, in Folge ihrer Unkenntnis über die Zustände und Abläufe im schwedischen Gesundheitssystem lautstark beschweren, wenn sie nicht behandelt werden. Solche Beschwerden/Konflikte will man tunlichst vermeiden, behandelt sie - und ist sie dann schnell wieder los.

Die Wurzeln der schwedischen Konfliktscheu

Auch die Konfliktscheu und das allgegenwärtige schwedische Streben nach Konsens haben ihre Wurzeln in der noch jungen bäuerlichen Vergangenheit Schwedens, die noch gar nicht lange zurückliegt. In der bäuerlichen Gesellschaft Schwedens mit ihrer jahrtausendealten Geschichte war man mangels anderer Alternativen gezwungen, zusammenzuleben und miteinander auszukommen. Die Angst vor Konflikten war groß, die Bereitschaft zu Konsens und Kompromiss eine absolute (Überlebens-)Notwendigkeit. Streit und Konflikt konnten den gesellschaftlichen Ausschluss (z.B. Verstoß aus Heim und Hof) bedeuten und mussten - in einem Land großer Distanzen und mit einem harschen Klima - unter allen Umständen vermieden werden. Die Ziele des Einzelnen waren stets den Zielen der Gemeinschaft unterzuordnen. Züge und Eigenschaften dieser ehemaligen Bauernkultur haben sich in Schweden bis heute in beträchtlichem Ausmaß erhalten - Urbanisierung, Modernität und Weltoffenheit zum Trotz.

Schwedische Selbstgenügsamkeit

Die schwedische Selbstgenügsamkeit hat vor allem geschichtliche, geografische und klimatische Gründe. Diese sind zu suchen in der Jahrhunderte langen relativen Isoliertheit Schwedens, in der gleichfalls Jahrhunderte langen ethnischen Homogenität der Gesellschaft, in der vergleichsweise unermesslichen Größe des Landes, in den langen kalten Wintern und in der räumlichen Zerstreuung der Höfe, Dörfer und Kleinstädte.

Bäuerliches Leben, weit entfernte Nachbarn

Bis nicht vor allzu langer Zeit lebte der Großteil der schwedischen Bevölkerung auf dem Lande und pflegte eine durchaus sehr ländliche und recht einsame Lebensweise. Noch die Großeltern der allermeisten heute lebenden Schweden waren Bauern oder auf Bauernhöfen beschäftigt. Man war mit seiner Familie allein, bestellte gemeinsam Haus und Ländereien, war aufeinander angewiesen und hielt daher, oft notgedrungen, eng zusammen. Die Familie war stets - und oft der einzige - Überlebensgarant, war Ankerpunkt und Auffangstation.

Zerschlagung gewachsener Dorfstrukturen

Die langen harten Winter, die großen Distanzen und die Bodenreform des Jahres 1827, die eine weitreichende Zerschlagung gewachsener Dorfstrukturen mit sich brachte und ehemalige Nachbarn räumlich weit voneinander entfernte - all das führte zu einer äußerst selbstgenügsamen Lebensweise, die bis heute überall in Schweden in ihren Grundzügen besteht und die nicht wenige Einwanderer als recht vereinsamt und reduziert empfinden. Tatsache ist jedoch, dass man in Schweden lange gänzlich darauf angewiesen war, als Familie allein zurechtzukommen und sich selbst zu helfen. Aus dieser Notwendigkeit entstanden über die Zeit ganz von allein die in Schweden weitverbreiteten Einstellungen: ›Ensam är stark‹ (allein ist man stark) sowie ›sköt dig själv och skit i andra‹ (kümmere dich um dich selbst und nicht um andere). Diese aus den Umständen geborene Selbstgenügsamkeit wurde allmählich zur Tugend und schließlich zu einem der Grundzüge der schwedischen Mentalität.

Die Familie - Dreh- und Angelpunkt des Lebens

Aus den oben genannten Gründen halten sich Schweden jedoch bis heute noch hauptsächlich an ihre Familie, mit der sie nach Möglichkeit die meisten Wochenenden verbringen und innerhalb derer sie dann auch offen sind, ihre Gefühle zeigen, um Hilfe bitten oder sie anbieten, mit der sie feiern, genießen, lachen und weinen - so wie es in allen Familien dieser Welt üblich ist.

Gefühle sind reserviert - für die Familie

Die Besonderheit in Schweden ist jedoch, dass Gefühlsäußerungen nahezu ausnahmslos dem Umgang mit der Familie - oder manchmal auch dem Umgang mit sehr engen, alten Freunden - vorbehalten sind und man Persönliches so gut wie nie nach außen trägt. Das kann bei Neu- und Nicht-Schweden den - fälschlichen - Eindruck von Gefühlskälte und Reserviertheit ihrer schwedischen Landsleute hervorrufen. Tatsache ist, dass man in Schweden aus Tradition Außenstehende nicht mit seinen persönlichen Problemen und Angelegenheiten belästigt. Jahrhundertelang war für Persönliches ausschließlich die Familie zuständig - und eine solche Tradition im Umgang mit Gefühlsdingen ändert sich weder leicht noch schnell.

> Schwedische Seen: Spiegelnd glitzern sie durchs Gebüsch, silbern glänzen sie im Abendlicht... und verleiten den ausländischen Besucher zu poetischen Anwandlungen oder gar philosophischen Betrachtungen. Ihren schwedischen Landsmann verleiten sie vor allem zum Fischfang, denn so ein See ist in erster Linie ein prima Vorrats-Aquarium. Je mehr Fisch - desto besser der See! Probieren Sie es aus, sprechen Sie schwedische Nachbarn auf einen schönen See in der Nähe an: Man wird Ihnen höchstwahrscheinlich sogleich mit der Aufzählung der darin vorkommenden Fischsorten antworten.

Die schwedische Gemächlichkeit: Bäuerliches Tempo in moderner Zeit

Einer der wichtigsten Schlüssel zur Mentalität und zum Zeitverständnis der Schweden ist die sehr späte Urbanisierung des Landes. Innerhalb kürzester Zeit entwickelte sich Schweden von einer armen Bauerngesellschaft zu einem wohlhabenden Industriestaat. In der zweiten Hälfte des 19. Jahrhunderts wanderte ein Drittel der erwachsenen Bevölkerung nach Amerika aus, weil man sich in Schweden nicht versorgen konnte. Noch vor dem ersten Weltkrieg war Schweden eines der ärmsten Länder Europas, kaum ein paar Jahrzehnte später eines der reichsten. In einem Zeitraum von ca. 50 - 70 Jahren fand eine enorme Entwicklung statt, ungefähr so, wie man sie heutzutage in China beobachten kann. In Deutschland oder Frankreich dauerte diese Entwicklung viel länger und erstreckte sich über mehrere Generationen; auch waren die Ausgangsvoraussetzungen dort besser. Die schwedischen Städte waren seinerzeit klein; ihre Einwohnerzahlen wuchsen jedoch innerhalb kürzester Zeit bis auf das Zehn- oder Zwanzigfache, hauptsächlich durch die riesige Anzahl neu hinzugezogener Landbewohner aus allen Teilen Schwedens. Diese hatten mit ihrer Hinwendung zur Stadt einer Jahrtausende alten Bauernkultur den Rücken gekehrt und sahen sich nun vor die völlig neue Aufgabe gestellt, ein modernes, urbanes Leben zu führen. Im Gepäck hatten sie hauptsächlich alte ländliche Gewohnheiten, Denkweisen und ein recht gemütliches Lebens- und Arbeitstempo. Dieser späte Urbanisierungsprozess eines großen Teils der schwedischen Landbevölkerung ist einer der Gründe für die typisch schwedische Gemächlichkeit, eine gewisse Schwerfälligkeit im Handeln und das entspannte Zeitverständnis hierzulande, wo man häufig noch immer eher in (Ernte-)Jahren denkt als in Tagen.

Linktipps
► WWW.EXPATSINSWEDEN.COM/EIS/ABOUTSWEDEN/CULTURE/NATURE.SHTML
► HTTP://SV.WIKIPEDIA.ORG/WIKI/SVENSK_KULTUR

Weiterführende Literatur finden Sie im Kapitel ›Literatur‹

Kapitel 25

Zwischenmenschliches

Informationen vorab

Im vorausgehenden Kapitel wurde versucht, einige wesentliche Grundzüge der schwedischen Mentalität aufzuzeigen: ausgeprägtes Gleichheitsstreben, die Angst aufzufallen, Konflikt- und Kritikscheu, Selbstgenügsamkeit und ein großzügiger Umgang mit Zeit. Diese Grundzüge prägen das soziale Leben in allen Bereichen des schwedischen Alltag; aus ihnen kann man daher (bis zu einem gewissen Grad) Empfehlungen und Tipps für die Begegnung und den Umgang mit schwedischen Kollegen, Nachbarn, Bekannten, Freunden und Partnern ableiten.

Selbstverständlich handelt es sich bei den nachfolgenden Erläuterungen nur um allgemeine Beschreibungen. Der ein oder andere kann ganz andere Erfahrungen in Schweden machen. Die Informationen in diesem Kapitel beruhen auf mehr als 10-jähriger Kenntnis von Land und Leuten und sind dazu gedacht, dem Leser den mitunter rätselhaften Verlauf zwischenmenschlicher Begegnungen in Schweden etwas begreiflicher zu machen und ihm dadurch eventuell nützliche Anhaltspunkte für verschiedene Alltagssituationen an die Hand zu geben.

Generelles

Der Umzug in ein anderes Land - immer auch ein Umzug in eine andere Kultur und Denkweise - bringt manch ungeahnte Entdeckungen mit sich. Sicher haben Sie sich bereits eingehend über Ihre neue Heimat Schweden informiert, haben viel gelesen, ausgiebig im Internet gesurft, zahlreiche Informationsbroschüren studiert. Auf manches kann man sich jedoch trotz intensiven Landesstudiums dennoch nicht wirklich vorbereiten.

Im täglichen Leben in Schweden gibt es Dinge, die den Wertvorstellungen und Benimmvorschriften der eigenen Kultur oftmals in ganz ungeahnter Weise zuwiderlaufen können und dem einen oder anderen mehr zu schaffen machen, als er dachte. Manches kann man sich gar nicht erklären, manches hätte man gern vorher gewusst - und an einigen Dingen stößt man sich mitunter ganz gewaltig. Das ist zwar zum einen

Teil des natürlichen Kulturschocks, dem alle Auswanderer durch Umzug in ein anderes Land mehr oder weniger ausgesetzt sind. Zum anderen kann es aber ja nicht schaden, einige Dinge bereits vorab zu wissen, um gewisse zu erwartende mentale und emotionale Schockwellen ein wenig zu mindern.

Die Beschreibung der nachfolgenden Alltagssituationen erhebt keinen Anspruch auf Allgemeingültigkeit, sie müssen sich also nicht stets und überall so zutragen. Jedoch ist eine gewisse Häufung gleichartiger Vorkommnisse, über die Jahre von zahlreichen Neu-Schweden beobachtet und beschrieben, nicht von der Hand zu weisen.

> Wenn Sie Lust auf ein Gespräch mit Ihrem schwedischen Nachbarn haben: Leihen Sie sich eine Säge! Oder einen Hammer, ein Ei, was auch immer. Denn in Schweden braucht man einen konkreten Grund, um beim Nachbarn anzuklopfen - auch wenn eigentlich der Wunsch nach einem Plauderstündchen dahintersteckt. Verschaffen Sie sich Gelegenheiten!

Blickkontakt - oft ersehnt, selten gewährt

Vielen Besuchern und Neuankömmlingen fällt auf, dass man in Schweden Blickkontakt vermeidet. Im normalen Alltag, draußen auf der Straße, in Geschäften, Kliniken usw. schaut man sich nicht an, sondern nimmt einander augenscheinlich nicht zur Kenntnis. Letzteres ist jedoch nicht der Fall; aus den Augenwinkeln heraus überblickt man die Lage jederzeit. In Schweden vermeidet man jedoch direkten Blickkontakt aus Rücksichtnahme auf die Privatsphäre des anderen. Denn angeschaut und angestarrt werden - überhaupt gesehen zu werden - empfindet man in Schweden als unangenehm. Außerhalb der eigenen vier Wände schaut man einander eigentlich nur dann direkt an, wenn man sich im Gespräch befindet oder etwas von jemandem will und ihn deshalb gezielt anspricht. Der direkte Blickkontakt, den viele Ausländer in Schweden suchen, wirkt also hierzulande befremdlich, nicht selten aufdringlich - und wird von Schweden auch oft fälschlich so gedeutet, als wolle man etwas von ihnen. Es ist ebenfalls nicht üblich, anderen ins Fenster zu schauen.

Das schwedische Du - kein Ausdruck von Nähe

Sehr beliebt ist bei Besuchern und Einwanderern die Tatsache, dass sich in Schweden alle duzen. Irrtümlicherweise wird oft angenommen, dass das schwedische ›Du‹ den erfreulicherweise bereits übersprungenen Schritt von einer eher steifen Noch-Fremdheit (die sich in der Anrede des klassischen ›Sie‹ ausdrückt) zum warmen, vertraulicheren Umgang miteinander darstellt. Besucher und Einwanderer wähnen sich daher durch den ständigen Gebrauch des ›Du‹ im Gespräch mit Schweden jenen häufig weitaus näher, als sie es (aus Sicht des schwedischen Gesprächspartners) wirklich sind.

Denn das schwedische ›Du‹ ist nicht etwa ein Ausdruck von Nähe bzw. der angenehm beschleunigten Vertiefung eines Bekanntschaftsprozesses, sondern schlicht Ergebnis der sogenannten ›Du-Reform‹, die bereits 1968 auf Initiative von Bror Rexed, dem damaligen Chef der socialstyrelsen, als Ausdruck des Umgangs unter Gleichen in ganz Schweden eingeführt wurde. Fortan sollte man einander nicht mehr siezen, sondern duzen. Davon war und ist nur die schwedische Königsfamilie ausgenommen. Auch die Anwendung von Titeln in der Anrede fiel der ›Du-Reform‹ zum Opfer; so wird z. B. ein Arzt keineswegs mit ›Herr Doktor‹, sondern einfach mit seinem Vornamen angesprochen und selbstverständlich geduzt. Deswegen ist man jedoch weder automatisch Freund noch Kumpel.

> Eine Umfrage in Schweden hat ergeben, dass unangemeldete Besuche von Nachbarn oder Bekannten in ihrer womöglich unaufgeräumten Wohnung für die meisten Schweden der größte vorzustellende Alptraum sind. Schneien Sie daher nicht einfach beim Nachbarn herein!

Allgemeines zum schwedischen Kommunikationsstil

Gespräche verlaufen meist ruhig, freundlich und respektvoll; sie beschränken sich häufig auf Informationen und Smalltalk. Die Offenbarung persönlicher Angelegenheiten, das Äußern von Ansichten oder gar das Erteilen von Ratschlägen werden normalerweise weder erwartet noch selbst praktiziert. Alltägliche Unterhaltungen haben oft reinen Informationscharakter, sie dienen meist nicht zur Erklärung, Begründung oder Analyse. Man hört einander zu und fällt sich nicht ins Wort. In Schweden macht man gern kurze Gesprächspausen - und fährt dann fort. Diese Pausen sind jedoch nicht zur Unterbrechung durch den Anderen gedacht.

In eingehenderen Gesprächen fragt man den anderen gern viel, zeigt zum einen auf diese Weise sein Interesse - und vermeidet damit gleichzeitig geschickt, von sich selbst zu erzählen, denn das tut man in Schweden nicht gern. Eventuelle Kritik wird stets freundlich verpackt; zunächst wird das Positive hervorgehoben und unterstrichen, dann erfolgt z.b. die sanfte und meist sehr liebenswürdig gestellte Frage, ob man sich vorstellen könne, das nächste Mal etwas anders zu Werke zu gehen bzw. die aufmunternde Zusicherung von sicher noch viel besseren Erfolgen durch diese und jene (geänderte) Verhaltens-, Arbeits- oder Lernweise.

Man macht nicht gern viele Worte, sondern sagt lieber mit wenig viel aus statt umgekehrt. Die Hauptbotschaft liegt ohnehin meist in den Unter- und Zwischentönen, z.B. in der Art, wie jemand »jaha« sagt, Pausen macht, gelegentlich ein Stöhnen hören lässt oder die Worte dehnt, aber auch in speziellen Atem- und Hauchlauten (hörbares Ein- und Ausatmen, mal durch den Mund, mal durch die Nase, Seufzen, Summen) samt in unendlich vielen Variationen eines ›Ja‹ in Form von zustimmenden, kehligen O's und A's - die alle eine für Schweden sofort (wieder-)erkennbare Bedeutung haben. In Schweden teilt die Art und Weise, wie jemand spricht, pausiert, atmet und vom Tonfall her klingt, einem schwedischen Zuhörer oft viel mehr mit als der Inhalt der gesprochenen Worte.

In Schweden rechtfertigt oder begründet man übrigens in Gesprächen sein Verhalten, seine Entscheidungen oder Ansichten - wenn man sie denn äußert - nicht. Man tut einfach in aller Stille, was man für richtig hält und setzt das gleiche auch bei anderen voraus. Auch mischt man sich niemals in die Belange anderer ein.

Die im deutschsprachigen Raum so übliche und teilweise weit ausholende Darlegung und Begründung eigenen Verhaltens/eigener Entscheidungen - manchmal bis weit in die Vergangenheit hinein - ist in Schweden gänzlich unbekannt und wird nicht praktiziert.

Ein Redeschwall wird hierzulande eher als erschlagend empfunden und ruft nicht selten die Vermutung auf den Plan, dass der Redner Probleme haben müsse oder sich hervortun will. Eventuell spricht (berichtet) man über Gefühle, aber man zeigt sie nicht bzw. drückt sie nicht aus. Ein weinender, verzweifelter, wütender, vor Angst bibbernder oder gar aggressiver Gesprächspartner wird bei den meisten Schweden große Rat- und Hilflosigkeit auslösen - sowie den Wunsch, möglichst schnell zu verschwinden. Auch intensiver Ausdruck von Glück oder Belustigung ist eher ungewöhnlich.

Schweden halten auch physisch Abstand. Zu große körperliche Nähe oder gar Berührungen von (relativ) Fremden - wie z.B. joviales Schulterklopfen oder ein Antippen - sind Schweden in der Regel äußerst unangenehm.

Der schwedische Humor

Der schwedische Humor ist verhalten bis zur Unauffälligkeit, doppeldeutig, verschmitzt und hat oft den Charme des Absurden. In gewissen, augenzwinkerndern Schilderungen von Astrid Lindgren - vor allem in den ungemein ›logischen‹ Schlussfolgerungen von Pippi Langstrumpf und Karlsson - findet man ihn zum Beispiel wieder. Laute ›Kracher‹ wird man normalerweise in Schweden nicht zu hören bekommen, Schenkelklopfen und Lachanfälle wären hierzulande ganz untypisch. Deswegen sollte man sich aber nicht vom friedlichen Gesamteindruck täuschen lassen - die meisten Schweden scherzen gern und oft, auf ihre zurückhaltende Art, und manche haben es in puncto Humor faustdick hinter den Ohren. Schon allein deswegen lohnt es sich, die Sprache so gut wie möglich zu lernen - sonst entgeht einem Vieles!

> Sollten Sie inmitten Ihrer Nachbarschaft vereinsamen - besuchen Sie einen Kurs! Der direkte Weg zum Nachbarn wäre zwar der einfachste - er wird in Schweden aus Scheu jedoch selten begangen. Im Kurs dagegen ist die Kontaktaufnahme legitim - und in nicht wenigen Kursen finden daher vor allem muntere Gespräche bei Kaffee und Kuchen statt - und sonst nicht viel anderes.

Am Arbeitsplatz

An schwedischen Arbeitsplätzen sind die Hierachien flach, typisches Chefgebaren ist sowohl unbekannt als auch inakzeptabel, und ein zurückhaltendes, bescheidenes Auftreten aller Mitarbeiter und Vorgesetzten ist üblich. Der Umgangston ist freundlich, das Arbeitsklima und -tempo recht entspannt. Man gibt sich unprätentiös und insgesamt lieber unwissend als - Gott bewahre - besserwissend, ist stets geduldig, übt niemals direkte Kritik und bringt auch Verbesserungsvorschläge nur äußerst diskret an. Anordnungen werden gleichermaßen diskret geäußert und in freundliche Fragen verpackt, z.B.: »Hättest Du vielleicht Lust, dies und das zu erledigen?« Oder: »Dürfte ich Dich vielleicht fragen, ob Du Dir eventuell vorstellen könntest, dies und das zu tun?« Solche und ähnliche Fragen beantwortet man tunlichst mit »Ja«, denn es handelt sich um versteckte Arbeitsanweisungen.

Zu feine Kleidung trägt niemand, auch der Chef nicht; salopper Alltagslook ist die Regel. Eigene Leistungen spielt man in der Regel herunter und bemüht sich, nicht zu tüchtig zu erscheinen, um nicht den

Unwillen der Kollegen auf sich zu ziehen, an deren Arbeitstempo man sich aus dem gleichen Grunde anpasst. Einzelkämpfertum ist (wie überhaupt in Schweden) verpönt, alles wird in der Gruppe abgesprochen. An den zahlreichen Besprechungen *(möten)* an vielen Arbeitsplätzen nehmen alle Mitarbeiter klaglos teil; niemand drängt auf Resultate. Die Besprechungen werden so oft wiederholt, bis alle Teilnehmer einem Beschluss bzw. einer geplanten Vorgehensweise zustimmen. Die ebenfalls zahlreichen Pausen werden stets gemeinsam verbracht (Pausen-Einzelgänger werden als unsozial beargwöhnt) und alle gehen pünktlich nach Hause. Freiwillige Überstunden sind gänzlich unüblich und bringen den über die Arbeitszeit hinaus Fleißigen automatisch in Streber-Verdacht. Nach der Arbeit finden normalerweise keine privaten Aktivitäten mit Arbeitskollegen statt; die Kollegen lassen bei Arbeitsende pünktlich alles stehen und liegen und eilen flugs heim. Das gemeinsame Bierchen nach der Arbeit ist die absolute Ausnahme und kommt vermutlich eher in Großstädten vor.

Unter Nachbarn

Ein intensiver nachbarschaftlicher Umgang bzw. gegenseitige Einladungen und Besuche von Nachbarn sind in Schweden die Ausnahme. Der Austausch zwischen benachbarten Hausbesitzern beschränkt sich vielfach auf ein freundliches »Hej Hej«, gegebenenfalls von Winken begleitet. Das hat aber nichts weiter zu bedeuten als eben diesen Gruß - und ist meist keine wie auch immer gemeinte Aufforderung zu näherem Kontakt. Ausnahmen kommen natürlich vor. Besonders auf dem Lande kann die gegenseitige Hilfsbereitschaft in praktischen Fragen groß sein.

> Schauen Sie Ihrem schwedischen Nachbarn nicht ins Fenster. Das gilt geradezu als visueller Hausfriedensbruch und ist verpönt.

Schwedische Nachbarn besuchen einander nicht unangemeldet oder ohne Grund. Man geht eigentlich immer mit einem konkreten Grund zum Nachbarn - die bloße Lust zu plaudern legitimiert keinen Besuch und wird daher, außer in Ausnahmefällen, eher Verwunderung auslösen. Auf Einladungen neu Hinzugezogener folgen selten oder fast nie Gegeneinladungen, das sollte man nicht persönlich nehmen.

In Mehrfamilienhäusern ist es ganz normal, dass Nachbarn einander im Treppenhaus oder auf der Straße nicht grüßen; niemand denkt sich etwas dabei. Auch stellt man sich beim Einzug nicht bei den Nachbarn vor. Bei nachbarschaftlichen Problemen im Mehrfamilienhaus (z.b. Ruhestörung) spricht man in der Regel die Hausverwaltung bzw. den Hausmeister an und nicht die Nachbarn. Direkt geäußerte Kritik wird verübelt und kann beim nächsten Mal in einer weiteren Zunahme der Lautstärke enden. Im Mehrfamilienhaus hält man sich peinlich genau an die gebuchten Waschzeiten in der gemeinsamen Waschküche *(tvättstuga)*.

Treffen mit Bekannten

Bekanntschaften können sich ja z.b. aus Kursbesuchen, schulischen oder Kindergartenveranstaltungen, Universitätsbesuchen oder gegebenenfalls auch an Arbeitsstellen entwickeln. Wie freundlich der Umgang auch wirkt - ein gewisses Maß von Distanz bleibt stets. Nehmen Sie es nicht persönlich, wenn Ihr neuer schwedischer Bekannter Sie auf der Straße eventuell nicht erkennt oder grüßt. Schweden trennen sehr stark zwischen privatem und öffentlichem Leben.

Ein Austausch zwischen Bekannten beschränkt sich in Schweden in der Regel auf Smalltalk. In Schweden schätzt man ›*roliga teman*‹, lustige und erbauliche Gesprächsinhalte und einen eher leichten, lockeren Gesprächsablauf, also eher nach amerikanischem Vorbild.

Bei privaten Verabredungen, die mehrere Teilnehmer umfassen, sollten Sie sich nicht wundern, wenn Ihre schwedischen Bekannten und Freunde kommen und vor allem gehen, wie es ihnen gefällt - und das ohne einen weiteren Kommentar als möglicherweise »*Hej*« (Hallo) »*Hej då*« (Tschüss) oder »*Jag sticker*«, also »Ich hau' ab«. Oder auch gänzlich kommentarlos. Das ist in Schweden - zumindest auf dem Lande - ganz üblich; Erklärungen werden in diesem Fall weder erwartet noch gegeben.

Es wäre aber ein Fehler, dieses als Unhöflichkeit zu betrachten. Es ist einfach eine weit verbreitete Landessitte und nicht böse gemeint. Diese Verhaltensweise bei Ankunft oder Abschied ist ein Relikt aus bäuerlichen Zeiten, die in Schweden ja noch nicht so lange zurückliegen: Man kam zu einem Treffen, sobald die Arbeit es zuließ und ging, sobald Arbeit oder die Pflichten des eigenen Haushalts es erforderten. Die räumlichen Distanzen und die häufig harschen Wetterverhältnisse machten eine spontane Ankunft bzw. einen spontanen Abschied oftmals einfach notwendig. Große Worte brauchte man deswegen nicht zu machen. Dieses Ankunfts- und Abschiedsverhalten kann Neu-Schweden zum einen zwar brüskieren, zum andern aber auch eine neue und erfrischende Lockerheit im sozialen Kontakt darstellen: Sich nicht dafür rechtfertigen müssen, wann und warum man kommt oder geht - das kann auch etwas Befreiendes haben!

Umgang unter Freunden

Bis aus Bekannten echte Freunde werden, kann in Schweden eine recht lange Zeit vergehen. Um die mühsam gewonnenen Freunde nicht in Unkenntnis ungeschriebener schwedischer Regeln eventuell vor den Kopf zu stoßen oder gar in die Flucht zu schlagen, hier einige allgemeine Anhaltspunkte zum Umgang unter Freunden in Schweden. Unter schwedischen Freunden ist es üblich:

- Keine Kritik zu äußern, auch wenn ein Freund ganz klar etwas falsch gemacht hat (z.B. soeben die teuerste Blumenvase umgestoßen hat). Da Kritik in Schweden generell nicht (oder nur sehr versteckt) geäußert wird, erlebt der Kritisierte sie als geradezu vernichtend und sehr beschämend, wenn sie doch einmal vorkommt - und zieht sich dann eventuell für immer zurück. Daher wendet man stattdessen - auf geradezu japanische Art - die Situation ins Positive (á la: diese alte Vase wollte ich schon immer loswerden) und erleichtert so dem Freund diese peinliche Situation sehr - er wird einem dankbar dafür sein.
- einander keine Ratschläge zu erteilen (bzw. nur auf sehr konkrete Anfrage).
- einander zu loben, so oft es möglich ist.
- die Äußerungen, das Verhalten und das Aussehen von Freunden nicht zu werten (bzw. wenn, dann nur in positiver Hinsicht zu kommentieren).
- zuzuhören und einander nicht ins Wort zu fallen.
- in Gesprächen nach Möglichkeit nicht zu viel zu jammern oder ausschweifende Kritik an der Weltlage zu üben.
- Freunde (und Bekannte) nicht übermäßig in moralphilosophische oder weltanschauliche Diskussionen zu verwickeln. Dis-

kussionen über Religion oder Politik sind gleichfalls recht unbeliebt. In Schweden interessiert man sich vor allem für praktische und wirtschaftliche Fragen. *Moralkaka* (Moralkuchen) und theoretische Fragestellungen findet man hierzulande eher ermüdend. In Schweden zählt eher die praktische (und gern auch preiswerte) Umsetzbarkeit von Ideen.

- Freunde nicht um einen Rat oder um ihre Meinung zu bitten. Das ist in Schweden sehr unüblich und wird in der Regel Hilflosigkeit und Unbehagen auslösen. In Schweden geht man davon aus, dass jeder selbst weiß, was für ihn am besten ist.
- Im Restaurant getrennt zu zahlen. Auch noch so gute Freunde zahlen in Kneipe oder Restaurant einzeln für sich. Ausnahmen kommen eventuell vor.

Umgang mit Kindern

Schwedische Kinder genießen viel Freiheit. Ein gewährender Erziehungsstil ist in den meisten Familien (und Schulen) bis heute sehr populär, Entscheidungen und Wünsche auch junger Kinder werden gehört und so weit es geht respektiert. Feste, klare Regeln, an die sie sich verbindlich zu halten haben, stellen im Leben der meisten schwedischen Kinder eher die Ausnahme dar. So gut wie alles ist jederzeit mit den Eltern verhandelbar. Sie können daher recht weitgehend tun und lassen, was sie wollen. Niemand findet etwas dabei.

Wenn schwedische Kinder zu Besuch kommen, kann ihr Verhalten jedoch für manche Einwanderer irritierend sein. Außer einem *»Hej«* ist vielleicht nicht viel von ihnen zu hören, bei Tisch beginnen sie womöglich kommentarlos sofort mit dem Essen (statt auf die anderen zu warten), stehen auf, sobald sie fertig sind und laufen herum. Auch verabschieden sie sich meist ganz plötzlich und kommentarlos und sind dann weg. Auf Nicht-Schweden kann dieses Verhalten ungezogen, regellos und sehr unverbindlich wirken. Es ist jedoch in Schweden - vor allem auf dem Lande - ganz normal und lässt sich auf noch immer aktive bäuerliche Traditionen aus früheren Zeiten zurückführen, wo man rasch zum Essen kam, sobald es die Arbeit erlaubte und ging, sobald man fertig war. So wird es in vielen schwedischen Familien noch heute praktiziert. Es wäre ein (großer!) Fehler, die Kinder dafür zu kritisieren oder gar Erziehungsversuche zu starten. Das Resultat wäre vermutlich eine verlorene

Kinderfreundschaft und der Abbruch der Beziehung seitens der Eltern des Kindes.

> Schwedische Teenager sind mit 15 Jahren hosenmündig (byxmyndig), d.h. sie dürfen dann aus der Hose und mit einem Partner ins Bett schlüpfen.

Umgang mit alten Menschen

Während es in vielen Ländern ein Zeichen einer guten Kinderstube ist, alten Menschen Hilfe anzubieten, z.b. beim Einkaufen, Ein- oder Aussteigen oder beim Überqueren der Straße, kann man sich in Schweden mit solchen Angeboten rasch unbeliebt machen. Alte Menschen, selbst wenn sie noch so wackelig und gebrechlich sind, setzen hierzulande ihren ganzen Stolz in die selbständige und unabhängige Bewältigung des Alltags, so lange es irgendwie möglich ist. Auch noch so freundliche Hilfsangebote werden eher als erniedrigend empfunden, da diese implizieren, dass sie es wohl nicht alleine schaffen. Von daher ist es empfehlenswert, alten Menschen in Schweden Hilfe nur dann anzubieten, wenn sie konkret danach fragen bzw. wenn ganz offensichtlich ein Unglücksfall vorliegt.

> Das Kraftwerk mit dem Kern - das habe ich so gern: In Schweden findet man nichts dabei, mit der ganzen Familie das Kernkraftwerk zu besichtigen, dort Kaffee zu trinken oder in den angrenzenden Gewässern zu fischen. Vermutlich sind die Fische dort besonders groß - und der Kaffee von strahlender Qualität.

Pünktlichkeit, Ankunft und Abschied

Es ist nicht so, dass viele Schweden wirklich unpünktlich sind. In zahlreichen Ratgebern und Artikeln werden sie sogar als sehr pünktlich beschrieben, und so sehen sie sich auch selbst. Und für geschäftliche Verabredungen mag das auch durchaus zutreffen. Allerdings haben Schweden, aufgrund des vergleichsweise gemütlichen Tempos in ihrem Land, in der Regel ein großzügigeres Zeitverständnis als viele kontinentale Zeitgenossen. Wetterbedingte Verspätungen tun oftmals ein Übriges, um pünktliches Erscheinen zu torpedieren. 15 Minuten Puffer sollte man bei einer privaten Verabredung in und mit Schweden schon einrechnen, denn keiner will der Erste sein! Wenn die Verabredung pünktlich eingehalten wird - um so besser!

Bei Tisch

Etliche Einwanderer können sich mit dem schwedischen Verhalten bei Tisch nicht recht anfreunden: Man kommt einfach wann man möchte, beginnt eine Mahlzeit selten oder nie gemeinsam, sagt sich nicht »Guten Appetit« und geht wieder, sobald man aufgegessen hat. Ausgefeilte Tischmanieren sind in Schweden - jedenfalls auf dem Lande - nicht besonders wichtig. In den Augen nicht-skandinavischer Einwanderer kann all das eine grobe Unhöflichkeit darstellen.

Nicht so in Schweden: Denn auch dieses formlose Miteinander-Speisen hat seinen Ursprung in der bäuerlich geprägten Gesellschaft, die ganz Schweden in früheren Tagen ausmachte. Jeder kam zum Essen, sobald er konnte und eilte danach gleich wieder an die Arbeit. Kurze Sommer und lange harte Winter machten es erforderlich, so viel Arbeit wie möglich in den schnee- und eisfreien Jahreszeiten zu erledigen. Man hatte also weder Zeit noch Anlass, sich mit ausgeklügelten Benimmregeln aufzuhalten, sondern tat einfach, was getan werden musste - und dieses so schnell wie möglich.

Das war sicherlich in den vormals landwirtschaftlich geprägten Ländern auf dem Kontinent auch nicht sehr viel anders. Schweden wurde deutlich später urbanisiert, so dass die alten Bräuche und Regeln die aktuelle Gesellschaft noch deutlicher prägen. Die heutigen Tischmanieren in Schweden haben also zeitlich gesehen recht kurze historische Wurzeln und vor allem ganz konkrete Hintergründe - und deswegen wäre es falsch, sie einfach als ungehobelt zu verdammen oder im Falle eigener Bewirtung von schwedischen Gästen auch nur im Mindesten persönlich zu nehmen. Versuchen Sie, sich zu entspannen, vergessen Sie ›wie man es macht‹ und genießen Sie einfach die ungezwungene Atmosphäre bei Tisch in Schweden!

> Kann es sein, dass die freundlichen, stillen Schweden achtlos andere Passanten anrempeln, wie von vielen Einwanderern in Schweden behauptet? Und zwar, ohne sich zu entschuldigen? Oh ja, das tun sie, und zwar in den Großstädten. Vermutlich steckt schlicht und einfach der für Schweden noch immer ungewohnte Umgang mit größeren Menschenmassen dahinter: Auf dem Lande braucht man einander nicht aus dem Weg gehen, da man sich ja selten trifft. In der Stadt wird die Vermeidung von Kollisionen zur Kunst – die von einigen noch perfektioniert werden muss.

Einiges zum Verhältnis der Geschlechter

Nachfolgend einige allgemeine Beobachtungen zum Verhältnis der Geschlechter in Schweden - ohne Anspruch auf Allgemeingültigkeit oder Vollständigkeit.

Begegnung mit Schwedinnen

Herrscherin über Haus und Hof

Wenn Sie eine Zeit lang in Schweden gelebt haben, werden Sie feststellen, dass die Frauen hierzulande sehr selbstbewusst sind und in so gut wie allen Bereichen eine weitaus stärkere gesellschaftliche Position innehaben als auf dem europäischen Kontinent. Auch das hat, neben einer vergleichsweise frauenfreundlichen schwedischen Politik schon seit Beginn des 20. Jahrhunderts und dem einhelligen (wenn auch nicht ganz eingelösten) schwedischen Bekenntnis zur Gleichstellung der Geschlechter, zum Teil historische Gründe.

Denn als zu Wikingerzeiten zahlreiche Männer über viele Jahre erobernd, plündernd und Krieg führend mit ihren Booten auf den Weltmeeren umher schipperten und neue Regionen eroberten, waren es ihre starken Frauen, die in all diesen Jahren zu Hause die Stellung hielten. Über lange Zeiträume waren sie alleine verantwortlich für Haus, Hof, Ländereien, Mensch und Tier. Kehrten die Männer dann endlich von ihren Eroberungsfeldzügen zurück, fanden sie zu Hause eine starke Chefin vor, die nunmehr gewohnt war, ihre Entscheidungen eigenständig und souverän zu treffen und die Geschicke des Hofes samt und sonders allein zu bestimmen. Die Männer hatten also ihre ehemalige Machtposition als Herr des Hauses aufgrund jahrelanger Abwesenheit eingebüßt und spielten fortan die zweite Geige. Im schwedischen Beziehungs- und Familienleben ist das unter anderem deshalb bis heute so geblieben.

So oder ähnlich erklären es jedenfalls viele Schweden, wenn man sie fragt, wie es ihrer Meinung nach dazu kommt, dass schwedische Frauen so selbstbewusst und vor allem in der Partnerschaft so eindeutig tonangebend sind.

Wer nähere Kontakte zu Schweden hat und die Gelegenheit bekommt, einen schwedischen Haushalt von innen zu erleben, wird flugs bestätigt finden, dass es meist die Frau ist, die dort regiert und die Vorgaben macht. Schwedische Frauen sagen ihren Männern gern, was sie tun sollen - und ihre Partner finden nichts Verwerfliches daran, erwarten nichts anderes und wären - im Gegenteil - verwirrt, wenn frau die Rollen tauschen möchte.

> **Ran an den Mann!**
> Für die Damen: Wenn Sie sich einen schwedischen Partner wünschen - ran an den Mann! Schwedische Männer sind zurückhaltend und gänzlich darauf eingestellt, dass die Damenwelt die Initiative ergreift. Wenn Sie nichts tun - passiert nichts! Und: Auch wenn er ganz offensichtlich nicht schaut - er hat Sie schon längst gesichtet!

Selbstbewusst in jeder Beziehung
Kleine Gesten männlicher Aufwartung in der Phase des Kennenlernens - wie z.b. Blumen, Pralinen, Einladungen oder dergleichen - sind in Schweden weniger üblich. Schwedinnen betrachten diese Art Aufmerksamkeiten oft eher misstrauisch und vergangenen Zeiten vorbehalten, als man Frauen als hilflose Geschöpfe umwarb und behandelte. Da aber solche ›hilflosen Geschöpfe‹ der Autorin in Schweden noch nicht begegnet sind, lässt sich festhalten, dass Frauen - auch was das Anknüpfen einer Beziehung betrifft - im Alltag ›die Hosen anhaben‹. Meistens sind es die Frauen, die den ersten Schritt machen bzw. den Mann, der ihnen gefällt, in die gewünschte Richtung lenken, mehr oder weniger deutlich, mitunter gar drastisch. Allerdings erfreut sich kontinentale männliche Galanterie seit einigen Jahren bei Schwedinnen zunehmender Beliebtheit, was vermutlich auf häufige Reisen zurückzuführen ist.

Diese neue Präferenz ist aber ausschließlich für nicht-schwedische Männer reserviert, männliche Schweden würden sich durch galantes Verhalten nach wie vor lächerlich machen (wenn es nicht gerade in den einschlägigen Reservaten des schwedischen Geldadels stattfindet) und hüten sich daher wohlweislich, den Gentleman zu spielen. Hat eine Schwedin sich zur Einleitung einer Beziehung entschieden, geht alles weitere meist sehr schnell und es ist durchaus üblich, innerhalb kürzester Zeit zusammenzuziehen oder zu heiraten. Vom jahrelangen Warten und Einander-Prüfen hält man in Schweden nicht viel, auch nicht von sogenannter ›Beziehungsarbeit‹. Man kann sich ja wieder trennen, wenn es nicht klappt oder nicht mehr ›*rolig*‹ (vergnüglich) ist - und das tut man auch. Das gilt ebenfalls für Ehepaare, die in der Regel durch keinerlei finanzielle Abhängigkeiten aneinander gebunden sind bzw. nach einer Scheidung nicht für einander aufkommen müssen.

Von Frau zu Frau

Frauen haben es mit dem Kontakt zu Schwedinnen meist nicht ganz so leicht: Innige Frauenfreundschaften, wie man sie auf dem Kontinent kennt, werden von Schwedinnen praktisch ausschließlich mit ehemaligen Sandkasten- und Schulfreundinnen gepflegt. Gespräche mit neuen weiblichen Bekannten, auch wenn sie scherzend und locker geführt werden, bleiben häufig nur an der Oberfläche und dienen vor allem dem Informationsaustausch. Natürlich gibt es herzlichere und tiefere Beziehungen mit Schwedinnen, sie sind jedoch die Ausnahme. Oft handelt es sich dabei um Frauen, die bereits im Ausland gelebt haben und etwas offener für neue Begegnungen/Freundschaften sind.

Begegnung mit schwedischen Männern

Der schüchterne Wikinger?

Schwedische Männer wirken auf Außenstehende oftmals schüchtern und schweigsam; Eigenschaften, die man in anderen Ländern eher als wenig vorteilhaft ansieht. In Schweden jedoch werden sowohl Schweigsamkeit als auch Schüchternheit eindeutig als Tugenden gewertet (siehe *jantelagen*); Beredsamkeit und selbstbewusstes Auftreten kommen dagegen weniger gut an. Schwedische Männer betrachten ihre Schweigsamkeit und Schüchternheit selbst eher als eine Art kluger Coolness - was man nicht gesagt oder getan hat, dafür kann man auch nicht kritisiert oder zur Verantwortung gezogen werden. Wer sich zurück hält, ist klar im Vorteil.

Da es in Schweden ohnehin häufig die Frauen sind, die den ersten Schritt zur Einleitung einer Beziehung machen, fällt die ›Schüchternheit‹ der Männer nicht weiter ins Gewicht. Sie drücken ihre Gefühle denn auch hauptsächlich durch Taten und weniger durch Worte aus und bieten in der Aufwartungsphase der (noch ahnungslosen) Dame ihres Herzens z.B. praktische Hilfe im Garten, beim Bau von Regalen, Anbringen von Lampen oder beim Dachdecken etc. an. Allenfalls der unkundigen Ausländerin entgeht, dass es sich dabei um einen versteckten Beziehungsantrag handelt - Schwedinnen wissen sofort Bescheid. Gefällt ihnen der Mann, darf er z.B. das Dach decken und sich auch zukünftig weiter nützlich machen.

Es muss betont werden, dass die meisten schwedischen Männer ausgesprochen partnerschaftlich denken und handeln, viel im Haushalt mitarbeiten und sich oft vorbildlich um die Kinder kümmern. Schwedische

Männer sind meist sportlich und gesundheitsbewusst - und viele sehen bis ins hohe Alter verblüffend jung aus.

Blumen für die Dame?

Bevor sie nicht sicher sind, dass die Dame ihres Herzens auch wirklich die ihre ist, mit anderen Worten, bevor nicht die Paarbildung fest beschlossene Sache ist, sind schwedische Männer äußerst zurückhaltend mit Investitionen bzw. Geschenken für ihre Angebetete. Man kann diese Haltung - z.b. als Kontinentaleuropäerin oder als Amerikanerin - als ziemlich geizig empfinden. Blumen, Pralinen oder vom Herrn bezahlte Einladungen zum Essen bereits in der Phase der Aufwartung - auf derartiges wird eine Nicht-Schwedin meistens vergeblich warten, da Schwedinnen ja nichts dergleichen erhoffen. Viele schwedische Männer wollen erst ganz sicher sein, dass die Sache sich auch lohnt und man nicht umsonst in die Dame ›investiert‹ hat. Geschenke und eventuelle Überraschungen in der Vorphase einer Beziehung kommen daher selten vor. Auch das hat seinen Grund in der noch jungen bäuerlichen Vergangenheit Schwedens und in den langen Jahrzehnten bitterster Armut, in denen man nur das Nötigste und nichts zu verschenken hatte.

Auch könnte man Geschenke als Bestechungen interpretieren. Dem schwedischen Mann mag dabei durch den Kopf gehen: Genüge ich nicht so, wie ich bin? Reicht nicht meine Anwesenheit?

Damen-Speisekarten ohne Preise wurden nicht in Schweden erfunden! Rechnen Sie auch bei einem romantischen Dinner im Restaurant zu zweit damit, dass Ihr schwedischer Begleiter - wenn nichts anderes vereinbart wurde - akribisch ausrechnen wird, was die Dame seines Herzens verzehrt und getrunken, also zu bezahlen hat. In Schweden denkt man(n) sich nichts dabei. Frau auch nicht.

Der Umgang von Männern und Frauen in Schweden

Schwedische Männer sind oftmals recht verwirrt, wenn sie mit den Erwartungen von Frauen aus anderen Ländern konfrontiert sind, in denen Männer noch heute als Versorger und/oder Beschützer betrachtet werden. Denn die Rolle des starken charmanten Ritters, der seiner Partnerin aufwartet, sie versorgt, berät, tröstet, schützt und gegebenenfalls verteidigt, der die Dame seines Herzens womöglich mit Präsenten bedenkt, ihr die Tür aufhält oder ihr in den Mantel hilft, ist ihnen aus langer Tradition gänzlich fremd und in Schweden praktisch unbekannt. Schlimmer noch: Diese Art der Rollenaufteilung, wie sie in den nichtskandinavischen Ländern auch heute oft noch recht verbreitet ist, ruft bei Schweden beiderlei Geschlechts den Verdacht auf ungleiche Behandlung der Geschlechter und auf altmodische Rollenverteilung zu Ungunsten der Frauen hervor, die man damit zu schwachen, unselbständigen Wesen degradieren möchte, die sich nicht selbst helfen können.

Doch schwedische Partnerinnen muss man nicht beschützen, sie sind stark und packen an, ob beim Reifenwechsel oder beim Hausbau. Das man für derartige Tätigkeiten unabdingbar einen Mann braucht, erachtet man in Schweden als reine Mär. Im besten Falle kümmert man sich zusammen um solche Dinge, allein aus rein praktischen und zeitlichen Erwägungen. Ansonsten macht man es halt einfach allein. Schwedinnen können daher recht kiebig und barsch reagieren, wenn sie der Meinung sind, bevormundet oder galant auf ihre vorgeblich hilflose Weiblichkeit reduziert zu werden, auch wenn das auf ritterlich-zuvorkommende Weise geschieht. Die in Europa und anderswo in vielen Fällen noch gegebene, männliche Galanterie im Alltag stößt bei Schwedinnen daher häufig auf Ablehnung. Zu ihrer eigenen Sicherheit und weil niemand gern einen Korb bekommt, verzichten schwedische Männer also schon aus diesem Grund meist wohlweislich darauf, den Ritter des Alltags zu spielen und sich durch Aufmerksamkeiten in den Augen ihrer Angebeteten lächerlich zu machen.

> Blind Dates mit Schweden namens Inge oder Gerd können anders ausgehen als gedacht: Denn hierzulande heißen die Männer Inge - und die Frauen Gerd. Was aber, wenn es sich um Ingegerd handelt? Kein Doppelwesen, sondern auch eine Frau! Lars-Inge hingegen ist ganz klar ein Mann.

Paare, Versorgung und Eigenverantwortung

Die finanzielle Unabhängigkeit von Partnern bzw. von der eigenen Familie hat in Schweden einen hohen Stellenwert. Eine Mit-Versorgung des Partners bzw. eine Hausfrauenehe ist in Schweden sehr ungewöhnlich. Das schwedische Gesellschaftssystem (und Gehaltsgefüge) ist so ausgelegt, dass beide Partner arbeiten und verdienen (müssen); eine gut ausgebaute Kinderbetreuung macht es möglich. Beide Partner haben in der Regel ihr eigenes Einkommen und kommen in jeder Beziehung für sich selbst auf. Haushalts- und Mietkosten werden gemeinsam bestritten.

Sollte das Einkommen eines Partners nicht ausreichen und finanzielle Beihilfe notwendig werden, wendet man sich häufig eher an den Staat als an den Partner. Ein Ehegattensplitting bzw. eine steuerliche Bevorzugung von Ehegatten/Familien gibt es in Schweden nicht.

Elternschaft

Die Aufteilung elterlicher Aufgaben erfolgt recht partnerschaftlich, auch wenn die Elternzeit nach der Geburt auch heute noch hauptsächlich von Frauen in Anspruch genommen wird. Ansonsten wechselt man sich bei Betreuung und Abholung des Nachwuchses aus dem Kindergarten nach Möglichkeit ab und teilt sich ebenfalls die Hausarbeit. Kein Mann käme in Schweden auf die Idee, das Frauen etwa genetisch zum Bügeln, Putzen, Kochen, Waschen und dergleichen prädisponiert seien.

Heirat und Scheidung

In Schweden findet man in der Regel rasch zueinander, zieht vergleichsweise schnell zusammen und heiratet ohne allzu langen Aufschub. Genauso schnell trennen sich auch viele wieder, sollte es im Alltag miteinander nicht klappen bzw. anstrengend werden. Ein Anwalt wird zur Scheidung in der Regel nicht benötigt, und die Ehegatten haben keinerlei Unterhaltsverpflichtung einander gegenüber. Paare haben normalerweise das gemeinsame Sorgerecht für ihre Kinder und viele kümmern sich nach der Trennung/Scheidung wochenweise abwechselnd um ihren Nachwuchs. Die Kinder ziehen dann jede Woche um bzw. wohnen jeweils eine Woche bei Papa und eine Woche bei Mama - die dadurch in der Regel von Kinderunterhaltszahlungen befreit sind.

Links zum Kennenlernen schwedischer Partner/innen

► *WWW.E-KONTAKTEN.SE*
► *WWW.FIRSTDATE.SE*
► *HTTP://SE.MATCH.COM*
► *WWW.MEETIC.SE*
► *WWW.MOTESPLATSEN.SE*
► *WWW.NORRLANDSKONTAKTEN.SE*
► *WWW.PARSHIP.SE*

Kapitel 26

Gastronomie, Feste und Speisen

Schweden's Natur - eine reich gefüllte Speisekammer

Die schwedische Natur ist nicht nur von spektakulärer Schönheit. Für Schwedens Einwohner (und Besucher) ist sie auch eine reich gefüllte Speisekammer mit delikaten und naturreinen Köstlichkeiten aller Art: Elch, Rentier, Reh, Hirsch, Wildschwein, dazu wohlschmeckende Fischsorten wie Zander, Lachs, Heilbutt, Saibling, Seewolf, um nur einige wenige zu nennen. Auch Schwedens enormer Reichtum an Beeren und Pilzen jeglicher Sorte ist sprichwörtlich. Alle Grundzutaten sind von exquisiter Frische und Qualität, ihre Verwendung die pure Lust für jeden Koch.

> **Den Kuchen muss man suchen**
>
> Schwedische Torten sehen aus wie den kühnsten kindlichen Phantasien entsprungen: - ein Haufen Sahne, von knallbuntem Marzipan zusammengehalten und von Marmelade unterlegt. Lecker, lecker! Doch wo ist der Teig? Arbeiten Sie sich durch die Tortenpracht - am Fuße des Sahneberges taucht dann schließlich die hauchdünne Kuchenschicht auf.

Die neue Lust der Schweden am Genuss

Nachdem die schwedische Küche sehr lange von traditioneller, einfacher und oft recht schwerer Hausmannskost geprägt war, ist man seit einigen Jahren ausgesprochen offen für die vielfältigen Geschmacksrichtungen und -einflüsse internationaler Küche.

Ganz neue kulinarische Erlebnisse in Restaurants von Einwanderern, aber auch auf immer mehr Auslandsreisen haben die Schweden auf den Geschmack gebracht. Besonders für junge Leute ist die neue und spannende Küche ein Thema; Kochbücher mit Rezepten aus aller Herren Länder finden reißenden Absatz und ein wahres Heer von Fernsehköchen bringt Schweden die Geheimnisse pfiffiger, gesunder und köstlicher Küche nah. Begeistert experimentiert Jung und Alt mit überraschender Crossover-Küche aus heimischen Ingredienzien und neuen Zubereitungsarten.

Phantasievolle, abwechslungsreiche Küche in den Großstädten

In den Großstädten mit ihrem reichen Angebot an Restaurants macht man sich die hervorragende Qualität der schwedischen Naturerzeugnisse zunutze und kreiert phantasievolle köstliche Neuschöpfungen traditioneller Rezepte, die von den Gästen ausgesprochen goutiert und bei nationalen und internationalen Koch-Wettbewerben regelmäßig prämiert werden. Auch kleinere Orte sind auf die kulinarische Landkarte gerückt, wie z.B. Grythyttan in Bergslagen mit seinem vielfach ausgezeichneten *›gästgivaregård‹*.

> Ein Bierchen auf der Parkbank, ein Glas Wein auf der Wiese? Lassen Sie sich nicht erwischen - in Schweden ist das Trinken von Alkohol außerhalb privater Räumlichkeiten nur in Restaurants und anderen Betrieben mit Alkohollizenz sowie in Vereinen mit geschlossener Gesellschaft gestattet.

Auf dem Lande: Eigener Herd ist Goldes wert

Auf dem Lande sieht es mit dem Restaurantangebot dagegen etwas anders bzw. mager aus, denn dort ist das Ausgehen und Auswärtsessen aus Tradition nicht sehr verbreitet. Die Erinnerung an frühere Armut mag dabei eine Rolle spielen. Auf dem Land ist man sparsam, kocht (und backt) selbst und isst zu Hause; die meisten Restaurantbesuche erfolgen durch Angestellte in der Mittagspause, wenn in den Lunchrestaurants das preiswerte Dagens Rätt angeboten wird. Da auf dem Lande das Jagen, Fischen und das Sammeln von Beeren und Pilzen auch heute noch sehr verbreitet ist, sind die köstlichen, selbst erbeuteten Zutaten vor allem in den Gefrierschränken der Landbewohner zu finden - jedoch leider kaum in den alltäglichen Restaurants, zur Betrübnis vieler Besucher, die Ferien auf dem Lande machen.

Dagens rätt - preiswert und viel

Das *dagens rätt* (Tagesgericht) wird in den Restaurants in der Regel zwischen 11-14 Uhr angeboten und besteht aus Salat, Knäckebrot, Butter, Hauptgericht, Dessert, Kaffee, eventuell Gebäck sowie Wasser, Saftmischungen oder Leichtbier. Manche Restaurants bieten in den Mittagsstunden das *dagens rätt* auch als Buffet mit verschiedenen Hauptgerichten an, und man kann essen soviel man möchte. Serviert wird in den meisten Fällen traditionelle einfache Hausmannskost, gelegentlich auch Gerichte mit asiatischem oder orientalischem Einschlag. Der Preis für das Tagesgericht bewegt sich zwischen ca. 55-75 SEK. Wild, Edelfisch, frische Pilze und Beeren finden allerdings in vielen Lunch-Restaurants kaum oder nur selten Anwendung.

Das *dagens rätt* in der Mittagspause ist eine preiswerte Angelegenheit; für die gleichen Gerichte kann man am Abend leicht das Doppelte oder gar mehr bezahlen.

> In Schweden musste früher zusammen mit jedem alkoholischen Getränk immer auch eine Speise bestellt werden. 5-10 unberührte Teller neben ebenso vielen, geleerten Gläsern waren ein durchaus üblicher Anblick in vielen Restaurants.

Fastfood

Trotz des enormen Reichtums an erstklassigen natürlichen Rohwaren wird in kaum einem anderen Land Europas per capita soviel Fastfood verzehrt wie in Schweden.

Von Ystad bis Haparanda ist das Land mit weithin sichtbaren Filialen der großen Hamburger-Ketten McDonalds, Burger King und Max bestückt. Kebab-Restaurants und Pizzerien sind oft noch in den kleinsten Ortschaften zu finden. Und auch zu Hause wird aus Zeitgründen immer mehr Fastfood verzehrt; die Kühltruhen der Supermärkte und vor allem die Einkaufswagen der Supermarktkunden sprechen eine deutliche Sprache.

> **Brygg oder Kok - die Sache mit dem Kaffee**
>
> Wenn Sie sich wundern, warum Ihr schwedischer Kaffee so sonderbar schmeckt, schauen Sie mal aufs Etikett! Steht ›Kok‹ drauf, gehört er ins Töpfchen auf den Herd und wird mit Wasser aufgekocht. Nur die Sorte ›Brygg‹ (Braukaffee) eignet sich für die Kaffeemaschine.

Rauchen

Praktisch alle schwedischen Restaurants, Cafés, Kneipen und Hotels sind rauchfrei, zum Rauchen geht man selbstverständlich nach draußen.

Einige typisch schwedische Spezialitäten, die man einmal probieren sollte

Neben den bekannten eingelegten Heringsspezialitäten, dem *smörgåsbord*, den legendären Fleischklößchen und diversen Wildbraten sind auch folgende Gerichte der schwedischen Hausmannskost richtig köstlich:

HAUPTGERICHTE	
Laxpudding	Lachsauflauf aus Lachs, Sahne und Kartoffeln, mit zerlassener Butter und Zitrone
Sjömansbiff	Kartoffeln, Rindfleisch und Zwiebeln, im Kochtopf geschichtet und kräftig gewürzt
Stekt salt sill med löksås	Gebratener gesalzener Hering mit Zwiebelsauce
Strömmingslåda	In der Auflaufform gebackene, aufgerollte Heringsfilets mit versch. Füllungen und Saucen
Stekt strömming med potatismos och lingon	Gebratener Ostseehering mit Kartoffelpüree und Preiselbeerkompott
Ängamat	Üppige frische Gemüsesuppe mit Blumenkohl, Möhren, Porree, Erbsen und Sahne
Kokt gädda	Gekochter Hecht mit Kartoffeln, Butter und frisch geriebenem Meerrettich
Ungspannkaka med fläsk	Pfannkuchenteig, mit Speckwürfeln im Backofen gebacken
Gubbröra	Salat aus Ei, Anchovis, Kalle's Kaviar und frischen Kräutern
Jansson's frestelse	Ein deftiger Auflauf aus Kartoffeln, Zwiebeln, Anchovis und Sahne
Raggmunkar	Eine Art Reibekuchen, mit Preiselbeerkompott und eventuell gebratenem Speck serviert
Suovas	Kräftig geräuchertes und gesalzenes Rentierfleisch, in dünnen Scheiben schnell gebraten, mit Sahne, Zwiebeln und Butter verfeinert und gegebenenfalls mit Rotwein abgeschmeckt, dazu Kartoffelpüree
Bruna bönör med fläsk	Süß-sauer angerichtete braune Bohnen mit gebratenem Schweinefleisch
Kokt kalv med dillsås	Gekochtes Kalb in Dillsauce

Gebäck und Desserts	
Kanelbullar	Hefeschnecken mit Zimt - frischgebacken eine Köstlichkeit!
Semla	Eine Art mit Marzipan und geschlagener Sahne gefülltes Brötchen, in der Luxusversion aus Blätterteig
Kladdkaka	Saftig-feuchter, köstlicher und mächtiger (meist Schokoladen-)Kuchen, der mit Sahne serviert wird
Mandeltårta	Flache und ausgesprochen mächtige Mandeltorte mit Buttercreme
Marängtårta	Luftige Torte mit Böden aus geschlagenem, gebackenem Eiweiß und klassischen Tortenböden, geschichtet auf unterschiedlichsten Füllungen (Sahne, Schokolade, Früchte)
Pannkakstårta	Pfannkuchen, geschlagene Sahne und Marmelade, abwechselnd zu einer Torte geschichtet
Lussekatter	Hefegebäck mit Safran, traditionell zum Lucia-Dagen serviert (13. Dezember)
Ris á la Malta	Milchreis mit untergehobener geschlagener Sahne, geriebener Zitrone und fein gehackten Orangen- oder Ananasstückchen (alternativ Beeren). Traditionelles Weihnachtsdessert

Der reisende Fernsehkoch Anthony Bourdain bezeichnete sie auf seiner Schwedenreise als ›Junkfood des Grauens‹ - die schwedische Tunnbrödsrulle: Ein weiches Tunnbröd wird mit Kartoffelpüree und einem weichen Würstchen gefüllt, obendrauf jeweils ein ordentlicher Klecks Ketchup und Senf, dazu ein Löffel Krabbenmayonnaise, etwas Eisbergsalat und rohe Zwiebeln - dann wird alles schwungvoll zu einer Rolle geformt. Erhältlich an Tankstellen und Schnellimbissen. Guten Appetit!?

Gewöhnungsbedürftige Gerichte in Schweden

An folgende schwedische Spezialitäten sollte man sich besser vorsichtig herantasten:

Gewöhnungsbedürftige Gerichte	
Surströmming	Verrotteter, gesalzener und extrem stinkender Hering, der auf Tunnbröd oder Knäckebröd mit Mandelkartoffeln und Zwiebeln serviert wird. Nur für echte Hardliner!

Lutfisk	In Lauge eingelegter, fast geschmackloser weißer, wabbeliger Fisch, den man mit Kartoffeln und Bechamelsauce isst
Messsmör	Bei der Käseproduktion gewonnene Molke, die zu einer zähen braunen Masse verkocht wird, seltsam schmeckt, aber durchaus ihre Liebhaber hat
Blodpudding	Geronnenes Tierblut, das zu Klumpen geformt und in Scheiben geschnitten gebraten wird

Übrigens: Eingelegter Fisch, Brot, Wurst und Würstchen sind in Schweden aus Tradition oft gesüßt - das schmeckt nicht jedem.

> Mit Whisky kommt man in Schweden gut durchs Leben. Denn Whisky ist Valuta und Medizin. Mit Whisky kann man Gefälligkeiten bezahlen und auch vieles heilen, darüber ist man sich in Schweden einig. Kleinere Unpässlichkeiten sind daher stets willkommen...

Schwedische Feste und Festspeisen

Ostern auf Schwedisch

In vielen anderen Ländern kommt zu Ostern der Osterhase, in Schweden kommen die Osterhexen und machen ihre Aufwartung an der Eingangstür, dies vor allem auf dem Land: Kleine Mädchen mit knallrot geschminkten Wangen, in phantasievoll kombinierten Altkleidern und kunterbunten Kopftüchern, drohen mit fürchterlicher Vergeltung, sollte man nicht schleunigst ein paar Süßigkeiten herausrücken. Ist man großzügig, erhält man zur Belohnung ein paar hübsche selbstangefertigte Zeichnungen mit Ostermotiven. Bäume und Büsche vor dem Haus, aber auchOstersträuße in der Wohnung werden mit knallbunten Federn geschmückt. Das typische schwedische Osterei ist groß, aus verzierter Pappe und mit allerlei Süßigkeiten gefüllt. Klassische Ostergerichte sind *Gravad lax, Jansson's frestelse* und Lammbraten. Auch hier verzichtet man nicht gern auf Branntwein.

Valborgsmässoafton

Der *valborgsmässoafton*, die Walpurgisnacht, wird jährlich am 30. April gefeiert und ist ein im wahrsten Sinne des Wortes berauschendes Fest, das besonders in den Universitätsstädten vehement gefeiert wird: Vom Morgen bis in die Nacht machen dort alkoholische Getränke fleißig die

Runde, dazu wird leidenschaftlich und nach Leibeskräften gesungen. Gern nimmt man trotz Kälte draußen ein gemeinsames Bad in großen Zubern, erwärmt wird dabei flüssig und zwar von innen. Nachmittags singen in den Grünanlagen der Universitäten feingekleidete Studenten in großen Chören den Frühling ein, abends ertönt lautes Krachen von Sylvesterraketen und Knallern.

Vor allem auf dem Lande werden am Abend des *valborgsmässoafton* große Feuer entzündet, häufig mit den aufbewahrten Weihnachtsbäumen vom letzten Jahr und anderen Holzabfällen. Die typische Festspeise an *valborg* ist vor allem alkoholischer Art, gegessen wird, was man im Hause hat.

Nationaldagen (6. Juni)

Der schwedische Nationaltag wird vor allem auf dem Lande gefeiert. Die Flagge wird gehisst, man singt gemeinsam die schöne Nationalhymne, Pastor oder Ortsvorstand halten womöglich eine Rede und hier und da werden in Gemeindehäusern nationaltypische Torten und Gebäck zum Kaffee serviert.

Midsommar

Das wichtigste Fest des Jahres, das ganze Land feiert mit: Zu keiner anderen Zeit kann man Schweden so ausgelassen, ja geradezu entfesselt erleben. Das *midsommarfest* ist das Fest der Sommersonnenwende und wird am Freitag vor dem Samstag gefeiert, der zwischen den 20. und 26. Juni fällt. Auf dem Lande hat sich die Tradition des Tanzes um den Maibaum erhalten, die allerdings hauptsächlich von Frauen und Kindern gepflegt wird, während die Männer zuschauen und im Hintergrund ein Spielmannsorchester aufspielt. Auch typisch schwedische Trachten kommen an diesem Tag zu Ehren; viele Frauen und Kinder tragen dazu bunte Blumenkränze im Haar.

Das typische Festtagsgericht an Midsommar besteht aus verschiedenen Sorten eingelegten Herings, Kartoffeln aus neuer Ernte und einer Art Creme fraiche *(gräddfil)* mit Schnittlauch. Zum Nachtisch gibt es Erdbeeren mit Schlagsahne und/oder Eis. Während der ganzen Mahlzeit wird kräftig getrunken, vor allem Bier und Schnaps, und schöne alte Midsommarweisen ertönen aus allen Kehlen. In dieser längsten und hellsten Nacht des Jahres geht niemand schlafen und wenn, dann sicher nicht nüchtern.

Kräftskiva

Wenn ab August die ersten frischen Krebse gefangen werden dürfen, ist das Anlass für ein ausgelassenes, kulinarisch üppiges Fest, das zugleich ein wahrer Augenschmaus ist: Das traditionelle Krebsessen. Reichgedeckte, lange Tafeln mit Bergen leuchtend roter, großer Flusskrebse, dazu Västerbottenkäse, Brot sowie allerlei kleine Leckereien und natürlich Schnaps und Bier. Drum herum fröhliche Teilnehmer mit bunten Papphütchen auf dem Kopf und Lätzchen vor der Brust, die jeden Happen traditionsgemäß mit Branntwein nachspülen und dazu ausgelassen singen.

Surströmmingspremiär

Die *surströmmingspremiär* findet gegen Ende August statt und ist vor allem in Nordschweden populär. Verotteteter Hering wird dabei auf weichem oder hartem *tunnbröd* zusammen mit Mandelkartoffeln und Zwiebeln serviert. Der Gestank dieses Herings ist unbeschreiblich; nur echte Hardliner kauen sich beherzt durch die betäubende Duftwolke und sprechen gar von Genuss. Dem Uneingeweihten bleibt stets verschlossen, wie solch grauenvoller Gestank auch nur entfernt mit Wohlgeschmack einhergehen kann. Am *surströmming* scheiden sich die Geister, man liebt oder man hasst ihn.

Lucia

Traditionelles Lichterfest am 13. Dezember, dessen poetisch andächtige Stimmung jedes Jahr wieder bezaubert: Wenn *Lucia*, die Lichtbringerin mit Kerzen im Haar, gemeinsam mit weißgewandeten Jungfern und fröhlichen Sternenknaben warmes Licht und wundersamen Gesang ins dunkle Dezemberdasein bringt, schmelzen die Herzen der Betrachter in Kirchen, Altenheimen, Pflegeheimen und Firmen. Doch *Lucia* bringt nicht nur Licht, sondern auch die weichen köstlichen *lussekatter*, ein Hefe-Safran-Gebäck, knusprige Pfefferkuchen sowie duftenden *glögg* mit Mandeln und Rosinen.

Weihnachten auf Schwedisch

Schwedische Weihnachten unterscheiden sich in einigen Dingen von Weihnachtsfesten auf dem Kontinent. Eine weihnachtszeitbedingte Sentimentalität ist hier nahezu unbekannt, denn Weihnachten geht es in Schweden eher lustig zu, auch wenn die Tage bis Weihnachten durchaus stressig sein können. Kurz vor Weihnachten ist praktisch ganz Schweden in Zügen, Bussen und Flugzeugen unterwegs, um das Weihnachtsfest bei der häufig weit entfernt lebenden Familie zu feiern. Pünktlich um 15 Uhr am Heiligen Abend schaut man dann gemeinsam ›*Kalle Anka*‹ im TV, ein Potpourri aus alten Disney-Zeichentrickfilmen. Im Anschluss daran wird in vielen Familien das reichgedeckte *julbord* mit seinen zahlreichen Leckereien aufgetischt: Weihnachtsschinken, unzählige Sorten eingelegter Hering, Heringssalat, Leberpastete, *gravad lax*, *Jansson's frestelse*, Fleischklößchen und vieles mehr. Und dann gibt es endlich, endlich die Geschenke, mit Namenskärtchen und selbstgetexteten Weihnachtsreimen versehen. Man feiert, trinkt und genießt die Zeit mit der Familie.

Kapitel 27
Reisen und allgemeine Mobilität

Reisen in Schweden sind einfach zu organisieren, das Reisen selbst ist - ob mit Auto, Bus, Zug oder Flugzeug - in der Regel sehr angenehm und entspannt. Dieses große, schöne Land trägt seinen Entfernungen durch ein gut ausgebautes öffentliches Verkehrsnetz wirklich Rechnung. Züge, Busse und Flugzeuge transportieren den Fahrgast so gut wie überall hin, von Skåne bis ins weit entfernte Lappland.

Fährt man Auto, ist man fast überall König(in) der einsamen, weitgeschwungenen Landstraßen und Autobahnen. Man sollte sich jedoch notieren, wo die Tankstellen sind bzw. für einen ausreichenden Benzinvorrat sorgen. Wunderschöne Rastplätze, manche mit Restaurants, viele an Seen gelegen, laden überall im ganzen Land zum Verweilen ein.

In den komfortablen, sauberen Zügen der schwedischen Reichsbahn SJ sitzt man in bequemen Großraumabteilen gemütlich und meistens unbehelligt von anstrengenden Zeitgenossen aller Art, kann träumen, lesen, ungestört am Laptop arbeiten und sich einen kleinen warmen oder kalten Imbiss samt Getränk - es gibt sogar Wein - aus dem Zugbistro zu Gemüte führen.

Komfortabel ausgerüstete Überlandbusse, manche mit Imbissangebot, fahren preiswert zahlreiche kleine und große Städte im ganzen Land an und nehmen gegen Gebühr auch Paketsendungen von Ort zu Ort mit. Auch das Fliegen mit schwedischen Fluggesellschaften ist ein entspanntes und oftmals erstaunlich preiswertes Vergnügen.

Nachstehend einige Tipps und Links zur Buchung von Mietwagen, Zug-, Bus- und Flugreisen.

Mietwagen

Neben den klassischen Anbietern Avis, Hertz, Europcar vermieten auch die großen Tankstellenketten Statoil, Preem und OKQ8 Autos verschiedener Art und Größe. Bei allen Anbietern kann man - sofern man über eine *personnummer* und ausreichende Schwedischkenntnisse verfügt - einen Mietwagen auch online buchen. Ansonsten ist eine Buchung telefonisch oder persönlich vor Ort möglich.

Die meisten schwedischen Anbieter von Mietwagen lehnen jedoch Barzahlung ab und werden Sie gleich bei Buchung nach Ihrer Kreditkarte fragen. Die gebräuchlichsten Kreditkarten werden überall akzeptiert: Visa, Mastercard, American Express, Diners, Eurocard etc., die deutsche EC-Karte jedoch nicht. Über den eigentlichen Mietpreis hinaus zahlen Sie in einigen Fällen auch noch eine Kaution - und haben die Möglichkeit, für einen geringen Aufpreis eine Selbstbeteiligung im Schadensfall zu vereinbaren. Es wird erwartet, dass Sie den Wagen vollbetankt zurückgeben. Halten Sie daher rechtzeitig nach einer Tankstelle Ausschau!

Anbieter von Mietwagen
► WWW.HYRBIL.SE
► WWW.MRJET.SE
► WWW.AVIS.SE
► WWW.HERTZ.SE
► WWW.EUROPCAR.SE
► WWW.STATOIL.SE
► WWW.PREEM.SE
► WWW.OKQ8.SE

Carsharing

Obwohl die meisten Schweden über 18 Jahre motorisiert sind, macht man in Schweden aus Preis- und Umweltgründen auch gern von der Möglichkeit des Carsharing Gebrauch, insbesondere auf populären Strecken zwischen größeren Städten. Einige Carsharing-Zentralen:

► WWW.SAMAKNING.SE
► WWW.BILPLATS.SE
► WWW.PENDLARSERVICE.SE
► WWW.SAMLAST.SE

Zugreisen / SJ-Tågresor

Billige Zugreisen - drei Monate im Voraus buchen

Auf der übersichtlichen und bedienerfreundlichen Homepage der schwedischen Reichsbahn *SJ (Statens Järnvägar)* sind Buchungen und Zahlungen von Zugreisen unkompliziert möglich. Die preiswertesten Tickets sind ab 90 Tage vor Abreise erhältlich und man tut auch gut daran, so früh zu buchen, da die Preise schnell steigen, je näher das Abfahrtsdatum rückt. Will man also in Schweden billig mit dem Zug reisen, muss man lange im Voraus planen und drei Monate vor Abfahrt buchen. Man kann zwar auch einfach spontan den nächsten Zug nehmen, bezahlt dann aber Normalpreise, die locker ein Vielfaches des billigsten Preises kosten können. Im Übrigen ist Zugfahren - auch aus Umweltgründen - in Schweden sehr populär und die Züge, insbesondere zwischen größeren Orten, sind daher oft bis auf den letzten Platz ausgebucht. Auch deswegen empfiehlt sich frühes Buchen.

Bei Online-Buchung reisen bis zu 2 Kinder bis zum Alter von 15 Jahren in Begleitung Erwachsener für 5 SEK pro Kind und Strecke mit. Jugendliche bis zum Alter von 25 sowie Studenten erhalten 30% Preisnachlass. Inlandsreisen können auch telefonisch gebucht (Tel-Nr.: 0771-75 75 75, Auswahl 1, 1) oder direkt an *SJ*-Schaltern in den Bahnhöfen gekauft werden.

Auslandsreisen mit dem Zug

Auslandsreisen können bei *SJ* nicht online, sondern nur telefonisch gebucht (Tel-Nr. 0771-75 75 75, Auswahl 1, 2) oder an *SJ*-Schaltern in den Bahnhöfen gekauft werden. Lediglich Reisen von Schweden nach Kopenhagen, Kopenhagens Flugplatz und nach Oslo können Sie auch online buchen.

Last Minute Tickets für Jugendliche, Studenten und Rentner

Jugendliche bis 26 Jahre, Studenten und Rentner haben die Möglichkeit, sogenannte ›sista-minuten-biljetter‹ (Last Minute Zugtickets) für Reisen zweiter Klasse (tagsüber) frühestens 24 Stunden vor Abfahrt des Zuges zu buchen. Bei der Ticketkontrolle im Zug müssen dem Schaffner dann Ausweis bzw. Studentenausweis gezeigt werden. Frührentner müssen eine entsprechende Bescheinigung über ihre Frühverrrentung mit sich führen.

SJ-Last Minute Tickets 2. Klasse per Auktion bei Ebay erwerben

Seit einiger Zeit bietet *SJ* auch die Möglichkeit, Last Minute Tickets für Reisen zweiter Klasse per Auktion beim schwedischen Ebay *(Tradera)* zu erwerben. Der Ticket-Startpreis liegt bei 1 Krone. Es handelt sich um Tickets für Zugverbindungen zwischen den großen und größeren schwedischen Städten. Die Tickets sind nach Erwerb weder umbuch- noch stornierbar und werden nicht zurückerstattet. Die Auktionen starten 48 Stunden vor Abfahrt und enden 6 Stunden vor Abfahrt. Der erfolgreiche Bieter erhält eine Mailbenachrichtigung von *Tradera*, zusammen mit einem Link zur Homepage von *SJ*, wo die Tickets dann online bezahlt werden.

Link zur SJ-Zugticket-Auktion
▶ *WWW.TRADERA.COM/TICKETFINDER*

Einfache Zahlung
Alle bei *SJ* gebuchten Zugtickets können online mit Kreditkarte, via Internetbank *(Nordea, SEB, Handelsbanken)* oder via *Paynova* bezahlt werden. Wenn Sie eine *personnummer* haben, können Sie auch gegen Rechnung bezahlen, die Ihnen gegen Aufpreis von 60 SEK zusammen mit den Tickets nach Hause geschickt wird. Und wer von früheren Reisen mit *SJ* noch ein unbenutztes, umbuchbares Tickets *(ombokningsbar biljett)* übrig hat, kann durch Eingabe der alten Ticket-Nummer und der eigenen Telefonnummer auch mit diesem bezahlen.

Tickets: Zusendung, Automaten-Abholung, Ausdruck oder papierlos
Ihre Zugtickets können Sie wahlweise:

- Gegen einen kleinen Aufpreis nach Hause schicken lassen
- An einem der vielen silbernen *SJ*-Abholautomaten in den Bahnhöfen unter Eingabe der online oder telefonisch erhaltenen Bestellnummer ausdrucken
- Bei einem sogenannten *ATG-ombud* (meistens Tankstellen oder Supermärkte) gegen eine Gebühr von 20 SEK ausdrucken lassen
- In allen *pressbyrå* (Kiosken) und 7-Eleven-Lokalen gegen eine Gebühr von 12% des Kaufpreises (jedoch max. 75 SEK) ausdrucken lassen. Sie können dort Tickets auch umbuchen.

SJ hat mittlerweile auch ticketloses Reisen eingeführt, das jedoch nur auf den von *SJ* selbst befahrenen Strecken möglich/buchbar ist und dessen Anwendungsmöglichkeit daher im Einzelfall bei Buchung geprüft werden muss. Link zu *SJ-Tågresor:* ▶ *WWW.SJ.SE*

Resplus - Reisebuchung durch ganz Schweden mit allen Anschlussverbindungen

Resplus (auch ›*samtrafiken*‹ genannt) ist ein Zusammenschluss der Betreiber von öffentlichen Verkehrsmitteln (außer Flugverkehr), der mehr als 3.000 Orte in Schweden durch ein gemeinsames Ticket-System und gemeinsame Regeln miteinander verbindet. Sehr smart, sehr einfach und sehr zeitsparend!

Mit *Resplus* können Sie Ihre gesamte Reise durch Schweden mit allen Anschlussverbindungen und Verkehrsmitteln (außer Flugzeug) in einem einzigen Vorgang und mit nur einem Ticket online oder telefonisch buchen. Mühevolles Heraussuchen von Verbindungen und Einzelbuchungen/-bezahlungen sämtlicher Anschlussstrecken erübrigt sich damit erfreulicherweise. Eine innerschwedische Reise, die z.b. sowohl eine Fernzugfahrt, Busfahrt, Bootsfahrt, Untergrundbahnfahrt sowie Fahrten mit lokalen/regionalen Zügen umfasst, lässt sich so mit Resplus schnell und ohne viel Aufwand organisieren.

Informationen zu *Resplus* auf Deutsch
▶ WWW.SAMTRAFIKEN.SE/RESPLUS/FLERSPRAK/DEUTSCH

Hier können Sie *Resplus*-Tickets online buchen
▶ WWW.BOKATAG.SE/EN
▶ WWW.SJ.SE
▶ WWW.TAGKOMPANIET.SE

Nur Reiseplanung - alle Strecken in Schweden mit Bus, Zug oder Flug
▶ WWW.RESROBOT.SE

Busreisen durch ganz Schweden mit Überlandbussen

Eine beliebte Reise- und Transportmöglichkeit ist auch das Fahren mit Überlandbussen in Schweden. Diese fahren regelmäßig größere und kleinere Städte an, halten unterwegs an zahlreichen Stationen und die Ticketpreise sind auch für kleinere Geldbeutel erschwinglich. Die Busse sind komfortabel ausgestattet, verfügen selbstverständlich über eine Toilette und manche stellen auch ein Imbissangebot bereit. Einige, wie z.B. die Unternehmen *Tapanis* und *Y-Buss* fahren auch bis ganz hinauf in den hohen Norden. Man kann bei den meisten überregionalen Busunternehmen auch preiswert Pakete in andere Städte/Orte befördern lassen - oder eine Paketmitnahme über die Homepage von *Bussgods* buchen (siehe unter Links). Alle Busreisen können online gebucht und bezahlt werden.

Links zu Überland-Busunternehmen

▶ WWW.SWEBUSEXPRESS.SE	von Malmö bis Mora, auch Kopenhagen u. Oslo
▶ WWW.SAFFLEBUSSEN.SE	von Skåne bis Värmland
▶ WWW.BUS4YOU.SE	Borås, Göteborg, Jönköping, Linköping, Stockholm
▶ WWW.TAPANIS.SE	von Stockholm bis Norrbotten
▶ WWW.YBUSS.SE	von Stockholm bis Västerbotten
▶ WWW.BUSSTIDNINGEN.SE/BUSSBOLAG.HTM	Diverse Busunternehmen, nach Regionen geordnet
▶ WWW.BUSSGODS.SE	Billig Pakete mit dem Bus schicken (in Schweden)

Flugreisen innerhalb Schwedens

Innerhalb Schwedens kann man sich schnell, komfortabel - und bei Frühbuchung oftmals erstaunlich preiswert - per Flugzeug fortbewegen. Zahlreiche Flugplätze von Malmö bis Kiruna werden von diversen Fluggesellschaften angeflogen und von etlichen Flugplätzen sind auch Auslandsflüge möglich. Alle Flüge können Sie online buchen und mit einer der gängigen Kreditkarten (Visa, Masters, American Express etc.) bezahlen.

Bei den meisten Fluggesellschaften werden die Flüge bei Abflug ticketlos oder durch Vorzeigen Ihres ausgedruckten Online-Tickets abgewickelt. Sie nennen also am Check-In nur Ihre Online-Bestellnummer oder zeigen Ihr Online-Ticket sowie Ihren Ausweis vor. Bei SAS können Sie frühestens 22 Stunden vor Abflug bis 1 Stunde vor Abflug per Internet vorab einchecken.

Alle schwedischen Flugplätze

▶ WWW.LFV.SE/SV/LFV/FLYGPLATSER	schwedisch
▶ WWW.LFV.SE/EN/START-PAGE/AIRPORTS	englisch

Links zu preiswerten Fluganbietern (innerschwedische Flüge)
- WWW.MALMOAVIATION.SE   Malmö, Stockholm Umeå, Visby und Ausland
- WWW.NORWEGIAN.SE   Stockholm, Umeå, Luleå und Ausland
- WWW.SAS.SE   fliegt 29 Flughäfen in ganz Schweden und das Ausland an
- WWW.UMEAFLYG.SE   Stockholm - Umeå
- WWW.INRIKESFLYG.NU   Preisvergleichsseite für innerschwedische Flüge

Kapitel 28
Medien (deutsche und schwedische)

Was wäre das Leben - auch im Ausland - ohne die Medien? Nun, manchmal wäre es gewiss ganz erholsam, von den meist schlechten Nachrichten aller Art verschont zu bleiben - und in einer roten Stuga auf dem Lande in Schweden ist das ja auch ohne weiteres möglich. Man hat keine oder nur weit entfernte Nachbarn, Nachrichten diskutiert man eher selten in Schweden; fast könnte man daher glauben, dass die Ereignisse der Welt einfach an einem vorüberziehen. Wenn man will, tun sie das auch! Aber ganz so ist es meist natürlich nicht.

Denn erfahrungsgemäß wächst die Sehnsucht nach Nachrichten aus der Heimat proportional zur längerfristigen Entfernung von ihr. Dann will man doch gern wissen, was dort so vor sich geht - oder überhaupt draußen in der Welt, in Schweden und überall.

Im Gegensatz zu früheren Zeiten, als Auswanderer auf Zeitungs-Abonnements, ob in der neuen Heimat oder aus dem Heimatland, angewiesen waren, um sich zu informieren, hat man heutzutage nahezu unerschöpfliche Möglichkeiten, die Geschehnisse in aller Welt zu verfolgen. Informieren Sie sich online, mit Printmedien oder durch Radio- und TV-Sender über alles, was in Schweden und im Rest der Welt geschieht. Hier sind die Links:

Schwedische Medien

Überregionale Tageszeitungen
Dagens Nyheter: ►WWW.DN.SE
Svenska Dagbladet: ►WWW.SVD.SE
Metro: ►WWW.METRO.SE
Aftonbladet: ►HTTP://WWW.AFTONBLADET.SE
Expressen: ►HTTP://WWW.EXPRESSEN.SE

Überregionale Journale
Fokus: ►WWW.FOKUS.SE

Lokale Tageszeitungen
Sämtliche schwedische Lokalzeitungen (sowie auch etliche ausländische Zeitungen) sind unter nachfolgendem Link aufgelistet und verlinkt
▶ *WWW.INTERNETSTART.SE/TIDNINGAR.ASP*

Hier weitere Links zu Internetseiten mit klickbaren Auflistungen aller schwedischen Lokalzeitungen. Jede dieser Seiten hat ihre Vorzüge und spezielle Unterverzeichnisse.
▶ *HTTP://KATALOGEN.KTHNOC.SE/KAT/NEWS/DAILY*
▶ *WWW.DAGSTIDNINGAR.COM*
▶ *WWW.DAGSTIDNINGAR.NU/*

Die Anmeldung von Radio und Fernsehen
Besitzer eines Fernsehapparates müssen monatlich Gebühren an den *radiotjänst* zahlen. Mit der Gebühr ist auch die Nutzung eines Radios abgegolten. Häufig flattert einem kurz nach Umzug und Anmeldung der neuen Adresse in Schweden unaufgefordert ein Anmeldeformular des Radiotjänst ins Haus. Wenn das nicht der Fall ist, können Sie sich unter folgendem Link unter Angabe Ihrer *personnummer* und Adresse selbst als Gebührenzahler anmelden: ▶ *WWW.RADIOTJANST.SE*

Schwedische Radio-Sender - eine kleine Auswahl
Schwedisches Radio, Online-Artikel, auch auf Deutsch, und Web-Radio:
▶ *HTTP://WWW.SR.SE/INTERNATIONAL/INDEX.STM*

Musiksender, Pop und Rock:	▶ *WWW.RIXFM.COM*
Beliebter schwedischer Musiksender:	▶ *WWW.MIXMEGAPOL.SE*
Mehr Musik, weniger Talk:	▶ *WWW.LUGNAFAVORITER.SE*

Links zu zahlreichen schwedischen Radiosendern
▶ *HTTP://HEM.PASSAGEN.SE/THONIL/RADIOSIDAN/NATVERK.HTM*

Schwedische Fernsehsender
Schwedisches TV ist nur noch in digitaler Form zu empfangen!

Die schwedischen TV-Sender
▶ *HTTP://SV.WIKIPEDIA.ORG/WIKI/LISTA_ÖVER_TV-KANALER_I_SVERIGE*

TV-Programm, übersichtlich und benutzerfreundlich
▶ WWW.TV.NU

TV-Programm online
▶ HTTP://WWW.100.NU/TV-PROGRAM.HTM

Schwedische Massenmedien allgemein
▶ HTTP://WWW.INETMEDIA.NU/MEDIER/WELCOME.SHTML

Schwedische und andere TV-Sender im Internet
Schwedische TV-Serien: ▶ WWW.PLAYPRIMA.SE
2.846 TV-Sender im Internet: ▶ HTTP://WWITV.COM/PORTAL.HTM

Deutsche Medien

Zeitungen
Online-Ausgaben aller deutschen/deutschsprachigen/internationalen Zeitungen (regional/überregional)
▶ HTTP://WWW.ZEITUNG.DE/

Radio
Deutsche Radiosender im Internet
▶ WWW.RADIO.DE
▶ HTTP://WWW.RADIOWEB.DE/STATIONEN.HTML

Fernsehen
Deutsche Fernsehsender im Internet
▶ HTTP://WWW.LENGUA.COM/TVSEND.HTM

Fernsehen per Internet - alle Sender
▶ HTTP://WWW.NEXT-TV.DE/TV/

Fernsehen per Internet - gratis
▶ HTTP://ZATTOO.SOFTONIC.DE/

Kapitel 29
Wichtige Links und Telefonnummern

Apotheke	0771-450 450 ► WWW.APOTEKET.SE
Arbeitsamt	0771-416 416 ► WWW.AMS.SE
Auskunft	118 118 ► WWW.ENIRO.SE
Banken	Handelsbanken 08-701 10 00 ► WWW.HANDELSBANKEN.SE SEB 0771-365 365 ► WWW.SEB.SE Swedbank 08 - 585 900 00 ► WWW.SWEDBANK.SE Nordea 0771-22 44 88 ► WWW.NORDEA.SE
Bilprovningen/TÜV	0771-600 600 ► WWW.BILPROVNINGEN.SE
CSN	0771-276 000 ► WWW.CSN.SE
Fastighetsmäklarnämnden	08-555 524 60 ► WWW.FASTIGHETSMAKLARNAMNDEN.SE
Försäkringskassan	0771-524 524 ► WWW.FORSAKRINGSKASSAN.SE
Giftzentrale	08-331231 ► WWW.SOS112.INFO/SJUKVARDSUPPLYSNING
Grundbuchamt	0771-63 63 63 ► WWW.LANTMATERIET.SE
Högskoleverket	08-563 085 00 ► WWW.HSV.SE
Jordbruksverket	0771-223 223 ► WWW.SJV.SE
Lantmäteriet	0771-63 63 63 ► WWW.LANTMATERIET.SE
Migrationsverket	0771-235 235 ► WWW.MIGRATIONSVERKET.SE

Notruf	112 ► WWW.SOSALARM.SE/112
Polizei	114 14 ► WWW.POLISEN.SE
Post	020-23 22 21 ► WWW.POSTEN.SE
Rat für Kranke - *Sjukvårdsrådgivning*	1177 ► WWW.SJUKVARDSRADGIVNINGEN.SE
SAS-Flugtickets	0770-727 727 ► WWW.SAS.SE
SJ-Zugtickets	0771-75 75 75 ► WWW.SJ.SE
Skatteverket	0771-567 567 ► WWW.SKATTEVERKET.SE
Skolverket	08-527 332 00 ► WWW.SKOLVERKET.SE
Socialstyrelsen	075-247 30 00 ► WWW.SOCIALSTYRELSEN.SE
Stromausfall	EON 020-88 00 22 ► WWW.EON.SE
	Fortum 020-441100 ► WWW.FORTUM.SE
	Vattenfall 020-82 58 58 ► WWW.VATTENFALL.SE
Systembolaget	08-527 332 00 ► WWW.SYSTEMBOLAGET.SE
Telia	90200 ► WWW.TELIA.SE
Transportstyrelsen	0771-14 15 16 ► WWW.TRANSPORTSTYRELSEN.SE
Vägverket	0771-119 119 ► WWW.VV.SE
Verket för Högskoleservice	08-725 96 00 ► WWW.VHS.SE

Kapitel 30
Nützliche Adressen

Nützliche Adressen für Deutsche

Schwedische Botschaft in Deutschland Rauchstr. 1 10787 Berlin Tel: 030-50 50 60 Fax: 030-50 50 6789 ► WWW.SWEDENABROAD.COM	**Alle schwedischen Konsulate in Deutschland** (das Schwedische Generalkonsulat in Hamburg wurde zum 1.10.2008 geschlossen) ► WWW.SWEDENABROAD.COM (Deutschland auswählen und dann links auf ›Adressen‹ klicken)
Deutsche Botschaft in Stockholm Artillerigatan 64 S-114 45 Stockholm Tel: 0046-8-670 1500 Fax: 0046-8-670 1572 Fax: 0046-8-670 1571 (Konsularabt.) ► WWW.STOCKHOLM.DIPLO.DE	**Deutsch-Schwedische Handelskammer** Valhallavägen 185 S-1153 Stockholm Tel: 0046-8-665 1800 Fax: 0046-8-665 1804 info@handelskammer.se ► WWW.HANDELSKAMMER.SE
Goethe-Institut Stockholm Bryggargatan 12 A 11121 Stockholm Tel: 0046-8-45912-00 Fax: 0046-8-45912-15 info@stockholm.goethe.org ► WWW.GOETHE.DE/INS/SE/STO/SVINDEX.HTM	**Deutsche Vereinigung Stockholm** Vorsitzender: Rainer Hadrossek Tel: 0046-8-792 3324 hadruuska@telia.com
Svensk-Tyska Föreningen c/o Elke Schmölder-Hanson Flottiljvägen 12 S-183590 Täby Tel: 0046-8-756 5881 ► WWW.SVENSK-TYSKAFORENINGEN.COM	**Deutsche Gesellschaft zu Stockholm** Saltsjövägen 2B S-133 35 Saltsjöbaden Tel: 0046-8-717 28 39 Fax: 0046-8-717 28 39 ► WWW.DG-STOCKHOLM.COM
Deutscher Verein Treffpunkt Göteborg Oskarsgatan 4 S-41463 Göteborg Tel: 0046-31-42 22 30	**Deutscher Klub Malmö** Genarpsvägen 8 S-24010 Dalby Tel: 0046-46-20 14 46

Svensk-Tyska Sällskapet i Jönköping/ Husqvarna Tel: 0046-36-10 68 61 ▶ WWW.SVENSKTYSKA.SE	Svensk-Tyska Sällskapet i Växjö Ramsövägen 21 S-35244 Växjö Tel: 0046-470-148 72 ▶ WWW.SVENSKTYSKA.NU

GRÖSSERE DEUTSCHE GEMEINDEN IN SCHWEDEN

Deutsche St. Gertruds Gemeinde Svartmangatan 16 A S-111 29 Stockholm Tel: 0046-8-10 12 63 Fax: 0046-8-242 904 info@st-gertrud.se ▶ WWW.ST-GERTRUD.SE	Christinae Kyrka - Deutsche Gemeinde Viktoriagatan 26 S-41125 Göteborg Tel: 0046-31-731 6192 Fax: 0046-31-731 61 99 ▶ WWW.SVENSKAKYRKAN.SE/TYSKA
Deutsche evangelische Gemeinde in Malmö Marietorpsallee 23 S-21774 Malmö Tel. (+46) (0)40-265545 malmoe@deutsche-gemeinde.se ▶ WWW.DEUTSCHE-GEMEINDE.SE	

NÜTZLICHE ADRESSEN FÜR ÖSTERREICHER

Schwedische Botschaft, Wien Obere Donaustr. 49 - 51 A-1020 Wien Tel: 0043-1-21753 Fax: 0043-1-21753 370 ambassaden.wien@foreign.ministry.se ▶ WWW.SWEDENABROAD.COM	Alle schwedischen Konsulate in Österreich ▶ WWW.SWEDENABROAD.COM
Botschaft Österreichs, Stockholm Kommendörsgatan 35/V S-114 58 Stockholm Tel: 0046-8 665 17 70 Fax: 0046-8 662 69 28 stockholm-ob@bmeia.gv.at ▶ WWW.AUSSENMINISTERIUM.AT/STOCKHOLM	Schwedische Handelskammer, Wien Wipplinger Str. 24 - 26 A-1010 Wien Tel: 0043-1-402 3515 Fax: 0043-1-402 3515-24 ▶ WWW.SCHWEDISCHEHANDELSKAMMER.AT

Nützliche Adressen für Österreicher

Svensk-Österrikiska Föreningen Gårdsfogdevägen 6 S-16866 Bromma Tel: 0046-8-29 57 89	Internetseite für Auslandsösterreicher ► WWW.AUSLANDSOESTERREICHER.AT
► WWW.SVENSK-OESTERRIKISKA.SE Ratgeberseite für Auslandsösterreicher ► WWW.AOE-RATGEBER.AT	

Nützliche Adressen für Schweizer

Schwedische Botschaft, Bern Bundesgasse 26 CH-3011 Bern Tel: 0041-31-328 7000 Fax: 0041-31-328 7001 ambassaden.bern@foreign.ministry.se	Alle schwedischen Konsulate in der Schweiz ► WWW.SWEDENABROAD.COM
► WWW.SWEDENABROAD.COM	
Schweizer Botschaft, Stockholm Valhallavägen 64 S-10041 Stockholm Tel: 0046-8-676 79 00 Fax: 0046-8-21 15 04 sto.vertretung@eda.admin.ch	Auslandsschweizer-Organisation ► WWW.ASO.CH/DE
► WWW.EDA.ADMIN.CH/STOCKHOLM Bundesamt für Sozialversicherungen ► WWW.BSV.ADMIN.CH	

Kapitel 31
Allgemeine Info-Links

SCHWEDISCHE INTERNETSEITEN	
Offizielles Informationsportal	►WWW.SWEDEN.SE
Schwedische Botschaft - weltweit	►WWW.SWEDENABROAD.COM
Svenska Institutet - das Schwedische Institut	►WWW.SI.SE
Website der schwedischen Regierung	►WWW.SWEDEN.GOV.SE/SB/D/9873 DEUTSCH ►WWW.SWEDEN.GOV.SE ENGLISCH
Statistisches Zentralbüro	►WWW.SCB.SE
Invest in Sweden Agency - Wirtschaftsförderungsseite	►WWW.ISA.SE
DEUTSCHE INTERNETSEITEN	
Deutsche Botschaft in Stockholm	►WWW.STOCKHOLM.DIPLO.DE
Deutsch-schwedische Handelskammer, Stockholm	►WWW.HANDELSKAMMER.SE
Schwedische Handelskammer, Düsseldorf	►WWW.SCHWEDENKAMMER.DE
Gute Informationsseite über Schweden	►WWW.INSCHWEDEN.SE
ALLGEMEINE INFO-LINKS SCHWEDEN/SKANDINAVIEN	
Umfassende Schwedische Tourismus-Seite	►WWW.VISIT-SWEDEN.COM
Skandinavien-Linkliste	►WWW.SCANDLINKS.DE
Große Skandinavienseite mit vielen Links	►WWW.NORDICDREAMS.DE
Informationen über die skandinavischen Länder	►WWW.SKANDINAVIEN.DE
Schweden: Land, Sprache, Kultur	►WWW.SCHWEDEN-SEITE.DE
FÄHREN	
Stena Line	►WWW.STENALINE.DE
TT-Line	►WWW.TT-LINE.DE
Scandlines	►WWW.SCANDLINES.DE/DE/MAIN.HTM
Silja Line	►WWW.SILJA-LINE.DE

Öresundsbrücke - Infos und Tickets	▶ WWW.OERESUND-BRUECKE.DE
EINIGE DEUTSCHSPRACHIGE SCHWEDEN-FOREN IM INTERNET	
Schwedenforum (TIPP!)	▶ WWW.SCHWEDENFORUM.DE
Forum Schwedentor	▶ WWW.SCHWEDENTOR.DE/FORUM
Swedengate	▶ WWW.SWEDENGATE.DE
Jeenaparadies	▶ JEENAPARADIES.NET/AUSWANDERUNG-SCHWEDEN
Das große Schwedenforum	▶ WWW.DAS-GROSSE-SCHWEDENFORUM.DE

Kapitel 32
Literatur-Tipps

Deutschsprachige Bücher

- Austrup, Gerhard: Schweden. München 1997
- Billaudelle, Diana: Weltküche Schweden. Köln 2008
- Budde, Alexander u. Bührig, Agnes: Schweden. Eine Nachbarschaftskunde. Berlin 2007
- Bünz, Tillmann: Wer die Kälte liebt. Skandinavien für Anfänger. München 2008
- Findeisen, Jörg-Peter: Schweden. Von den Anfängen bis zur Gegenwart. Regensburg 2003
- Henningsen, Bernd u.a.: Wahlverwandschaft Skandinavien und Deutschland. Berlin 1999
- Huntford, Roland: Wohlstandsdiktatur - das schwedische Modell. London 1971
- Lindgren, Astrid: Mein Småland. Hamburg 1988
- Moberg, Vilhelm: Der Roman von den Auswanderern. Eine schwedische Chronik. 4 Bände, Hildesheim 1993 - 1995
- Porthoff, Petra: Mein Haus in Schweden. Der praxisnahe Ratgeber zum Hauskauf in Schweden. Books on Demand, 2007
- Radovitz, Sven: Schweden und das Dritte Reich 1939 - 1945. Die deutsch-schwedischen Beziehungen im Schatten des Zweiten Weltkrieges. Hamburg 2005
- Schönfeldt, Sybil Gräfin: Bei Astrid Lindgren zu Tisch: Mit Kochrezepten für die ganze Familie. Hamburg 2007
- Tuchtenhagen, R.: Kleine Geschichte Schwedens. München 2008

Schwedischsprachige Bücher

- Arnstberg, Karl-Olov: Svenska tabun. Stockholm 2007
- Arnstberg, Karl-Olov: Svenskhet: den kulturförnekande kulturen. Stockholm 1989
- Batra, David: Den som inte tar bort luddet ska dö! Stockholm 2008

- Bengts, Marie: Den svenska koden. Bromma 2001
- Bengts, Marie: Att växa upp i Sverige. Stockholm 2004
- Berggren, Henrik u. Trägårdh, Lars: Är svensken människa?. Stockholm 2006
- Daun, Åke: En stuga på sjätte våningen: svensk mentalitet i en mångkulturell värld. Eslöv 2005
- Daun, Åke: Svensk mentalitet. Ett jämförande perspektiv. Stockholm 1998
- Eberhard, David: I trygghetsnarkomanernas land. Stockholm 2006
- Fölster, Stefan, Morin, Anders, Renstig, Monica: Den sjuka vården. Stockholm 2003
- Frykman, Jonas, Löfgren, Orvar, Ehn, Billy: Försvenskningen av Sverige. Järfälla 1993
- Gaare, Jorgen u. Sjaastad, Oystein (N): Pippi & Sokrates. Filosofiska vandringar i Astrid Lindgrens värld. Stockholm 2002
- Gaunt, David: Familjeliv i Norden. Hedemora 1996
- Hägg, Göran: Svenskhetens historia. Finnland 2003
- Herlitz, Gillis: Svenskar - hur vi är och varför vi är som vi är. Uppsala 2000
- Öberg, Ingemar: Samhällsboken om Sverige (en basbok). Lund 2006
- Rojas, Mauricio: I ensamhetens labyrinth: Invandring och svensk identitet. Stockholm 2001
- Sundbärg, Gustav: Det svenska folklynnet. Stockholm 1911

Englischsprachige Bücher

- Berlin, Peter: The Xenophobes-Guide to the Swedes. London 1996
- Björck, Ingela: Sweden - a pocket guide. Norrköping 2001
- DeWitt, Charlotte: Sweden - Culture Smart. A Quick Guide to Customs and Etiquette. London 2004
- Hilson, Mary: Nordic Model: Scandinavia since 1945. London 2008
- Moon, Colin: Sweden - the secret files. Uppsala 2000
- Moon, Colin: Sweden - more secret files. Uppsala 2002

Kapitel 33

Rückkehr ins Heimatland

Es kann ganz unterschiedliche Gründe haben, warum man seine Zelte in Schweden wieder abbricht, um in das Heimatland zurückzukehren. Möglicherweise hatte man einen zeitlich befristeten Arbeitsplatz, war nur für einige Jahre von seiner Firma nach Schweden entsandt oder hatte dauerhaft mit der Arbeitssuche kein Glück. Vielleicht hat auch die eigene Firma in Schweden sich nicht so entwickelt, wie man es sich vorgestellt hat - oder es ist schlicht das Heimweh, das einen selbst und möglicherweise auch die Kinder nicht loslässt. So manchem fällt es auch dauerhaft schwer, sich mit der schwedischen Mentalität oder der ungewohnten medizinischen Versorgung anzufreunden.

Aus welchem Grund auch immer Sie zurückkehren - seien Sie sich stets bewusst, dass Sie den Mut und die Stärke besessen haben, allein oder mit Familie einer ungewissen Zukunft in einem neuen Land entgegenzugehen. Sie können stolz auf sich sein! Denn ohne eine gehörige Portion Mut und Stärke ist ein solcher Schritt gar nicht möglich. Eine Auswanderung ist eines der großen Abenteuer im Leben - und Sie haben es, im Gegensatz zu den Vielen, die nur davon träumen, wirklich erlebt! Nicht alle Auswanderer können sich perfekt vorbereiten, sei es wegen Geld-, Zeit- oder Informationsmangel. Die Frage ist auch, ob eine wirklich perfekte Auswanderung überhaupt möglich ist.

Die Verfasserin bezweifelt dies, denn zu unterschiedlich sind die Ausgangsvoraussetzungen der Einzelnen und ihre jeweilige neue Lebenssituation im Ausland. Zum anderen stößt man womöglich auf Probleme und Umstände, von deren Existenz man trotz bester Vorbereitung gar nichts ahnte. Betrachten Sie daher Ihre Rückkehr nicht als Scheitern, sondern als wertvolle Lernerfahrung und als eines der Abenteuer in Ihrem Leben!

Ist seit Ihrer Auswanderung bereits eine längere Zeit vergangen, kommt die Rückkehr ins Heimatland oftmals einer erneuten Auswanderung gleich und muss entsprechend vorbereitet werden. Die einzelnen Schritte einer Rückwanderung ins Heimatland können in diesem Buch leider nicht behandelt werden - aber nachstehend finden Sie Hinweise zu nützlichen Links und Informationen.

Raphaels-Werk - Beratung für Rückkehrer

Das Raphaels-Werk in Deutschland hält umfassende Informationen für Rückkehrer aus dem Ausland bereit und bietet neben der Broschüre ›Rückkehr nach Deutschland‹ zum Preis von 15€ (Stand Oktober 2008) auch eine kostenpflichtige Telefon- oder Onlineberatung an.

▶ WWW.RAPHAELS-WERK.DE

Zentrale Auslands- und Fachvermittlung (ZAV) - Rückkehrer-Informationen

Auf den Seiten der Bundesagentur für Arbeit - Zentrale Auslands- und Fachvermittlung (ZAV) - finden Sie ebenfalls nützliche Informationen für Rückkehrer aus dem Ausland. Klicken Sie auf der Homepage auf ›Arbeitnehmer‹, dann erscheint auch ein Link für Rückkehrer nach Deutschland. Dort finden Sie Informationen zu Arbeitssuche, zur Mitnahme von Leistungsansprüchen aus dem Ausland, Tipps zu Euresberatern, Arbeitslosengeld, Kranken- und Rentenversicherung und vieles mehr.

▶ WWW.BA-AUSLANDSVERMITTLUNG.DE

Bundesverwaltungsamt

Das Bundesverwaltungsamt bietet auf seiner Homepage umfassende Informationen für Bürgerinnen und Bürger an, im Zusammenhang mit einer Auswanderung unter dem Stichpunkt ›Auswanderer und Auslandstätige‹. Dort finden Sie unter anderem einen Link zu Beratungsstellen für Auswanderer und Auslandstätige in den verschiedenen deutschen Bundesländern, die Sie auch als Rückkehrer kontaktieren können.

▶ WWW.BVA.BUND.DE

Glossar

advokat: Anwalt
ägarbyte: Eigentümerwechsel
a-kassa: Arbeitslosigkeits-Versicherungskasse
aktiebolag: Aktiengesellschaft
akutmottagning: Notaufnahme des Krankenhauses
äldreboende/särskild boende: Altersheim, einem Pflegeheim für schwer Pflegebedürftige zu vergleichen
allmän pension: allgemeine Rente
allmän visstidsanställning: zeitlich befristetes Arbeitsverhältnis bis zu 24 Monaten
allmänna arvsfonden: Allgemeiner Erbfond (z.B. falls keine Erben vorhanden sind)
AMS: Schwedisches Arbeitsamt
anmälan: Anmeldung
ansök om behörighetsbevis: den Nachweis der Befugnis beantragen
ansökan: Antrag
ansökningsblankett: Antragsformular
anställningsintyg: Anstellungsbescheinigung
anstånd: Aufschub
användarnamn: Anwendername
apportegendom: Eigentum, das statt Kapital zur Gründung einer Aktiengesellschaft eingesetzt werden kann
arbetsvillkor: Arbeitsvoraussetzungen/-bedingungen
arbeta i Sverige: in Schweden arbeiten
arbetsförmedling: Arbeitsvermittlung, Arbeitsamt (AMS)
arbetslöshetsersättning: Arbeitslosengeld
arvs- och gåvorätt: Erb- und Schenkungsrecht
arvsskifte: Erbteilung
ATG-ombud: Servicedienst zum Ausdrucken von Tickets, z.B. in Tankstellen, Kiosken, Lebensmittelläden
att göra bort sig: sich blamieren, auffallen
avancerad nivå: fortgeschrittenes Niveau
avdelning: Abteilung

avtalspension: Betriebsrente
barn: Kinder
barnavårdscentral: Gesundheitszentrum für Kinder
barnbidrag: Kindergeld
bäst: am besten
bedömning: Beurteilung
behörighet: Befugnis, Zuständigkeit, Kompetenz
behörighetskod: Befugnis-Code
behörighetsprövning: Prüfung der Befugnis/Kompetenz
bemanningsföretag: Zeitarbeits-Unternehmen
bidrag: Beihilfe
bilbesiktning: Kontrolle des Autos durch den schwed. TÜV
biljett: (Reise-)Ticket
bilprovning: schwedischer TÜV
bilreparatur: Autoreparatur
bilverkstad: Autowerkstatt
biståndshandläggare: Mitarbeiter der Gemeinde, der z.B. über die Bewilligung zur Aufnahme in ein Altersheim entscheidet
blankett: Formular
bo: wohnen
bolagsverket: Firmenregistrierungs-Behörde
bostad: Wohnstatt
bostadsbidrag: Wohngeld
bostadsförmedling: Wohnungsvermittlung
bostadsgaranti: Wohnungsgarantie für Studenten
bostadskö: Mietwohnungs-Warteschlange
bostadsrätt: Wohnung mit gekauftem Nutzrecht
bouppgivare: Person, die Auskunft über den Nachlass eines Verstorbenen gibt
bouppteckning: Erfassung des Nachlasses
broschyr: Broschüre
byggnadsvård: Pflege, Restaurierung und Erhalt älterer oder denkmalgeschützter Häuser

bytes: zu tauschen
CV: Lebenslauf (curriculum vitae), in Schweden antichronologisch aufgebaut (das Neueste zuerst)
dagens rätt: Tagesgericht
det ordnar sig: das ordnet sich (das klappt schon, alles wird gut)
digipass: Gerät zum Generieren von Zufalls-Codes für das Online-Banking
djur: Tier
djurasyl: Tierheim
djursjukhus: Tierklinik
dödsboanmälan: Nachlassanmeldung
doktorsexamen: Promotion
dolda fel: versteckte/unsichtbare Fehler
dubbdäck: Spikes-Reifen
dygnet runt: ganztags, den ganzen Tag
egenavgifter: Eigenabgaben (Selbständige)
ekonomisk förening: wirtschaftliche Vereinigung
ekonomisk: wirtschaftlich, ökonomisch
e-legitimation: elektronischer Identitätsnachweis, online zu verwenden
ensam är stark: allein ist man stark
enskild näringsverksamhet: Einzel-Firma (inhabergeführt)
etanol: Äthanol (-treibstoff)
extratillägg: Extra-Zulage zum studiebidrag für Gymnasiasten
falukorv: schwedische Fleischwurst
familiedaghem: Familientagesstätte
fast pris: Festpreis
fast telefoni: Telefonie im Festnetz
fastighet: Immobilie
fastighetsmäklare: Immobilienmakler
flerbarnstillägg: Kindergeldzulage bei mehreren Kindern
flygplats: Flugplatz
folkbokföring: Einwohnermeldeamt
folktandvård: Volkszahnarzt, kommunaler Zahnarzt
föräldrarpenning: Elterngeld
fordon: Fahrzeug
fordonsskattetabeller: Fahrzeugsteuer-Tabellen
fordonstjänster: Fahrzeug-Dienste
förening: Vereinigung/Verein
företag: Unternehmen
företagsförsäkring: Unternehmensversicherung
företagsregistrering: Registrierung/Anmeldung eines Unternehmens
företagsutveckling: Unternehmensentwicklung/-aufbau
förlängd sjukpenning: zeitlich verlängerte Auszahlung von Krankengeld
förrättningsdag: Tag der offiziellen Nachlass-Erfassung
förrättningsman: Exekutivbeamter, Vollstrecker
försäkring: Versicherung
försäkringskassan: Sozialversicherungskasse
församling: Kirchengemeinde
forskningsnivå: Forschungs-Niveau
förskola: Vorschule
försöjningsstöd: Sozialhilfe (auch: ekonomisk bistånd)
fortsatt sjukpenning: fortgesetztes Krankengeld bei ernsthaften Krankheiten
förtur: Vortritt
förvärv: Erwerb
fria gymnasium: freie (nicht-kommunale) Gymnasien
friskolor: freie (nicht-kommunale) Schulen
fritid: Freizeit
fritidshem: Kinderhort
F-Skatt-Sedel: Unternehmer- Steuerkarte
funktionshinder: Funktionseinschränkung
garantipension: Grundrente für einkommenslose/arme Bürger
genväg: Abkürzung
gnällbält: Meckergürtel (Närke)
godkänd: genügend
grundläggande behörighet: allgemeine Hochschulreife
grundnivå: Grundniveau
grundskola: Grundschule
grundvillkor: Grundvoraussetzungen/-bedingungen
gruppläkarmottagning/läkarhus: Ärztehaus
Gulasidorna: Gelbe Seiten (Telefonbuch und im Internet)
gymnasial lärlingsutbildning: gymnasiale Lehrlingsausbildung
gymnasial spetsutbildning: gymnasiale Spitzenausbildung
halvförsäkring: erweiterte Autoversicherung, deckt auch Brand, Glasschäden, Diebstahl, Rettung, Rechtsschutz und ggf. Maschinenschäden ab.

handelsbolag: Handelsgesellschaft
handikappomsorg: kommunale Dienststelle für Behinderte
havandeskapspenning: Krankengeld für schwangere Bezieherinnen von vorgezogenem Elterngeld
hävningsklausul: vorläufige Vorbehaltsklausel in (Kauf-)Verträgen
hej då: Tschüss
hej: Hallo
helförsäkring: wie halvförsäkring, plus Schäden am Fahrzeug
hemförsäkring: Hausratversicherung mit vielen Extras
hemsjukvård: häusliche Krankenpflege durch kommunale Helfer oder private Anbieter
hemtjänst: Haushaltshilfe für Pensionäre durch kommunale Helfer oder private Anbieter
hindersprövning: Prüfung der Ehefähigkeit durch das Finanzamt
hitta: finden
högkostnadsskydd: Kostenbegrenzungs-Schutz
högskola: Hochschule
högskolepoäng: Hochschul-Punkte
högskoleprov: externe Hochschulprüfung zur Erhöhung der Chancen auf einen Studienplatz
högsta bud: höchstes Gebot
högstadiet: die letzten 3 Grundschulklassen (7 – 9)
hösttermin: Herbstsemester
hyres: zu mieten gesucht
id-kort: Identitätsausweis für in Schweden gemeldete Personen
inackorderingsbidrag: Unterkunftszuschlag für auswärtig untergebrachte Schüler
inflyttarservice: Informations-Service der Kommunen für Neuhinzugezogene oder Zuzugswillige
informationsträffar: Informations-Veranstaltungen
inkomna senaste dygnet: gestern hereingekommen
inkomstförsäkring: Einkommensversicherung
internationell: international
jag sticker: Ich hau' ab
jag tror det: Ich glaube es
jag vet inte: Ich weiss nicht
jantelagen: das ungeschriebene „Gesetz", sich nicht von den anderen abzuheben
jobb utan krav på erfarenhet: Jobs für Ungelernte/für Bewerber ohne Erfahrung
jobbsökaren: Job-Suchassistent (auf der Homepage von AMS)
julbord: weihnachtliches Leckereien-Buffet
Kalle Anka: Donald Duck
kårobligatoriet: Pflichtmitgliedschaft in einer Studenten-vereinigung
kö: Warteschlange
kommanditbolag: Kommanditgesellschaft
kommanditdelägare: Teilhaber einer Kommanditgesellschaft
kommun: Gemeinde, Kommune
komplementär: persönlich haftender Gesellschafter einer Kommanditgesellschaft
komvux: Erwachsenenbildungseinrichtung der Kommunen (Abkürzung für kommunal vuxenutbildning)
kontant: bar
kortläsare: Kartenleser
kräftskiva: Krebsessen ab August
K-sprit: Karburator-Sprit (für den Tank)
kyrka: Kirche
KY-utbildning = kvalificerad yrkesutbildning: Arbeitsmarkt-Ausbildung
lag: Gesetz
lägenhet: Wohnung
lägenhetsförteckning: Wohnungsverzeichnis
lagom: gerade richtig, nicht zuviel und nicht zu wenig
lågstadiet: die ersten drei Grundschulklassen (1-3)
läkare: Arzt
läkarhus/groppläkarmottagning: Ärztehaus
län: Provinz, Verwaltungsbezirk
landsting: Provinziallandtag, zuständig für Gesundheitswesen und Kultur
länsstyrelse: Provinzialregierung
lanthandel: kleines Lebensmittelgeschäft auf dem Lande
lärarbehörighet: Befugnis zur Ausübung des Lehrerberufes
lärare: Lehrer
lärcentrum: Lehrzentrum
läroverk: Lehranstalt

legitimation: Legitimation, Befugnis
legitimationsfrågor: Legitimationsfragen
licentiat-examen: Examen nach 2 Jahren Studium auf Forschungsniveau
lista: Liste
livförsäkring: Lebensversicherung
lösenord: Passwort
Lucia: Lichterfest am 13. Dezember
maxtaxa: Höchstgebühr (z.B. für Kinderbetreuung oder häusliche Hilfe für Rentner)
medborgare: Staatsbürger/Bürger
medborgarskap: Staatsbürgerschaft
medlem: Mitglied
medlemsföretagen: Mitgliedsunternehmen
mellanstadiet: die mittleren 3 Grundschulklassen (4 – 6)
meritpoäng: Leistungspunkte
meritsammanställning: Bewerbungsunterlagen
merkostnadslån: Mehrkosten-Darlehen für Studenten
migrationsverket: Einwanderungsbehörde
mobilt bredband: mobiles Internet
mödravårdscentral: Gesundheitszentrum für Schwangere und Mütter
möte: Besprechung
mycket väl godkänd: sehr gut
myndighet: Behörde
naprapat: manuell arbeitender Körpertherapeut
näringsliv: Wirtschaftsförderungs-Abteilung der Kommune
närståendepenning: Pflegegeld für die Pflege von Angehörigen
nationaldagen: Schwedischer Nationaltag, 6. Juni
nationella prov: nationale Prüfung
nyföretagare: Neugründer/Inhaber eines neu gestarteten Unternehmens
nytt: neu
olycksfallsförsäkring: Unfallversicherung
områdesbehörighet: Bereichsbefugnis (für Hochschulstudien)
områdeskurser: Bereichskurse (im Gymnasium)
öppen förskola: offene Vorschule
öppen fritidsverksamhet: Freizeiteinrichtung für Kinder von 10-12
överlåtelsebesiktning: Hausbesichtigung durch einen Gutachter (vor dem Kauf)

patientsäkerhet: Patientensicherheit
personbevis: Personenstands-Nachweis (vom Finanzamt)
personlig assistent: Persönlicher Assistent stark funktions-eingeschränkter Menschen
personnummer: Personenkennziffer
platsannonser: Stellenanzeigen
platsbanken: AMS-Datenbank mit Stellenanzeigen
platsjournalen: Stellenanzeigen-Journal des Arbeitsamtes
postadress: Postadresse
preliminär skatt: vorauszuzahlende Steuern
preliminärskattetabeller: Steuervorauszahlungs-Tabellen
premiepension: Prämienrente (aus 2,5% des Rentenver-sicherungsbetrages, die man selbst anlegt)
pressbyrå: Kiosk mit Zeitungen
privat sjukförsäkring: private Krankenversicherung
privaträtt: Privatrecht
program: Programm
projektfinansering: Projektfinanzierung
PUR: Abk. für permanentes Aufenthaltsrecht
PUT: Abk. für permanente Aufenthaltsgenehmigung
radiotjänst: Gebühren-Einzugszentrale (Radio, TV)
regional investitionsstöd: regionale Investitions-Beihilfe
registrering: Registrierung
registreringsbesiktning: Fahrzeug-Zulassungskontrolle durch den schwed. TÜV
registreringsbevis: Firmenregistrierungs-Nachweis oder Kraftfahrzeug-Schein
registreringsnummer: Kennzeichen von Auto/Fahrzeug
rekryteringsföretag: Personalvermittlungs-Unternehmen
riksinternatskolor: Exklusive Internate für Schüler aus dem ganzen Land
riksnorm: Reichsnorm (z.B. für Sozialhilfe)
rolig: lustig, vergnüglich
rörligt elpris: beweglicher Strompreis
samåkning: Carsharing
samordnare: Koordinator

samordningsnummer: vorläufige Personnummer/Identitätskennzeich-nung für nicht in Schweden gemeldete Personen
särskild behörighet: besondere Befugnis (für das Studium gewisser Kurse und Programme an Hochschulen)
särskild boende/äldreboende: Altersheim, einem Pflegeheim für schwer Pflegebedürftige zu vergleichen
semesterlön: Urlaubsgeld
seniorbostad/seniorboende: Senioren-Wohnung
servicehus: Seniorenwohnungen mit angeschlossenem Service (Mahlzeiten, Kulturelles, Pflege)
SFI: Schwedisch-Kurs für Einwanderer (Svenska för invandrare)
sista minuten biljetter: Last minute-Zugtickets
sjukhus: Krankenhaus
sjukpenning: Krankengeld
sjuksköterska: Krankenschwester
skatt: Steuer
skatte- och avgiftsanmälan: Anmeldung von Steuer- und Eigenabgaben
skatteåterbäring: Steuerrückzahlung (vom Finanzamt)
skatteverket: Finanzamt
skola: Schule
sköt dig själv: kümm're Dich um Dich selbst
smådjurspraktik: Kleintierklinik
snabblänkar: Schnell-Links
socialstyrelsen: Generaldirektion für das schwedische Gesundheits- und Sozialwesen
socialtjänst: Sozialamt/-dienst der Kommunen
sök: suche!
söka jobb: Arbeit suchen
sommarjobb: Sommer-Job
specialistkompetens: Spezialisten-Kompetenz
spolarvätska: Scheibenwischerflüssigkeit
stöd till start av näringsverksamhet: Starthilfe zur Firmengründung (vom Arbeitsamt)
stöd: Unterstützung
studentbostäder: Studentenwohnungen/-zimmer
studentexamen: letzter Schultag am Gymnasium, festlich begangen

studera: studieren
studiebidrag: Monatliche Beihilfe für alle Gymnasiasten
studieförsäkran: Zusicherung gegenüber CSN, die gewählten Studien auch anzutreten
studiemedel: Studienmittel (entspricht z.b. Bafög)
studievägledare: Studienberater
styrelse: Leitung
surströmmingspremiär: Gelage mit verrottetem Hering, ab Ende August
svensk: schwedisch
svenska som andraspråk: Schwedisch als Zweitsprache
syo-konsulent: Studien- und Berufsberater
sysselsättningsstöd: Anstellungsbeihilfe
systembolaget: Verkaufsstelle für alkoholische Getränke
täckning: Deckung (z.b. für Mobiltelefone/mobiles Internet)
tandläkare: Zahnarzt
tandvårdsstöd: Zahnarztkosten-Beihilfe
telefonabonnemang: Telefonie-Vertrag
telefonjack: Telefondose
tema: Thema
termin: Semester
terminskort: Mitgliedskarte der Studentenvereinigung
tidsbegränsad: zeitlich begrenzt, z.b. Bezeichnung für befristete Arbeitsverhältnisse
tilläggsbidrag: Zusatz-Beihilfe für Studenten mit Kindern
tilläggslån: Zusatzdarlehen
tillfällig föräldrarpenning: Pflegegeld für die Pflege kranker Kinder
tillfällig försäkring: vorläufige Versicherung
tillfällig registrering: Übergangszulassung (eines Fahrzeugs)
tillfälliga jobb: befristete Jobs
tills vidare: bis auf weiteres, auch Bezeichnung für unbefristete Arbeitsverhältnisse
tills vidare elpris: teuerster Stromtarif
tjänstepension: Betriebsrente
trafikförsäkring: Haftpflichtversicherung für Fahrzeuge
trafikregister: Strassenverkehrs-Register
transportmedel: Transportmittel

transportstyrelsen: Transportbehörde (Eisenbahn, Luftfahrt, Seefahrt, Strasse)
tvättstuga: Waschküche
ungdomar: Jugendliche
uppehållsrätt: Aufenthaltsrecht
uppehållstillstånd: Aufenthaltsgenehmigung
ursprungskontroll: Ursprungskontrolle von Fahrzeugen
utbildad: ausgebildet
utbildning: Ausbildung
uthyres: zu vermieten
utland: Ausland
utländsk: ausländisch
utvecklingssamtal: Lehrer-Eltern-Gespräch
vägverket: Strassenverkehrsamt
väl godkänd: gut
valborgsmässoafton: Walpurgisnacht-Fest, 30. April
valfrihet: Wahlfreiheit
vård: Gesundheitswesen, Pflege
vårdavgift: Patientengebühr
vårdbidrag: Pflegegeld für die Pflege chronisch kranker Kinder
vårdboende siehe äldreboende: Altersheim, einem Pflegeheim für schwer Pflegebedürftige zu vergleichen
vårdcentral: medizinisches Behandlungszentrum der Kommune
vårdgaranti: Untersuchungs- und Behandlungsbeginn-Garantie
vårtermin: Frühjahrssemester
växlingskontor: Wechselstube
verksamhetsinriktning: Tätigkeitsgebiet
veterinär: Tierarzt
via kommun: nach Kommune (geordnet)
via yrke: nach Beruf (geordnet)
vikariat: Vertretung
villahemförsäkring: umfassende Hausversicherung
vinterdäck: Winterreifen
visa på karta: auf der Karte (an-)zeigen
visa: zeigen
yrkeshögskola: Berufsfach(hoch)schule

Stichwortverzeichnis

A

a-kassa	52
ABF	28
Abitur	155
Abmeldung im Heimatland	103, 114
Aftonbladet	36
ägarbyte	129
aktiebolag	75
Aktiengesellschaft	83
akutmottagning	180
äldreboende	194
Alkohol	139
Alkohol am Steuer	127
allmänna arvsfonden	204
allmän pension	54
allmän visstidsanställning	48
Alltagskleidung	46
ALMI	77, 85
Altersheime	194
AMS	35
Anerkennung ausländ. Ausbildungen	56
Anerkennung ausländ. Lehrerausb.	58
Angehörigenversicherung	80
Anschreiben	45
Anschreiben, Muster für	44
ansökan om ursprungskontroll	122
ansökningsblankett	58
Anstellung	48
Anstellungsbescheinigung	109
Anstellungsformen	48
Apotheke	257
Apotheken	145
apportegendom	83
Arbeitsamt	40, 257
Arbeitsleben	216
Arbeitslosengeld	61
Arbeitslosigkeit	16, 62
Arbeitslosigkeitsversicherung	52
Arbeitslosigkeitsvers. für Selbst.	81
Arbeitslos nach Schweden	39
Arbeitsmarktabgabe	80
Arbeitsplatz	225
Arbeitsschäden	80
Arbeitssuche	33, 35
Arbeitssuche, Probleme bei der	42
Arbeitssuche vor Ort in Schweden	40
arbetsförmedling	40
arbetslöshetsersättning	61
arbetsvillkor	61
arvsskifte	205
Ärzte	56
Ärzte, niedergelassene	174
Ärztehaus	176
Attest	182
Att göra bort sig	215
Aufenthaltsgenehmigung	104, 106
Aufenthaltsrecht	108, 109
Augenkontrolle	182
Auktionsportale	144
Ausbildung	68
Ausbildungen des Heimatlandes	43
Ausbildungsbezogene Leistungen	61
Ausbildungsportale	171
Ausbildungsprogramme	151
Auskunft	257
Auslands- und Fachvermittlung	267
Auslandsgespräche	134
Auslandsreisen	249
Auswahl des Wohnortes	17, 19
Auto-Einfuhr	119
Autoversicherung	120, 126
Autowerkstätten	130
Autozulassung	121
avancerad nivå	164
avtalspension	54

B

Bäcker	139
Baltic-Training-Center	36
Bankdarlehen	76
Banken	71, 257
Banken-Ranking	72
Bankkonten	71
Bankkunden	71
Bargeld	72
barnavårdscentralen	185
barnbidrag	64
Baumaterial	94
Behandlung	176
Behinderte	63, 196

Behinderte, Jobs für	198
Behinderte, Spezialschulen für	196
Behinderten-Verbände	198
Behörden, Links	107
behörighetskod	125
behörighetsprövning	58
Bekannte	227
Bekleidung	144
bemannings- och rekryteringsföretag	37
bemanningsföretag	37
Berufsausbildung	151
Berufserfahrung	47
Berufsfachschule	156
Beschäftigungsgrad	16
Bescheidenheit	210
Besichtigungstour	89
Besteuerung, individuelle	51
Betriebseröffnung	75
Betriebsrente	54
Bevölkerung	15
Bewerbung	33, 44
Bewerbungsabsagen	44
Bewerbungsgespräch	44, 46
bilprovning	123
bilprovningen	120
bilreparatur	130
bilverkstad	130
biståndshandläggare	194
Blickkontakt	222
Boplats Göteborg	99
bostadsbidrag	69, 166
Bostadsförmedling	99
bostadsgaranti	168
bostadskö	98, 167
bostadsrätt	95
bostadsrättsförening	96
Botschaft	259
bouppgivare	204
bouppteckning	203
Brillen	145, 182
Brot	140
Bücher	143, 264
Bücher zum Schwedisch-Lernen	30
Bundesverwaltungsamt	267
Büros	76
Busreisen	251

C

Carsharing	248
Certificate of Conformity	123
Certificate of Good Standing	57
Charme	210
Chinchillas	116
Computerbedarf	145
Coop	138
CSN	68

D

dagens rätt	239
Damenkleidung	144
Darlehen	74
Desserts	242
Deutsche Schulen	148
digipass	73
Distanzkurse	29
Distanzstudium	162
djurasyl	118
djursjukhus	116
dödsboanmälan	204
doktorsexamen	164
dolda fel	88
Doppelte Staatsbürgerschaft	111
DSL	134
Du, das schwedische	222
dubbdäck	128
Durschnittlicher Monatslohn	49
dygnet runt	132

E

e-legitimation	82
EC-Karte	73
egenavgifter	79
Eigenabgabe	80
Eigenabgaben	79
Eigenmedikation	179
Eigenverantwortung	236
Einbrecher	88
Einkaufen	138
Einkaufen, Links	142
Einkaufscenter	139
Einkommenspension	54
Einkommenssteuer	51, 79
Einkommensversicherung	63
Einwandererwerk	105
Einwandern	103
Einwanderung nach Schweden	103
Einzelfirma	78
ekonomisk förening	75
Elterngeld	64
Elternschaft	237
Elternversicherung	80

enskild näringverksamhet	75	Forschungs-Niveau	164
Erbrechts	205	forskningsnivå	164
Ergänzungs-Studium	59	förskola	147
Erwachsenenbildung	68, 170	förskoleverksamhet	147
Erwachsenenbildungsinstitute	172	försörjningsstöd	67
Erzieher	56, 59	Fortgeschrittenes Niveau	164
Erziehungsurlaub	64	förtur	167
Eures-Berater	35	Franchising	76
Eures-Portal	35	Freibeträge	166
Existenzgründer	84	Freunde	228
Existenzgründer, kostenl. Beratung	84	fria gymnasium	154
Existenzgründung	75	friskolor	149
extra-tillägg	68, 156	fritidshem	147
		Führerschein	127

F

G

falukorv	140		
Familie	218	Ganzversicherung	126
familiedaghem	147	Garantierente	55
Fastfood	240	garantipension	55
Fastighetsmäklarnämnden	88	Gastronomie	238
fast pris	136	Gebäck	242
fast telefoni	132	Gebotsverfahren	87
Fernsehen	255	Gebrauchtwagen	128
Fernsehsender	255	Gehalt	49
Fernstudium	162	Gehaltsabgaben	49
Feste	238, 243	Geld	43
Festnetz	131	Geldfragen	71
Festspeisen	243	Geldsparen	74
Fikapaus	34	Gemeinden, deutsche	260
fikapaus	33	Genehmigungspflichtige Berufe	34
Filme	143	Genehmigung zur Berufsausübung	56
Finanzierung	76	Genuss	238
Firmengründer	84	Gerichte	242
Firmengründung	77	Geschlechter	232
Firmengründung, Starthilfe	77	Gesundheitswesen	173
Firmenregistrierungsbehörde	75	Gewerbeflächen	76
Firmenwohnungen	102	Giftzentrale	257
Fisch	140	Gleichheitsgebot	212
Flatrate	132	Glossar	269
Fluganbieter	253	gnällbältet	23
Flugreisen	252	godkänd	150
folktandvård	181	gräddfil	244
Folkuniversitetet	28	Grundbuchamt	257
föräldrarpenning	64	Grundbucheintrag	90, 93
Fördermittel	76	grundläggande behörighet	152, 160
Företagspartner	85	grundnivå	163
företagsregistrering	82	Grundniveau	163
förrättningsmän	204	Grundschule	148
försäkringskassa	54	Grundsteuern	88
försäkringskassan	52	grundvillkor	61
församling	201	Grundzüge schwed. Mentalität	211

Gutachter	89
gymnasial lärlingsutbildning	152
Gymnasiasten	68
Gymnasiasten, Beihilfe	156
Gymnasiasten, Beratung für	153
Gymnasien, freie	154
Gymnasien, Profil-	154
Gymnasium	147, 151

H

Halbversicherung	126
halvförsäkring	126
Hamster	116
Handelsbanken	71
handelsbolag	75
Handelsgesellschaft	81
Handelskammer	259
handikappomsorg	196
Handwerker	41, 75, 94
Handwerkerbeauftragung	93
Hauptgerichte	241
Hauptstadt	15
Hausbesitz	86
Haushaltsgeräte	145
Hauskauf	86, 89
Häusliche Hilfe	192
Häusliche Krankenpflege	193
Haussuche	86
Haussuche, allgemeine Links	91
Haustiere	117
havandeskapspenning	66, 183
hävningsklausul	89
Heimatland	266
Heiraten	200
helförsäkring	126
hemförsäkring	137
hemsjukvård	193
hemtjänst	192
Hilfe zum Lebensunterhalt	67
Hilfsmittel für Behinderte	63
Hochschul-Punktesystem	163
Hochschulreife	161
Hochschulzugangsberechtigung	160
högkostnadsskydd	181
högskoleverket	58
högskoleverket	158
högsta bud	87
högstadiet	148
Homeoffice	76
hösttermin	159
Humor	225

Hunde	115
Hypotheken	74
Hypothekendarlehen	93
Hypothekenkonditionen	93
Hypothekenzinsen	93

I

id-kort	108
identitets-kort	108
IFS	84
Ikanobankens kreditkort	73
Immobilien-Gutachter	93
inackorderingsbidrag	69, 155
Individuelle Besteuerung	51
Industriearbeiter	41
inflyttarservice	97
Initiativbewerbungen	41
Initiativbewerbungen, persönlich	41
inkomstförsäkring	63
Interaktiver CD-ROM-Kurs	26
Internet	131, 134
Internet, mobiles	135
Internetanbieter	135
IP-Telefonie	132
IS Sprachschule Düsseldorf	26
ista-minuten-biljetter	249

J

JAK	72
Jantelagen	212
Job-Portale	36
Job-Portale, spezialisierte	37
Jobs bei der Kommune	41
jordbruksverkets	115
Journale	254
julbord	246

K

K-sprit	128
Kaninchen	116
kårobligatoriet	158
Katzen	115
Kennenlernen schwedischer Partner	237
KFZ	119
KFZ-Brief	122
KFZ-Werkstätten	130
Kinder	229
Kindergarten	147
Kindergeld	64

Kinderkleidung	144	lärcentra	163, 170
Kirche	200	lärlingsutbildning	152
Kleinanzeigenportale	144	Lebensabend	188
kommanditbolag	75	Lebenserwartung	15
Kommanditgesellschaft	82	Lebenslauf	45
Kommunalsteuer	79	Lebensläufe, Muster für	44
Kommunalsteuern	50	Lebensunterhalt	67
kommunal vuxenutbildning	27	Lebensversicherung	81
Kommunikationsstil	223	Legitimation für Med-Berufe	56
Kompetenz	47	Lehrer	56
Komvux	160, 172	Lehrlingsausbildung	152
komvux	27	licentiatexamen	164
Konditionen	89	Literatur	264
Konfliktscheu	216	livförsäkring	81
Konfliktvermeidung	217	LKF Lund	100
Konsum	138	Lohnabgabe	80
Kontaktlinsen	145, 182	Lokale Tageszeitungen	39, 255
kortläsare	73	LOV	179, 194
Kräftskiva	245	Lucia	245
Krankengeld	52, 65, 66, 182	Lunchrast	38
Krankenhaus	183		
Krankenpflege, häusliche	193	**M**	
Krankenschwester	176		
Krankenschwestern	56	Maklergewerbe	88
Krankenversicherung	80, 173, 183, 190	Maklerprovision	87
Krankenzusatzversicherungen	184, 186	Männer	234
Krankheit	177	Mäuse	116
Krankheitsfall	180	Medborgarskolan	28
Kreditkarten	73	Medien	254
Krone	15	Medien, deutsche	256
Kühe	116	Medikamentenzuzahlung	183
Kündigung	48	Meerschweinchen	116
Kündigungsfristen	48	mellanstadiet	148
Kurzzeitwohnungen	102	Mentalität	207
kvalificerad yrkesutbildning	156, 171	meritpoäng	160
KY-Ausbildungen	156, 171	meritsammanställning	57
KY-Utbildning	171	merkostnadslån	166
		Metzger	139
L		Midsommar	244
		Mietwagen	247
Ladenlokale	76	Mietwohnungen	97, 100
lagom	213	Mietwohnungen, Linksammlung	101
Lag Om Valfriheten	179, 194	migrationsverket	105
lågstadiet	148	Mittelschweden	22
Landesfläche	15	MKB Malmö	100
Landesregierungen	77	Mobiles Internet	135
Landleben	17	Mobilität	247
landstingsskatt	50	Mobiltelefonie	133
Landstingssteuern	50	Monatslohn, durchschnittlicher	49
Langzeitrezepte	179	möten	216
Länsförsäkringar Bank	71	Musik	143
lantmäteriet	90	Muster-Bewerbungsgespräch	44

Muster für Anschreiben	44
Muster für Lebensläufe	44
mycket väl godkänd	150
myndigheten för yrkeshögskolan	157

N

Nachbarn	226
Nachlassabwicklung	200, 202
Nagetiere	116
Namenswechsel	202
närståendepenning	66, 184
Nationaldagen	244
Nationalfeiertag	15
Naturheilkunde	175
Naturheilmittel	146
Nettolohn	50
NETVUX	170
Neuanfang	207
Nordea	72
Nordschweden	20
Norrland	20
Notfall	180
Notruf	258
NUTEK	77, 84
Nutzungsrecht an einer Wohnung	95
Nyföretagarcentrum	84
nyföretagare	85

O

OBS Online	26
Öffentliche Fördermittel	76
olycksfallförsäkring	81
områdesbehörighet	160
Online-Banking	73
Online-Sprachkurs	26
Online Schwedisch-Kurs	26
Online Schwedisch lernen	26, 27
Online Sprachtests	26
öppen förskola	147
öppen fritidsverksamhet	147
Ostern	243

P

Paare	236
Pannenhilfe	130
Patientengebühren	183
PC-Kurse und Lehrbücher	27
Personalvermittlungsfirmen	37
personlig assistent	196

personnummer	104
Pferde	116
Pflege	184
Pflegegeld	66
Pflegeversicherung	190
PKW	119
platsjournalen	39
Polizei	258
Post	143, 258
Prämienpension	54
preliminär skatt	80
premiepensionsmyndighet	54
Prepaid	133
pressbyrå	133
Private Rentenversicherung	55
Privatleben	216
privat pensionsförsäkring	55
Privatschulen	149
privat sjukförsäkring	137
Probezeit	48
Probleme bei der Arbeitssuche	42
Profil-Gymnasien	154
Prüfungen	150
Punktesystem, Hochschul-	163
Pünktlichkeit	230

R

Rådgivningscentrum	84
Radio	255
Radio-Sender	255
Raphaels-Werk	267
Rauchen	240
Referenzen	42, 45
registrering av uppehållsrätt	189
registrerings-besiktning	120
registreringsbesiktning	123
registreringsbevis	125
Registrierung	105
Registrierungskontrolle	120
Reisen	247
rekrytering	37
Rente	49, 54, 67
Rente, Mitnahme der	189
Rentenansprüche	53
Rentenbeitrag	80
Rentensystem	53
Rentensystem, Säulen des	54
Rentenversicherung	55, 81
Rentenversicherung, private	55, 81
Rentner	188
Resplus	251

rolig	233	socialstyrelsen	56
rörligt	136	sommarjobb	35
Rückkehr	266	Sozialabgaben	50
		Soziale Leistungen	61
S		Sozialhilfe	67
		Sozialversicherungskasse	107
SABO	98, 169	Speisen	238
Samhall	198	spetsutbildningar	153
samordningsnummer	120, 129	Spezialitäten	241
särskild behörighet	160	Spezialschulen für Behinderte	196
särskild boende	192, 194	spolarvätska	128
Schadensfreiheitsrabatt	126	Sprach - und Verständnistest	31
Schecks	74	Sprache	42
Scheidung	237	Sprachkenntnisse und Stellensuche	44
Schulabschlüsse, Anerkennung	156	Staatsbürgerschaft	203
Schule	147	Staatsbürgerschaft, doppelte	111
Schulen, deutsche	148	Staatsbürgerschaft, schwedische	110
Schulkinderbetreuung	147	Staatsbürgerschaft Kinder	111
Schulprüfungen	150	Staatsform	15
Schwangerschaft	184, 186	Stads Bostadsförmedling	99
Schwedenforum	263	ställ på ditt fordon	124
Schwedinnen	232	Staubsaugerbeutel	145
Schwed. Lehrbücher ›Schwedisch‹	31	Stellenanzeigen	38
Schwedisches Arbeitsamt	35, 40	Stempelgebühr	90
Schwedische Staatsbürgerschaft	110	Steuererklärung	51, 80
Schwedische Zeitungen	29	Steuern	50, 79
Schwedisch lernen	25	Steuern auf Finanzerträge	74
Schwedisch lernen in Deutschland	25	Steuersatz	51
Schwedisch lernen in Schweden	27	Stipendien	166
SEB	72	stöd till start av näringsverksamhet	77
Selbst-Test	18	Strom	131, 136
Selbstbeteiligung	183	Stromausfall	258
Selbstdarsteller unerwünscht	47	Strompreisvergleich	74
Selbstgenügsamkeit	218	Studentbostäder	167
Semester	159	Studenten, Wohnsituation	167
semesterlön	49, 52	Studentenwohnungen	168
seniorboende	193	studentexamen	155
seniorbostäder	193	studiebidrag	68, 156
Seniorenwohnungen	193	studiemedel	68
servicehus	193	Studien-Beihilfe	68, 156
SFI-Kurse	27	Studienabschlüsse	163
SJ-Tågresor	248	Studienberechtigung	160
sjukhus	180	Studienliteratur	164
sjukpenning för anställda	65	Studienmittel	68, 165
skatteåterbäring	51	Studium	158
Skatteverket	84	Studium, Anmeldetermine	159
skatteverket	50, 103, 173	styrelse	83
skolbarnomsorg	147	Südschweden	23
skolverket	147	Surströmmingspremiär	245
smådjurspraktik	117	Svenska Dagbladet	36
småföretagarnas arbetslöshetskassa	81	svenska för invandrare	27
snus	146	svenska kyrkan	200

sveriges kvalitetsindex 72
Swedbank 71
syo-konsulenten 153

T

täckning 133
Tageszeitungen 254, 255
tandvårdsstöd 181, 185
Tankstellen 130
Telefon 131
telefonabonnemang 131
telefonjack 131
Telefonleitung 131
termin 158
tidsbegränsad 48
Tierärzte 116
Tiere 115
Tiere, Einfuhr 115
Tierversicherungen 117
tilläggsbidrag 166
tillägslån 166
tillfälliga jobb 35
tillfällig föräldrarpenning 66
tillfällig registrering 120, 121
tills vidare 48, 136
tjänstepension 54
Tollwut 115
trafikförsäkring 119, 126
transportstyrelsen 119
Trauung 201
Treffen 227
TÜV 120, 123
tvättstuga 227

U

Übergangszulassung 120
Überregionale Tageszeitungen 38, 254
Umzug 112
Umzugs-Portale 112
Umzugsfirmen 113
Unbekannte Ausbildungen 43
Unfallversicherung 81
Unterkunftszuschlag 69
Untermieter 100
Unternehmensversicherung 80
Unterricht 149
Untersuchungspflicht 88
uppehållstillstånd 107
Urlaubsgeld 52
ursprungskontroll 119, 122

Ursprungskontrolle 119, 122
utland 132
utvecklingssamtal 151

V

valborg 244
valborgsmässoafton 243
väl godkänd 150
vårdbidrag 66, 184
vårdboende 194
vårdcentral 176
vårdgaranti 174
vårtermin 159
växlingskontor 74
Verbraucherberatung 71, 141
verket för högskolservice 156
Verloren in Bullerbü 208
Vermögenssteuer 74
Versicherungen 74, 80, 131, 137, 143
Versicherungsvergleiche 137
veterinär 116
VHS 156
VHS-Kurse in Deutschland 26
vikariat 48
villahemförsäkring 137
vinterdäck 128
Vorschulklasse 147
Vorsorgeuntersuchungen 184
Voyo 134

W

Wahl des Wohnortes, Rentner 188
Wahlfreiheit im Gesundheitssystem 194
Währung 15
Waldorfschulen 153
Warteschlangen 98
Wartezeiten 174
Wartezeiten für Studentenwhg 168
Wechselstuben 74
Weihnachten 245
Weihnachtsgeld 52
Weiterbildung 68
Weiterbildungsportale 171
Wikinger 234
Wintersicherung 127
Wirtschaftliche Vereinigung 83
Wohngeld 69, 102, 166
Wohnsituation 167
Wohnungen, Firmen- 102
Wohnungen, Kurzzeit- 102

Wohnungsbaugesellsch.	98, 101, 169
Wohnungsgarantie	168
Wohnungssuche	86
Wohnungstausch	102
Wohnungsvermittlungen	101, 168
Wurst	140

Y

yrkeshögskolan	156, 171

Z

Zahnarzt	181
Zahnarztgebühren	185
Zahnärztlicher Notdienst	181
ZAV	267
Zeitarbeitsfirmen	37
Zeitgrenzen Gesundheit	178
Zentrale Auslands- und Fachverm.	267
Zeugnisanerkennung	158
Zeugnisse	42, 45, 151
Zinsen	89
Zoll	115
Zugreisen	248
Zwischenmenschliches	221

AUSSERDEM M **CONBOOK** VERLAG

Ein eigenes Stück Amerika!
Nicht nur ein Traum, sondern eines der wichtigsten und realsten Themen für alle Neuankömmlinge.

Kai Blum
IMMOBILIEN IN DEN USA
RATGEBER FÜR ALLE ZUKÜNFTIGEN WOHNEIGENTÜMER
Erstauflage, Mai 2009
ISBN 978-3-934918-36-8

IMMOBILIEN IN DEN USA. Mit dem Kauf einer Immobilie wollen sich viele Auswanderer in den USA ihren persönlichen American Dream erfüllen. Doch ohne fundierte und verständliche Informationen kann dies zum Glücksspiel werden.

Dieser Ratgeber versteht sich als praktischer Wegbegleiter für alle, die zum ersten Mal ein Haus oder eine Eigentumswohnung in den USA kaufen möchten. Dabei behandelt der Ratgeber u.a. die folgenden, entscheidenden Aspekte: Immobiliensuche, Formen von Wohneigentum, Preisverhandlungen, Übereignung, Versicherungen und Steuern, Umfinanzierungen, Vermietung, Veräußerung uvm.

Ergänzt werden diese Themenbereiche durch umfangreiche Wissensteile zu alltäglichen und praktischen Themen wie Klärbehälter, Sicherheit bei Gasanlagen, Ausstattungen etc.

Wer diesen Ratgeber als Hilfestellung nutzt, hat eines erreicht: er ist seinem persönlichen Traum einen entscheidenden Schritt näher gekommen.

Ab Mai 2009 überall im deutschsprachigen Raum erhältlich. Bereits jetzt vorbestellbar!

AUSSERDEM IM **CONBOOK** VERLAG

LITERATUR

„Endlich konnte ich auf eigene Faust das Mutterland des Pennertums kennenlernen... Amerika!"
Ein literarischer Roadmovie über die US-Gesellschaft.

HAUTNAH USA. Um aus der Stereotypie des Alltags auszubrechen, begibt sich Gregor Schweitzer auf die Fersen von John Steinbeck und fährt mit seinem Hund Bronco 20.000 Meilen quer durch die USA und mitten ins Herz der amerikanischen Gesellschaft. In 63 Episoden beschreibt er schonungslos genau das, was ihm auf diesem Road Trip begegnet ist und taucht dabei tief in die Eigenheiten und Abgründe der amerikanischen Gesellschaft ein. Mit pathologischer Präzision, Wortgewandtheit und einer guten Portion Humor zitiert er menschliche Schicksale und schickt den Leser mit dem Kopf durch die heile Fassade des American Dream.

Ein einmaliger Bericht - und zugleich eine erschreckende, spannende und nicht minder humorvolle Charakterstudie über die vermeintliche Traumgesellschaft der USA.

„Dieses Buch öffnet den Blick für das Wesentliche, für die Dinge, die ein Land ausmachen, für die Menschen, die dort leben." (Media Mania)

„Hautnah USA sollte bei allen Idealisten als amüsante, ambitionierte, spannende und teilweise erschreckende Vorlektüre auf dem Pflichtprogramm stehen." (Corinna Hein, Buchwurm.info)

Überall erhältlich.

Gregor Schweitzer
HAUTNAH USA - VOM WAHNSINN EINER TRAUMGESELLSCHAFT
Erstauflage, Gebunden
ISBN 978-3-934918-30-6

AUSSERDEM IM **CONBOOK** VERLAG

„Ich bin hier, weil ich soeben meinen Mann erschossen habe!" - True Crime, empfohlen von über einem Dutzend Redaktionen.

Andreas Kläne
TOTGELIEBT
TATSACHENROMAN
Erstauflage, Gebunden
ISBN 978-3-934918-24-5

TOTGELIEBT. Das Schicksal einer Frau - und eine unglaubliche Tat.

„Ich bin hier, weil ich soeben meinen Mann erschossen habe." - diese ruhig und sachlich dargebrachte Aussage schockierte in den 90er Jahren die Öffentlichkeit. Eine Frau, die ihrem Umfeld als liebevolle Ehefrau bekannt war, hatte anscheinend eine Tat begangen, die keiner kommen sah.

Totgeliebt erzählt die wahre Lebensgeschichte einer Frau, die ihren Mann abgöttisch liebt. Bis zu dem Zeitpunkt, als er einen schrecklichen Fehler begeht und damit sein Schicksal besiegelt...

„Andreas Kläne ist das Kunststück gelungen, einen Tatsachenroman vom Rang eines Thrillers mit einem Sittenbild zu verbinden. Lesen!!!" (Brigitte Brandstötter, Buchhändlerin)

Als Buchtipp von über einem Dutzend Redaktionen empfohlen, u.a. Hessischer Rundfunk hr1, fem, Peoplemagazin Revue, Münsterländische Tageszeitung uvm.

Mit einem Nachwort von Rolf Bossi. Überall erhältlich.